中國學術思想 研究輯刊

三六編

林 慶 彰 主編

第 21 冊

陳澧學術思想研究（上）

唐 瑤 曦 著

花木蘭文化事業有限公司

國家圖書館出版品預行編目資料

陳澧學術思想研究（上）／唐瑤曦 著 -- 初版 -- 新北市：花
木蘭文化事業有限公司，2022〔民 111〕
目 8+184 面；19×26 公分
（中國學術思想研究輯刊 三六編；第 21 冊）
ISBN 978-626-344-064-7（精裝）
1.CST：（清）陳澧 2.CST：學術思想
030.8   111010205

中國學術思想研究輯刊
三六編　第二一冊　　　　　ISBN：978-626-344-064-7

陳澧學術思想研究（上）

作　　者　唐瑤曦
主　　編　林慶彰
總 編 輯　杜潔祥
副總編輯　楊嘉樂
編輯主任　許郁翎
編　　輯　張雅淋、潘玟靜、劉子瑄　美術編輯　陳逸婷
出　　版　花木蘭文化事業有限公司
發 行 人　高小娟
聯絡地址　235 新北市中和區中安街七二號十三樓
　　　　　電話：02-2923-1455 ／傳真：02-2923-1452
網　　址　http://www.huamulan.tw 信箱 service@huamulans.com
印　　刷　普羅文化出版廣告事業
封面設計　劉開工作室
初　　版　2022 年 9 月
定　　價　三六編 30 冊（精裝）新台幣 83,000 元

陳澧學術思想研究（上）

唐瑤曦　著

作者簡介

唐瑤曦，湖南長沙人。2002 年畢業於湖南師範大學中文系，獲文學學士學位。2005 年畢業於華南師範大學中文系，獲文學碩士學位。2014～2018 年，跟隨華南師範大學嶺南文化研究中心左鵬軍教授攻讀博士學位，從事晚清、近代嶺南文化研究。2018 年 7 月博士畢業，任教於韓山師範學院中文系。「東塾學派與近代嶺南學術轉型研究」課題，獲批 2020 年國家社科基金一般項目。

提　要

陳澧（1810～1882），廣東番禺人，字蘭甫，號東塾，晚清嶺南著名學者。陳澧著述繁富，《東塾讀書記》最為人稱道。《東塾讀書記》刻本，以諸經論為主，兼及諸子學、鄭學、朱子學、小學。其餘通論學術部分，題曰《東塾雜俎》，上世紀四十年代刊刻成書。

本書以《東塾讀書記》、《東塾雜俎》等著述為研究對象，探論陳澧學術思想。緒論述評前人研究。正文凡九章。第一章以本人知見陳澧著述刊刻版本，補前人作陳澧著述考略、訂補之闕。第二章、第三章論乾嘉漢學、晚清樸學、學海堂學風對陳澧的薰陶，追溯戴震、阮元學術觀念對他的影響，探論《東塾讀書記》著述與世風關係。

第五章探尋陳澧《東塾讀書記》、《東塾雜俎》諸經論、歷代學術論。陳澧對十三經諸經論析，可視為晚清樸儒對二千餘年諸經重要問題的總結。《東塾雜俎》論析二千餘年學術史，實為中國第一部經學史。

第六章、第七章探論陳澧經今古文觀、讖緯觀、禮學觀，論析他的諸子論、鄭學、朱子學、小學觀。陳澧以治古文經為主，於經今文平允視之。於讖緯問題，注意兩漢風氣變化，揭示漢儒以緯注經的原因。論禮，亦有其獨特價值和現實意義。陳澧重視先秦諸子研究，析論儒、法、道、墨等八家。尤重鄭學、朱子學，揭示它們一脈相承的內在學理，亦有溝通、彌合漢宋意圖。小學為陳澧學術根柢之所在，既受乾嘉漢學諸儒影響，亦可窺對乾嘉小學皓首窮經的反思。

第八章從學術劄記體裁角度，闡述《東塾讀書記》、《東塾雜俎》的寫作運思對王應麟《困學紀聞》、黃震《黃氏日鈔》、顧炎武《日知錄》的汲取與借鑒，揭示其作為晚清經學通史開創之作的學術史意義。《東塾讀書記》、《東塾雜俎》的出現，具有承上啟下關鍵作用，使晚清學者經學史的著述 完成從傳統筆記體向現代史學著述方式的轉變。第九章以陳澧生前手定《東塾集》為研究對象，探論陳澧對嶺南深刻的地域、情感認同。

陳澧以《東塾讀書記》、《東塾雜俎》的著述，回顧二千餘年經學歷史，展現經學源流、正變得失，思考歷代重要學術現象與人物，對中國傳統學術做出精闢、深刻的總結。在晚清特殊歷史節點，臨中西、古今激烈文化碰撞，陳澧以不變應萬變，以融通的姿態堅守，他的文化與學術抉擇，具有永久的典範意義和價值。

2017 年《廣州大典》與廣州歷史文化研究博士學位論文資助計劃，項目批准號：2017GZB09。

目

次

緒　論

　　「學」、「術」二字連用，中國典籍古已有之。《管子・形勢解》曰：「人主務學術數，務行正理」，「學」與「術數」連用，意為學習治國方法。《禮記・鄉飲酒義》曰：「德也者，得於身也。故曰：古之學術道者，將以得身也。」鄭玄注曰：「術猶藝也。得身者，謂成己令名，免於刑罰也。言學術道，則此說賓賢能之禮。」〔註1〕「術」意為藝，「學」與「術道」連用，意為學習道藝。細觀之，在先秦時期，術數、術道此類語詞組合較為常見；與此同時，學、術二字雖已連用，仍未緊密黏合以成雙音節詞。梁啟超《學與術》引《禮記・鄉飲酒義》「古之學術道者」，謂「術者即學也」，又引《漢書・霍光傳》贊曰：「光不學亡術」〔註2〕，認為「學與術對舉始此」。反向思之，可知《漢書・霍光傳》「不學亡術」一語中，「學」、「術」二字的黏合程度，較先秦更為緊密，「學術」一詞已呼之欲出。梁啟超又曰：「近世泰西，學問大盛，學者始將學與術之分野，釐然畫出」，「試語其概要，則學也者，觀察事物而發明其真理者也；術也者，取所發明之真理而致諸用者也。」〔註3〕由此可知，梁啟超《學與術》所言，一方面欲追溯「學術」一詞的由來，另一方面欲釐清「學」、「術」二字含義的區別。按照梁啟超對學、術的定義，學側重於發明真理，術

〔註1〕孔穎達等撰：《禮記正義》，阮元校刻：《十三經注疏》（清嘉慶刊本）（三），中華書局 2009 年版，第 3653 頁。

〔註2〕班固撰，顏師古注：《漢書》，中華書局 1962 年版，卷六十八《霍光金日磾傳》第三十八，第 2967 頁。

〔註3〕梁啟超著：《飲冰室合集》（第三冊），飲冰室文集之二十五，中華書局 1989 年版，第 11、12 頁。

側重於致用。回到先秦典籍視之,《管子‧形勢解》、《禮記‧鄉飲酒義》所謂學、術的意義,亦已初步呈現如此區分。

與西方學者各分門類、探論學術的傳統相異,自儒學獨尊,二千餘年中國學術史一直籠罩在經學外衣之下。皮錫瑞《經學歷史》開篇論曰:「經學開闢時代,斷自孔子刪定六經為始。」〔註4〕馬宗霍《中國經學史》序曰:「經者,載籍之共名,非六藝所得專。六藝者,群聖相因之書,非孔子所得專。然自孔子以六藝為教,從事刪定,於是中國言六藝者,咸折衷於孔氏。自六藝有所折衷,於是學者載籍雖博,必考信於六藝。蓋六藝專經之稱自此始也。」〔註5〕許道勳、徐洪興《中國經學史》考論經與經學含義曰:「經學之『經』,是指以孔子為宗師的儒家所編著之書籍的通稱,是被中國自西漢中期起的歷代封建政府『法定』的『經典』」,「經學是訓解或闡釋儒家經典之學」〔註6〕。上世紀初皮錫瑞、馬宗霍,直至本世紀初許道勳、徐洪興有關經與經學含義的表述,可代表晚清、近代至當代學者對經以及經學概念的一般認識:其一,經學始自孔子刪定六經;其二,經為儒家載籍共名;其三,自西漢始,經成為歷代統治者法定經典;其四,訓解、闡釋儒家經典之學,皆屬經學範疇。

自經學開闢時代直至晚清,經學成為中國學術的主流。西方所謂哲學、史學、天文學、地理學,乃至邏輯學、數學、物理學諸種學術門類,在中國經學中大多可覓蹤跡。從某種程度而言,經學可謂包羅萬象。與此同時,經學此種綜合性、兼容性,亦使得中國古典學術難以與西方學術門類實現清晰明瞭的對接。

作為上世紀初著名的經學研究者,周予同先生從事經學研究的初衷,有其明顯的時代烙印。五四思潮號召推翻古舊、僵化的思想傳統,重塑以民主、科學為核心的新思想。經學作為歷代統治者的法定經典,無疑是一切舊傳統的根源,從而成為被推翻的首要對象。由此可知,周予同先生的經學研究,始於質疑,且以推翻其神聖地位為目標。在此種出發點與目標的推動下,他發出了經學已亡的呼聲,他將經稱作穿戴古衣冠的僵屍,痛心疾首指出,絕不可讓民眾和青年人繼續崇拜儒家經典〔註7〕。五四思潮掀起的反叛傳統之

〔註4〕皮錫瑞著:《經學歷史》,中華書局1959年版,第19頁。
〔註5〕馬宗霍著:《中國經學史》,上海書店1984年版,第1頁。
〔註6〕許道勳、徐洪興著:《中國經學史》,上海人民出版社2006年版,第1、8頁。
〔註7〕周予同著:《僵屍的出祟——異哉所謂學校讀經問題》,朱維錚編:《周予同經學史論著選集》,上海人民出版社1983年版,第591頁。

風，影響可謂尤為深遠，以至上世紀初直至七十年代末，儒家經典及其思想一直成為批判對象，由此造成民眾對儒家經典的隔膜，對古代儒者思想世界的陌生。

吳雁南《清代經學史通論》述清代經學的特點，從如下五方面概括：第一，從異彩到異端，第二，經世之風突起；第三，疑古、考證之風興盛，第四，以復古求解放，第五，對壘、融合與經學的總結。〔註8〕所謂異彩與異端，既指清初王夫之、顧炎武、黃宗羲為宋明理學異端，又指汪中復興諸子學、還原儒家為先秦百家諸子之一，亦指晚清康有為、章太炎諸人，雖學術派別異如冰炭，皆利用經學進行猛烈社會批判。清初經世之風始自顧炎武，力倡經世致用，以天下為己任。隨著乾嘉漢學始興，疑古、考證風氣起而興之。以復古求解放，語出梁啟超《清代學術概論》：「綜觀二百餘年之學史，其影響及於全思想界者，一言蔽之，曰『以復古為解放。』第一步，復宋之古，對於王學而得解放。第二步，復漢唐之古，對於程朱而得解放。第三步，復西漢之古，對於許鄭而得解放。第四步，復先秦之古，對於一切傳注而得解放。夫既已復先秦之古，則非至對於孔孟而得解放焉不止矣」〔註9〕。對壘、融合即指清代先後復興之宋學、古文經學、今文經學各派的相互對壘與融合；清儒在校注、新疏、辨偽、輯佚之整理舊學方面的成就，即對經學的總結。

晚清屢次戰敗的屈辱，風譎雲詭的政治局勢，西風東漸的來襲，促使學者沉痛反思的同時，亦摧毀了一部分人的文化自信。《周易·繫辭》曰：「窮則變，變則通，通則久。」《周易》關於變易、窮通的古老智慧，理當適用於晚清、近代中國政治、文化的雙重困境。變，是唯一的出路，如何變，卻存在不同歧路。俯瞰清代學術全局，當乾嘉漢學漸衰、今文經學始興之時，嶺南可謂奇光呈現。從乾嘉漢學興盛的時間起點而言，嶺南頗滯後於江浙，從今文經學興起的時間而言，嶺南則緊跟江浙步伐、起而興之。漢學、今文經學雙重時間差的前後交織，使晚清嶺南學術格局綻放異彩。

乾嘉樸學漸趨沈寂之時，嶺南樸學獨盛，代表人物即嶺南大儒——陳澧。

一、一個世紀的回顧——陳澧研究百餘年

陳澧（1810～1882），廣東番禺人。字蘭甫，人稱東塾先生，晚清著名學

〔註8〕吳雁南主編：《清代經學史通論》，雲南大學出版社 2001 年版，第 13～26 頁。
〔註9〕梁啟超著，朱維錚校訂：《清代學術概論》，中華書局 2011 年版，第 9 頁。

者。為學海堂學長數十年，老為菊坡精舍山長。生平肆力經、史、子、集諸部之學，天文、輿地、小學、樂律、算術，詩詞、古文、書法、摹印靡不精研。博洽群書，著述繁富。《東塾讀書記》、《切韻考》、《聲律通考》、《水經注西南諸水考》、《漢書地理志水道圖說》尤為人稱道。

陳澧的學術思想在 20 世紀初就被章太炎、劉師培等人注目。章太炎《訄書·清儒》篇論及陳澧。劉師培《清儒得失論》、《南北學派不同論》對陳澧亦有論述。1924 年梁啟超發表《清代學者整理舊學之總成績》〔註10〕，文中多處提及陳澧。錢基博《古籍舉要》序稱讀書之室「後東塾」，其書初署名《後東塾讀書記》，亦因陳澧名其廬東塾之故〔註11〕。1937 年錢穆《中國近三百年學術史》一書將陳澧顯著單列，與顧炎武、章實齋、曾滌生等章節並列，充分肯定他在中國學術史的地位。廣東省立中山圖書館特藏部藏中華民國三十六年三月十一日《中山日報》〔註12〕特刊，題名《先儒陳澧先生誕辰紀念專號》。凡此種種，可見無論在章太炎、劉師培、梁啟超、錢基博、錢穆諸輩晚清民國學術大家，亦或同時期主流政權看來，陳澧皆為近代學術史上的重要人物。

民國以後，中國大陸學界關於陳澧的研究沈寂了相當一段時間。此種情形與同時期大陸學界人文學科總體研究狀況並不相悖。但與中國古典學術研究其他對象相比，相較其在晚清學術史的重要地位，有關陳澧的研究顯得極為不足。《王元化晚年談話錄》收錄了王元化與學生有關陳澧的一段對話〔註13〕，亦表達了對陳澧研究在解放後不太受大陸學者重視的隱憂。當下中國傳統學問的境遇，與晚清至近代包括經學在內的傳統學問之際遇實有著驚人相似，古今、中西的選擇問題依然存在。不同的是，當下我們有著比一百多年前人們更強的民族自信心，在情感上更傾向於回歸傳統。在這樣的歷史節點，對陳澧這樣臨大變局以不變應萬變的學者，有必要對其思想和學術重新回顧和思考。此種回顧和思考，對於幫助我們釐清民族傳統學術和文化

〔註10〕梁啟超：《清代學者整理舊學之總成績》，《東方雜誌》，上海商務印書館 1924 年第 21 卷第 12、13、15、16、17、18 號，1926 年收入梁啟超著作《中國近三百年學術史》。

〔註11〕錢基博著：《古籍舉要 版本通義》，上海古籍出版社 2011 年版，《序》，第 3 頁。

〔註12〕民國《中山日報》原名《廣州民國日報》，為國民黨中央宣傳部黨報，創刊第二年（1937）改名《中山日報》。

〔註13〕吳琦幸著：《王元化晚年談話錄》，上海人民出版社 2013 年版，第 105～113 頁。

的走向不無裨益。

（一）本集、資料、論著

陳澧部分遺稿最早刊於 1931 年《嶺南學報》第 2 卷第 2 期，題為《陳蘭甫先生澧遺稿》〔註14〕。1934 年《嶺南學報》第 3 卷第 4 期容肇祖《學海堂考》在「學海堂學長考」對陳澧生平、著述進行了簡要介紹〔註15〕。1935 年《嶺南學報》第 4 卷第 1 期載汪宗衍《陳東塾先生年譜》〔註16〕。以上為學術期刊最早對陳澧著述、生平研究相關論文的刊載。

2008 年上海古籍出版社黃國聲主編《陳澧集》〔註17〕六冊是陳澧重要著述較為完備的整理本。2009 年廣東人民出版社桑兵主編《續編清代稿鈔本》〔註18〕，收錄中山大學圖書館藏鈔本《東塾遺稿》。隨後《三編清代稿鈔本》〔註19〕收錄中山大學圖書館和廣東省立中山圖書館藏多種陳澧著述稿鈔本及刻本〔註20〕。至《七編清代稿鈔本》〔註21〕收錄廣東省立中山圖書館藏稿本陳澧輯《陳氏家乘舊譜序跋（廣東番禺）》一卷。期間偶有陳澧重要著述單

〔註14〕陳澧：《陳蘭甫先生澧遺稿》，《嶺南學報》1931 年第 2 卷第 2 期。收錄「默記」90 則，「學思自記」32 則，「學思錄序目」之「雜論學術」48 則。

〔註15〕容肇祖：《學海堂考》，《嶺南學報》1934 年第 3 卷第 4 期，第 40～43 頁。

〔註16〕汪宗衍：《陳東塾先生年譜》，《嶺南學報》1935 年第 4 卷第 1 期。

〔註17〕陳澧著，黃國聲主編：《陳澧集》，上海古籍出版社 2008 年版。

〔註18〕桑兵主編：《續編清代稿鈔本》，廣東人民出版社 2009 年版。

〔註19〕桑兵主編：《三編清代稿鈔本》，廣東人民出版社 2010 年版。

〔註20〕第一〇二至一〇五冊，中山大學圖書館藏稿本《東塾雜俎》（不分卷）；第一〇六冊，中山大學圖書館藏同治稿本《陳澧遺稿》（不分卷）、鈔本陳澧《舊時文》（不分卷），廣東省立中山圖書館藏鈔本《陳蘭甫先生遺稿古音考證》（一卷）、稿本《陳澧陳璞等手札》（不分卷）；第一〇七冊，中山大學圖書館藏咸豐光緒刻本《番禺陳氏東塾叢書》（四種附一種凡三十四卷），光緒刻本《東塾讀書記》，光緒十八年刻本《東塾集》（六卷附申范一卷）；第一〇八冊，廣東省立中山圖書館藏稿本《陳蘭甫先生陶詩編年》（一卷）、咸豐十一年刻本《朱子語類日鈔》（五卷）、稿本《東塾雜稿附梁氏族譜序》（一卷），中山大學圖書館藏民國二十年刻本《陳東塾先生遺詩》（一卷）、民國三年刻本《憶江南館詞》（一卷）、民國二十三年鉛印本《東塾先生詩鈔別本》（一卷）、光緒刻本《東塾遺書》（四種九卷）、光緒七年鈔本《摹印述》（一卷）、民國十四年稿本《公孫龍子注》（一卷）、鈔本《說文聲表標目》（一卷）、稿本《琴律譜》（一卷）、清末刻本《象形字誤附引書法》（一卷）、稿本《切韻考》（一卷）、民國二十三年鉛印本《肇慶修志章程》（一卷）、鈔本《春鴻集》（一卷）、稿本《陳澧事實》（不分卷）、陳澧批評陳宗侃撰稿本《詩韻牽貫譜》（不分卷）；第一〇九冊，中山大學圖書館藏鈔本陳澧增修《陳氏家譜》（九卷首一卷）。

〔註21〕桑兵主編：《七編清代稿鈔本》，廣東人民出版社 2015 年版。

行本出版，如上海古籍出版社 2012 年鍾旭元、魏達純校點《東塾讀書記》〔註22〕。

2014 年黃國聲、李福標《陳澧先生年譜》出版。黃國聲序云：「年譜之作，不外兩途：一則標舉大端，一則兼羅細故」，「權量得失，拙著竊從後者」，「見先生之行止之謦欬」〔註23〕。凡例云：「本譜資料收集，持細大不捐之旨，期能反映譜主生平全貌」〔註24〕。此譜附《陳澧先生著述考錄》，著錄陳澧所有已刊、未刊及未成著作，兼採汪宗衍《陳東塾先生著述考略》、黃蔭普《廣東文獻書目知見錄》、吳茂燊、黃國聲《〈陳東塾先生著述考略〉訂補》。2008 年、2015 年，廣州出版社陸續出版《廣州大典》〔註25〕，收錄廣東省立中山圖書館、中山大學圖書館等地所藏陳澧著述手稿、鈔本、刊刻本，是黃國聲主編《陳澧集》六冊本的重要補充。

陳澧的詩歌選集，八十年代有陳永正《嶺南歷代詩選》〔註26〕，收陳澧詩 8 首〔註27〕。劉善良《陳澧俞樾王闓運孫詒讓詩文選譯》〔註28〕選譯陳澧詩文凡 16 篇，從全書編排來看，可見對陳澧晚清著名學者詩人地位的準確把握。

以陳澧為主要論述對象的論著迄今主要有以下五種：李緒柏《清代廣東樸學研究》〔註29〕、《清代嶺南大儒——陳澧》〔註30〕、《陳澧》〔註31〕、王

〔註22〕陳澧著，鍾旭元、魏達純校點：《東塾讀書記》，上海古籍出版社 2012 年版。

〔註23〕黃國聲、李福標著：《陳澧先生年譜》，廣東人民出版社 2014 年版，《序》第 2 頁。

〔註24〕黃國聲、李福標著：《陳澧先生年譜》，廣東人民出版社 2014 年版，《凡例》第 3 頁。

〔註25〕陳建華、曹淳亮主編：《廣州大典》（叢部），廣州出版社 2008 年版。陳建華主編：《廣州大典》（叢部、經部、史部、集部），廣州出版社 2015 年版。

〔註26〕陳永正選注：《嶺南歷代詩選》，廣東人民出版社 1985 年版。

〔註27〕《大水歎》、《虎門觀潮》、《得藕江書卻寄》、《自橫沙過泌湧》、《秋夜即事》、《木棉花盛開，邀南山先生、章舟、玉生、青梟、芑堂、研卿諸君集學海堂》、《題畫（二首）》。《嶺南歷代詩選》2012 年版刪《大水歎》、《題畫（二首）》，不知何故。

〔註28〕劉善良選譯：《陳澧俞樾王闓運孫詒讓詩文選譯》（近代文史名著選譯叢書），巴蜀書社 1997 年版。

〔註29〕李緒柏著：《清代廣東樸學研究》，廣東省地圖出版社 2001 年版。

〔註30〕李緒柏著：《清代嶺南大儒——陳澧》，廣東人民出版 2009 年版。

〔註31〕李緒柏著：《陳澧》（嶺南文化知識書系·南粵先賢叢書），廣東人民出版社 2010 年版。

惠榮《陳澧思想研究》〔註32〕、於梅舫《學海堂與漢宋學之浙粵遞嬗》〔註33〕。
李緒柏《清代廣東樸學研究》將陳澧置於清代廣東樸學興起、沈寂、復興背
景中加以論述，實為陳澧研究論著開山之作；《清代嶺南大儒——陳澧》、《陳
澧》二書以時為序，詳細論述陳澧生平，兼及東塾學派。王惠榮《陳澧思想研
究》從學術淵源、學術思想、學術經世思想、教育思想四方面對陳澧思想進
行細緻考察，「學術經世」一詞準確概括陳澧於晚清危世投身學術的微旨。於
梅舫《學海堂與漢宋學之浙粵遞嬗》從地域視角出發，論述陳澧經學、小學
思想與浙粵學術之間的遞嬗關係。

　　有關陳澧交遊方面研究的新近重要論文，有管林先生《魏源與陳澧的交
往》〔註34〕一文，考證陳澧與魏源的見面時間，詳析陳澧對魏源《海國圖志》
的商榷之處。徐世中《陳澧集外詩文考論》〔註35〕新發現陳澧集外詩文 15 篇，
並進行相關考論。

（二）漢宋兼採及其他經學思想

　　有關陳澧學術思想的現有研究成果，主要集中於闡發、論述其漢宋兼採
學術觀念。

　　陳澧本人並未使用「漢宋兼採」一詞論述自己的學術思想。談及《學思
錄》，他用「通論古今學術，不分漢宋門戶」〔註36〕概括其著述宗旨。《東塾
遺稿》云：「漢、唐、宋學，自來無兼之，余之《學思錄》自成一家，不可不
勉成之也。『謝朝華於已披，啟昔秀於未振』，其可傳者在此。」〔註37〕可見
陳澧以「不分漢宋門戶」、「兼採漢、唐、宋學」而「自成一家」描述自己的學
術理想，並頗自信《學思錄》（後改名《東塾讀書記》）可傳之處即在此。張之
洞《書目答問二種》列論漢宋兼採經學家，不過未採陳澧之名。

　　最早概括陳澧學術思想、並將之寫入學術史的近代學者當為章太炎。章
太炎《訄書·清儒》篇以「鳩合漢宋」、「棄其大體絕異者，獨取小小翕盍，以

〔註32〕王惠榮著：《陳澧思想研究》，中國社會科學出版社 2008 年版。
〔註33〕於梅舫著：《學海堂與漢宋學之浙粵遞嬗》，社會科學文獻出版社 2016 年版。
〔註34〕管林：《魏源與陳澧的交往》，《邵陽學院學報（社會科學版）》2016 年第 2 期。
〔註35〕徐世中：《陳澧集外詩文考論》，《廣東技術師範學院學報》2016 年第 7 期。
〔註36〕陳澧著：《東塾集》（卷四），黃國聲主編《陳澧集》（一），上海古籍出版社 2008
　　　　年版，第 178 頁。
〔註37〕陳澧著：《東塾讀書論學劄記》，黃國聲主編《陳澧集》（二），上海古籍出版
　　　　社 2008 年版，第 379 頁。

為比類」〔註38〕評價陳澧。稍後劉師培《清儒得失論》謂「澧學鉤通漢宋」，「究其意旨，仍與撿拾之學相同」〔註39〕。章、劉二人對陳澧漢宋兼採的學術主張持否定態度。支偉成《清代樸學大師列傳》將陳澧列入「浙粵派漢宋兼採經學家列傳第九」，與林伯桐、桂文燦、朱次琦、朱一新等並列，小傳稱其「溝通漢宋，一時學風為之不變焉」〔註40〕。

　　錢穆 1937 年成書《中國近三百年學術史》，直接以「漢宋兼採」概括陳澧的學術主張。從章太炎「鳩合漢宋」、劉師培「鉤通漢宋」之評，到支偉成「溝通漢宋」、錢穆「漢宋兼採」之評，顯見支偉成、錢穆與章、劉二人對陳澧態度的不同。錢穆《中國近三百年學術史》云：「《東塾讀書記》主漢宋兼採，勿尚門戶之爭，主讀書求大義，勿取瑣碎之考訂，而其書本身，即為一至佳之榜樣」，高度評價《東塾讀書記》，並以「東塾不欲以空言啟爭端，而求以實績開先路」〔註41〕肯定陳澧漢宋兼採的治學路徑。雖錢穆承認「東塾講學，所謂漢宋兼採以求微言大義者，其實仍是經學盛時惠、戴所稱『古訓明而後義理明』之見解」〔註42〕，但同時強調「東塾講學宗旨，全在救弊」，「觀其《學思錄》要旨，真所謂『基址頗大，田地頗寬』矣。此等氣象，與東吳惠氏之專言漢學者不同，與高郵王氏之專事訓詁者亦不同，與休寧戴氏之別闢新說以求推倒前人如《孟子字義疏證》之所為者又不同，與當時經學家之各為經籍作新注疏，句句而求，字字而解，而陷於屑碎不務得其大意者復不同，與同時及其後起之所謂公羊今文學派，專講孔子微言大義，而發為非常可怪之奇義者更不同〔註43〕。而讀東塾之書者，皆確然認其為一經師，終不得擯而不預之經學家之列也」，「其用心至苦，而成就亦至卓矣」〔註44〕。錢穆稱

〔註38〕章太炎著，徐復注：《訄書詳注》，上海古籍出版社 2000 年版，第 162 頁。

〔註39〕劉師培著：《清儒得失論　劉師培論學雜稿》，中國人民大學出版社 2004 年版，第 267 頁。

〔註40〕支偉成著：《清代樸學大師列傳》，嶽麓書社 1998 年版，第 154 頁。

〔註41〕錢穆著：《中國近三百年學術史》，商務印書館 1997 年版，第 666 頁。

〔註42〕錢穆著：《中國近三百年學術史》，商務印書館 1997 年版，第 681 頁。

〔註43〕錢穆此處所言公羊今文學派「專講孔子微言大義，而發為非常可怪之奇義者」，當指常州今文學派莊存與、劉逢祿、龔自珍直至康有為諸人。龔自珍、康有為在中國政治革命史雖居顯要地位，但在錢穆看來，他們為政治張本的學術言論不過為「非常可怪之奇義」。由此可窺，錢穆對陳澧的拳拳之意，既源於對當時世風的關注，亦源於對傳統學術的堅持和對以學術迎合政治的不滿。

〔註44〕錢穆著：《中國近三百年學術史》，商務印書館 1997 年版，第 689 頁。

許陳澧《東塾讀書記》氣象宏大，並與惠氏、王氏、戴氏及稍後公羊今文學派比而較之，充分肯定其書的獨特意義，給予極高評價。與此同時，錢穆還將陳澧與顏元、章學誠進行比較，「其言學問偏主讀書，議論似不如顏習齋；言讀書惟重經籍，議解似不如章實齋；治經籍一依注疏，謂宋儒義理特如漢唐注疏之箋，其說更可商。觀其讀書記所得至明通，至堅實，而仍無以出當時經學家之範圍，以視顏、章諸人，戶牖一新，以豁人明照於天地之別一方者，固稍遜矣」〔註45〕，在給予陳澧高度評價的同時，對其偏限性明察洞見。然此番「固稍遜矣」之評，不過欲揚先抑之鋪墊，緊接其後，娓娓道出「此余於東塾之一編，所尤拳拳深致其嚮往之意」的原因：「今日者，學風之壞，有甚於東塾之當年。士情之懶且躁，不肯讀一部書，而好以勝古人，東塾憂之，所謂足以亂天下者，方復見於今日」，希望「得東塾其人者，以上挽之於朱子、鄭君，相率趨於博學知服之風，而求以作人才、轉世運」〔註46〕，充分肯定陳澧於亂世重塑學風的「用心至苦」。

朱維錚《漢宋調和論》更多從不足處論陳澧漢宋兼採的學術主張，「《東塾讀書記》的內容，悖論比比皆是。既想維持現狀又感到不能維持現狀，既不滿統治學說又害怕否定統治學說，既承認敵人『長技』又附會諸技源於中國，既認定當前學術敗壞又自慰傳統振興有望，如此等等，正表明陳澧的困境，彷徨於中世紀和近代之間的困境」〔註47〕。正如朱維錚所言，陳澧的困境是「彷徨於中世紀和近代之間的困境」，其偏限性為絕大多數同時代人難以避免，亦頗可代表傳統學者從古典向近代轉型過程中的文化困境，此亦陳澧學術思想的時代價值和現實意義。

二十世紀九十年代龔書鐸《晚清的儒學》指出，「漢宋學的調和會通並非始於陳澧，其前輩已多有倡導」，但同時肯定，「他確實是咸同間主張會通漢宋學頗有影響者」〔註48〕。此文還認為，不論漢學或宋學，於「三千年一大變局」，所面臨的問題是「應變」和「救時」，不可能亦不允許繼續爭長短、立門戶，正是「應變」和「救時」，使漢宋學統一於致用。陳澧《漢儒通義》自序所言「祛門戶之偏見，誦先儒之遺言，有益於身，有用於世，是區區之志」

〔註45〕錢穆著：《中國近三百年學術史》，商務印書館1997年版，第689頁。
〔註46〕錢穆著：《中國近三百年學術史》，商務印書館1997年版，第690頁。
〔註47〕朱維錚著：《近代學術導論》，中西書局2013年版，第119～120頁。
〔註48〕龔書鐸：《晚清的儒學》，《北京師範大學學報》1992年第5期。

即隱含此意。隨後陳居淵《致力於恢復經學傳統的陳澧與朱一新》〔註49〕、
《論晚清儒學的「漢宋兼採」》〔註50〕二文皆論陳澧漢宋兼採學術思想。陳居
淵認為，陳澧會通漢宋的主張「並非是簡單的漢學或宋學的單線繼承和復原，
而是企圖由朱學來改造漢學」，包括陳澧在內的晚清「漢宋兼採」儒者，「他
們對漢宋學術的理解，始終未能翻出傳統經學只注重儒家道德理想的單一闡
發的舊模式，繼承的依然是宋明以來儒學自身發展的傳統而未能有所超越」，
但同時指出，「他們提倡『經世』，其意義也遠遠超出了『漢宋兼採』的本身，
它雖不如今文經學成為一種思潮，卻也是湧起了晚清學界令人注目的頹波，
從一個側面展現了晚清儒學的歷史走向」，肯定陳澧兼採漢宋學術實踐在學術
史的價值和意義。劉少虎《近代中國儒學的嬗變及其歷史啟示》〔註51〕將陳
澧漢宋兼採學術觀置於近代儒學嬗變的過程中加以考察，「理學、今文經學、
古文經學、漢學等在近代中國的此消彼長，都是儒學內部各派為了適用時世
的變化而變化」，「各派之間的門戶偏見、互相攻訐向兼採並收、相互認同轉
變」，「儒學內部互相認同，取長補短」，從「經世致用衍變」的角度關照陳澧
等人漢宋兼採的學術主張。史革新《略論晚清漢學的興衰與變化》〔註52〕論
及嘉道年間嶺南學風新變時，肯定陳澧「是繼阮元之後在廣東學壇影響最大
的漢學家」，將晚清漢學基本特徵歸納為「實」、「通」、「變」三字，在漢宋學
之爭問題上，肯定陳澧主張「不交爭」。羅檢秋《從清代漢宋關係看今文經學
的興起》〔註53〕從晚清漢宋困境理解陳澧補偏救弊、援引宋學入漢學以化解
漢宋畛域的學術努力，雖肯定陳澧「對漢學不講義理之弊反思尤深」，但同時
指出，陳澧「援引宋學時不免隔膜、零碎，重釋漢學也不無牽強。無論是《東
塾讀書記》的《朱子》卷，還是《漢儒通義》，都仍然是考據之作，有時會通
漢宋的微言大義也多鑿枘」。論及劉師培對陳澧「鉤通漢宋」、「仍與摭拾之學
相同」的批評，羅檢秋認為「語雖苛刻」，「卻反映了漢學家調融宋學的困
難」。張昭軍《晚清漢宋調和論析》〔註54〕將晚清主漢宋調和者細分為宗宋學

〔註49〕陳居淵：《致力於恢復經學傳統的陳澧與朱一新》，《復旦學報（社會科學版）》
　　　　1993 年第 5 期。
〔註50〕陳居淵：《論晚清儒學的「漢宋兼採」》，《孔子研究》1997 年第 3 期。
〔註51〕劉少虎：《近代中國儒學的嬗變及其歷史啟示》，《船山學刊》2002 年第 2 期。
〔註52〕史革新：《略論晚清漢學的興衰與變化》，《史學月刊》2003 年第 3 期。
〔註53〕羅檢秋：《從清代漢宋關係看今文經學的興起》，《近代史研究》2004 年第 1
　　　　期。
〔註54〕張昭軍：《晚清漢宋調和論析》，《清史研究》2006 年第 4 期。

而不廢漢學、宗漢學而兼採宋學以及漢、宋學立場不明顯的會通論者三類，強調晚清標榜會通雖成為學術時尚，但能將此種學術主張與具體治學實踐結合在一起者，實為少見，陳澧即其中突出者；同時指出，「陳澧《東塾讀書記》的會通漢宋，並不是漢學方法與宋學義理的簡單結合，而是通過具體的學術實踐，以考據為基礎，來論說漢學的微言大義與宋儒的義理學說的一致性」，肯定陳澧「論證了漢學義理與宋學義理的內在一致性，從學理上實現了漢宋學義理的會通」。

　　李緒柏《陳澧與漢宋調和》是最早單獨論述陳澧漢宋調和學術思想的文章。此文認為，陳澧「秉承乾嘉學術優良傳統，立足漢學立場，以古文經學為主，融合宋學及其他，兼收並蓄，獨樹一幟，提倡一種新學風」，「被公認為漢宋調和的主將和集大成者」，還從嶺南樸學地位、白沙學派影響、學海堂學術傳承淵源等方面分析陳澧成為晚清漢宋調和關鍵人物的重要因素。對於陳澧調和漢宋所言、所論及所倡，雖認為「無甚新意可言，也無甚高明之處」，但同時強調，「陳澧立足於漢學，強調讀書，突出考據，在治學精神、學術方法方面就有其永恆的價值和積極意義」，「他反覆申述強調的這些人所共知的尋常道理，雖無慷慨激昂、聳人聽聞之處，卻穩健淳樸，篤實不欺，屬於平凡真理一類，萬古常新」〔註55〕。另值得注意的是，李緒柏此文沿用錢基博《現代中國文學史》所引相關文獻，反映出王闓運、廖平、葉德輝諸位同時代學者對陳澧漢宋調和學術意圖的評價。王惠榮《陳澧思想研究》認為，「陳澧主張漢宋調和，固然與彼時全國學術大氣候有關。但是除此之外，他的不排斥宋學，也與嶺南自明中期以來的濃厚理學風氣有關」，這種認識與李緒柏的相關分析一脈相承。王惠榮認為，「陳澧在這種學術氛圍中，堅持漢宋調和是一種正常自然的學術抉擇，而不是所謂的『趨時』」〔註56〕，強調陳澧漢宋兼採學術選擇的主觀意圖，又謂「陳澧提倡漢宋調和，與同時其他學者不同的是，他本人在義理方面沒有特殊見解」〔註57〕。本文認為，「在義理方面沒有特殊見解」這一表象，恰表現出陳澧一向不喜自立說、專意於發明漢儒義理的經師本色。

〔註55〕李緒柏：《陳澧與漢宋調和》，《南開學報》2005 年第 6 期。
〔註56〕王惠榮著：《陳澧思想研究》，中國社會科學出版社 2008 年版，第 121 頁。王惠榮此論亦是對朱維錚《漢宋調和論》稱陳澧「調和漢宋」為「時髦學說」的回應。
〔註57〕王惠榮著：《陳澧思想研究》，中國社會科學出版社 2008 年版，第 123 頁。

　　張循《論十九世紀清代的漢宋之爭》以《徘徊在學術之間：陳澧及其漢宋調和論》為題，專章論述陳澧漢宋調和學術思想。此文從「學」、「術」矛盾的角度，為考察陳澧漢宋調和論和清代漢宋之爭提供了嶄新視角，「徘徊在學術之間」的陳澧其漢宋調和論「本身就充滿了矛盾」，他的「學術意願與學術實踐之間」不可避免地「存在著差距」；陳澧「治學偏向漢學，對宋人的理學並無真正的興趣，卻又總認為宋學不能不講；他既主張漢宋應該分開各行其是，同時又強調漢學考據不能不以宋儒義理為歸趨」，「他在『學』與『術』之間的徘徊，體現了處於『術』的籠罩之下『學』的窘境」〔註58〕。與此同時，學能否脫離術而存在此一問題被突顯，而此文未及對之進行深入探究。陸胤《近代學術的體制內進路——張之洞學人圈考論》論及「東塾學派」近代衍變時提出，「張之洞『私淑』陳澧的表面之下，潛伏著兩種路向不同的漢宋折衷論」，「一者為阮元以來粵東經古書院的流衍，一者為同光之際京師『清流』學術的延續」，「張之洞雖也強調漢學有義理，但重在將宋儒推崇的《大學》、《中庸》等文本還原到漢儒傳經的脈絡中」，「陳澧一派所謂『義理』，則包括了阮元、戴震等掊擊宋儒性理的新義理，二者之間又本質不同」〔註59〕，將陳澧漢宋折衷論置於地方學統背景視之，分析其義理的內涵與張之洞等京師清流諸人的差異。

　　總體而言，從章太炎、劉師培、錢穆等民國學者到龔書鐸、朱維錚、李緒柏、陳居淵等，再到後來晚近學者的考察和研究，對陳澧漢宋調和思想的認識，從最初儒學內部的考察和關照，漸而拓展至科學意義上學術範圍內的考察。張循《論十九世紀清代的漢宋之爭》和陸胤《近代學術的體制內進路——張之洞學人圈考論》相關論述更明顯表現出此種變化。但與此同時，當從近現代科學意義上考察清代漢宋之爭和陳澧漢宋調和論時，所謂漢宋爭論與調和論調的意義，趨於自然消解。但若循著民國學者的路子，返回中國傳統學術路徑，考察漢宋之爭和陳澧漢宋調和論，亦即重返現場時，依然會發現，對此問題的解釋仍未完成。張循所提出學、術矛盾的解讀方案，對此問題有所推進，但在他的相關論述中，仍留有語焉不詳的部分。比如，他並未

〔註58〕張循：《論十九世紀清代的漢宋之爭》，朱維錚指導，復旦大學歷史學系專門史專業博士學位論文，2007年。

〔註59〕陸胤：《近代學術的體制內進路——張之洞學人圈考論》，夏曉虹指導，北京大學中國古代文學專業博士學位論文，2011年。

清晰展現作為個體的陳澧受到術的束縛的明顯證據。雖個體無法逃脫當時統治者倡導的主流意識形態，在進行個體論述時，依然需要回歸個案本身，對之進行論證和闡述。

　　除對陳澧漢宋兼採學術思想的關注，對陳澧經學思想其他方面的論述亦有之。王惠榮《陳澧思想研究》「陳澧經學思想之透析」部分將陳澧經學思想總結為如下五方面：第一，「通經致用」〔註 60〕；第二，「並崇鄭、朱」〔註 61〕；第三，「注重注疏，治經不墨守師說，擇善而從」〔註 62〕；第四，「偏尚古文經學」〔註 63〕；第五，「批惠贊王，客觀評述學者功過」〔註 64〕。王惠榮所總結的「通經致用」，為晚清絕大多數愛國士人共同特點，未能足夠突顯陳澧學術思想的獨特性，且與其書後文「學術經世」部分稍有重合，略顯空泛。另外，從《東塾讀書記》等著述可知，陳澧除「批惠贊王」，對其他歷代經學家亦多有獨見，還有待後來者繼續探究和論述。謝寒楓《論陳澧經學觀的形成》〔註 65〕論述王懋竑、顧炎武二者經學思想對陳澧會通漢宋、回歸孔孟經學觀形成的深刻影響。王懋竑對陳澧的影響被以往研究者忽略，此文著意於此，詳引《與徐灝書》，並結合其他材料，分析王懋竑《朱子年譜》對陳澧經學觀形成的影響。張文博《陳澧鄭學研究述評》〔註 66〕著重考察陳澧鄭學研究的內容、成就及特點，從以下三方面申而論之：第一，「申論鄭氏之家法」，推崇「發疑正讀，亦信多善，徒寡且約，用不顯傳於世」的鄭氏學風；第二，批評清人對鄭氏學術思想之謬見，強調「考據訓詁僅是鄭玄尋求聖人之道的手段」，鄭氏學風「包融兼濟」，辯解後儒對其「信讖緯」之譏；第三，「闡述『禮是鄭學』及鄭學的影響」。關於陳澧鄭學研究的不足，此文引鄭注對《儒行》「博學以知服」的闡釋，認為「陳澧要求後學畏服前人學術，勿求超越」，「錯誤地將自己的學術思想禁錮在前賢所言之內」。本文認為，此種看法欠審慎，是對陳澧博學知服思想的片面理解。

〔註 60〕王惠榮著：《陳澧思想研究》，中國社會科學出版社 2008 年版，第 75 頁。
〔註 61〕王惠榮著：《陳澧思想研究》，中國社會科學出版社 2008 年版，第 85 頁。
〔註 62〕王惠榮著：《陳澧思想研究》，中國社會科學出版社 2008 年版，第 89 頁。
〔註 63〕王惠榮著：《陳澧思想研究》，中國社會科學出版社 2008 年版，第 91 頁。
〔註 64〕王惠榮著：《陳澧思想研究》，中國社會科學出版社 2008 年版，第 93 頁。
〔註 65〕謝寒楓：《論陳澧經學觀的形成》，《湖南大學學報（社會科學版）》2008 年第 2 期。
〔註 66〕張文博：《陳澧鄭學研究述評》，趙慶偉指導，中南民族大學歷史文獻學專業碩士學位論文，2011 年。

於梅舫《以「文學」總會四科：「四科說」與陳澧構築新經學之抱負》〔註67〕是新近發表陳澧相關研究論文中尤值得關注的一篇。此文是對陳澧結撰溝通漢宋之學內在心路與具體取徑的落實，認為其四科論是瞭解乾嘉以來學術轉型的一大線索，更是深切認識其學術流變的起始關鍵。

（三）《東塾讀書記》、《東塾雜俎》、《東塾遺稿》

《東塾讀書記》、《東塾雜俎》、《東塾遺稿》可謂陳澧學術著述最重要之三種，多種研究著作和論文皆給予重要篇幅單獨論之。鑒於此，本文特將之拈出單獨論述。

梁啟超《中國近三百年學術史》在「通釋群經之著作」部分提及陳澧《東塾讀書記》，並未展開論述。錢穆《中國近三百年學術史》高度評價《東塾讀書記》，「論其精心結撰，為畢生精力所寄，可以代表東塾論學之全部意旨者，當推其晚年所為之《讀書記》」，並詳列卷次排列、條理及各卷要旨，謂其「所論皆各書宏綱巨旨，要義大端，融會貫串，有本有末，不尚空談，不事煩證」〔註68〕，「綜述前人成績，附以己見」，「箴切時病」〔註69〕，充分肯定其學術價值。

駱偉《略論近代嶺南學者陳澧》〔註70〕認為《東塾讀書記》「薈萃一生讀書心得所在」，「論述經學源流，涉及諸子百家」。此文詳列《東塾讀書記》自清光緒八年廣州刊本至民國二十五年上海中華書局鉛印《四部備要》本凡八種版本，對瞭解《東塾讀書記》版本流變頗有助益。王惠榮《陳澧思想研究》「陳澧的經學思想」部分從著述緣由、論學宗旨等內容評述《東塾讀書記》，認為此書所謂只論學術不及政事，「是他的謙詞」，「他是借學術論政事，弘揚學術以轉移人心風俗，表面上談的是讀書治學，實際上關注的卻是明道救世」〔註71〕。關於《東塾讀書記》著述宗旨，王惠榮歸納為以下四點：一是「為了將他自己的經學流傳給後人」，「欲以彌補」「無經學書」著作的「遺憾」；二是「要起到拯救現實中存在的學術弊病的作用，並盡可能杜絕將來可能出現

〔註67〕於梅舫：《以「文學」總會四科：「四科說」與陳澧構築新經學之抱負》，《近代史學刊》2016 年第 1 期。

〔註68〕錢穆著：《中國近三百年學術史》，商務印書館 1997 年版，第 663、664 頁。

〔註69〕錢穆著：《中國近三百年學術史》，商務印書館 1997 年版，第 666 頁。

〔註70〕駱偉：《略論近代嶺南學者陳澧》，《圖書館論壇》1992 年第 6 期。

〔註71〕王惠榮著：《陳澧思想研究》，中國社會科學出版社 2008 年版，第 72 頁。

的，由於現在的矯枉過正而引起的弊端」；三是「試圖融（漢、唐、宋學）各家優點於一體，而對其失誤有所指正」，即「不尚門戶之爭、調和漢宋，使學術沿著健康的道路向前發展」；四是「通過《讀書記》表善貶惡，以對世道人心有所助益」〔註72〕。王惠榮還將陳澧的經學思想總結為「通經致用」、「並崇鄭朱」、「注重注疏，治經不墨守師說，擇善而從」、「偏尚古文經學」、「批惠贊王」五個方面〔註73〕。姜曼《陳澧〈東塾讀書記〉研究》〔註74〕從清代筆記體著作角度分析《東塾讀書記》優劣。樂愛國《清末陳澧〈東塾讀書記〉對朱熹科學思想的闡述》指出，陳澧《東塾讀書記》在闡述朱熹學術思想過程中，提出「朱子知算學」、「朱子講求曆算」、「朱子講求地理」，「為朱熹科學思想的研究開了先河，提供了基本的研究方法以及可供超越的學術基礎」。

李緒柏《〈東塾雜俎〉敘錄》〔註75〕是唯一專論陳澧《東塾雜俎》的論文。此文認為，《東塾雜俎》「通論古今學術，考論了經學源流正變得失所在」，「成書要比皮錫瑞《經學歷史》早20餘年，」「應為中國經學通史的開創之作」，此種判斷是對《東塾雜俎》學術價值的充分肯定，值得中國經學史研究者認真注意。

錢穆《中國近三百年學術史》將陳澧「平時積稿，為《讀書記》所未收者」以「東塾遺稿」為題論之。錢穆認為，「其中議論，雖《讀書記》所未收，而實可說明東塾論學意趣」，「其暢言當時學風流弊，尤為考乾嘉以下漢學所以窮而必變之絕好材料」。還特別指出，「東塾之有意於引人入鄭君之宗廟，不願示人以何氏之武庫者，其意尤可思也」〔註76〕。黃國聲主編《東塾集》六冊本從《東塾遺稿》選錄二百七十則為《東塾讀書論學劄記》，惜採之未全。

總體而言，《東塾讀書記》、《東塾雜俎》、《東塾遺稿》三部分當為陳澧經學思想的重要著述載體，且三部分內容聯繫緊密，可整體視之。相對於《東塾讀書記》、《東塾雜俎》、《東塾遺稿》極其豐富的學術內容而言，現有研究仍顯不足，雖少量論文從個別角度有所開拓，但絕大多數論述和判斷並未出錢穆其右。原因仍在於其內容的極其豐富，以及當代學者對中國傳統經學認

〔註72〕王惠榮著：《陳澧思想研究》，中國社會科學出版社2008年版，第72～74頁。

〔註73〕王惠榮著：《陳澧思想研究》，中國社會科學出版社2008年版，第75～98頁。

〔註74〕姜曼：《陳澧〈東塾讀書記〉研究》，陳曉華指導，首都師範大學歷史文獻學專業碩士學位論文，2012年。

〔註75〕李緒柏：《〈東塾雜俎〉敘錄》，《學術研究》2006年第2期。

〔註76〕錢穆著：《中國近三百年學術史》，商務印書館1997年版，第666、667頁。

識的隔膜。《東塾讀書記》、《東塾雜俎》、《東塾遺稿》的豐富內涵和當代意義仍有待後輩學者繼續挖掘和探究。

（四）《漢儒通義》

《漢儒通義》為陳澧另一重要經學著述，常被其他學者單獨詳加論述。本文亦單獨論之，以突顯其在陳澧研究領域的重要意義。

錢穆《中國近三百年學術史》認為，《漢儒通義》大旨「與乾嘉盛時惠戴所唱『訓詁明而後義理明』者迥殊」，其刪削「亦具微意」，「於人品、學術及當世之弊，各有深意存於文字之外」，「其論撰之用心如此，與當時學者娓娓於字義訓詁，名物考訂，以及齗齗為漢宋門戶之辨者，固自異焉」。與此同時，錢穆客觀指出，「其書既限於輯錄，又所錄專採說經之書，於兩漢學術精要所在，尚未能發揮呈露」，「於兩漢四百年諸儒流變派別，因亦無所發明」，「其書亦不得為研治漢儒思想者一完備之參考書」〔註77〕。李緒柏《清代廣東樸學研究》論「清代廣東樸學成就」之「經書的箋釋」部分，引錢穆此評〔註78〕。錢穆對陳澧《漢儒通義》微旨有洞見，對其不足亦持論中允。

王惠榮《陳澧思想研究》認為，「陳澧將漢儒義理與宋儒義理相比附，是否正確妥當，姑且不論，他這樣做的目的是想徹底消除漢學家輕視義理的藉口，近代學者對漢儒的偏見」，稍後又云，「陳澧認為漢儒義理與宋儒義理並無二致，頗有可議之處」〔註79〕，既肯定《漢儒通義》的著述意義，亦通過對漢儒、宋儒「理」和「性」理解的細緻分析，指出陳澧將漢儒義理與宋儒義理等量齊觀的侷限性。

楊思賢《論陳澧〈漢儒通義〉》〔註80〕從寫作動因、編纂體例、內在精神和學術史評價四方面展開論述。此文指出，「《通義》對挽救乾嘉之學沒有起到什麼效果，其自身也多有矛盾處，但這畢竟體現了陳澧學術革新的洞察力與勇氣」，「是考據學在清代中後期進行內部反思和調整」的努力，「反映了考據學發展的內在要求以及矛盾」，「值得學術界進一步考察體認」。值得注意的是，此文已論及陳澧對《漢儒通義》高度自我認同與錢穆等人普遍評價之反差背後的原因，認為「他藉以探尋漢儒義理的途徑仍是考據，這才是《漢儒

〔註77〕錢穆著：《中國近三百年學術史》，商務印書館1997年版，第663頁。
〔註78〕李緒柏著：《清代廣東樸學研究》，廣東省地圖出版社2001年版，第134頁。
〔註79〕王惠榮著：《陳澧思想研究》，中國社會科學出版社2008年版，第153頁。
〔註80〕楊思賢：《論陳澧〈漢儒通義〉》，《孔子研究》2011年第2期。

通義》乃至陳澧全部學問的最大侷限」，其「學術格局和創造力遠遜於章學誠的『以史學抗爭經學』，魄力更是無法比擬晚清今文學，在治學方法上沒有更多的開拓，無法示後學以軌轍，可算是清代考據學的夕陽」。考據為中國傳統治學路徑的重要方法，陳澧以考據一途探尋漢儒義理，固有其侷限性，若稱之為「全部學問的最大侷限」，則頗顯絕對。晚清學者傳統考據的價值何在，對考據的執著是否成為中國古典學術走向現代的絆腳石，此皆頗具價值的問題。

（五）小學

　　梁啟超《中國近三百年學術史》將小學、音韻學分而論之，小學部分未提及陳澧《說文聲表》，音韻學部分雖未論《切韻考》，但肯定陳澧《廣州音說》，又謂「把廣東話和北京話不同的那幾點提出綱領來，才算學者的著述」〔註81〕。錢穆《中國近三百年學術史》雖論及《切韻考》，但未及詳述陳澧包括音韻學在內的小學成就。胡奇光《中國小學史》〔註82〕亦未注意之。張世祿《中國音韻學史》「近代對於《廣韻》的研究」〔註83〕一節論陳澧《切韻考》，認為「陳氏這種切語系聯的方法，純粹是採取客觀的歸納，頗為近代構擬某種音韻系統者所取法」，充分肯定切語繫連法的科學性；又謂「陳氏書裏沒有完全採用他所定的正規的方法」，「還參雜一些變例」，使聲紐、韻類統計出現失誤，所考《廣韻》聲紐四十類當為四十七類，韻類三百十一類當為二百九十類。

　　李緒柏《清代廣東樸學研究》「清代廣東樸學成就」之「小學音韻」部分論陳澧《說文聲表》、《切韻考》、《切韻考外編》等，謂陳澧「尤邃於小學音韻之學」，「是系統將《廣韻》全書的反切加以分類、排比和歸納的第一人」，又引今人丁啟陣《音韻學》的評價，稱「真正系統地分析研究《廣韻》則是從清代中葉的陳澧開始的」，「他提出了著名的『系聯法』」。李緒柏指出，《切韻考》「還被後人應用於對其他韻書、字書音系的歸納，有篳路藍縷之功」〔註84〕。

　　王惠榮《陳澧思想研究》論陳澧音韻學方面的成就，謂《切韻考》雖「並

〔註81〕梁啟超著：《中國近三百年學術史》，中國社會科學出版社 2008 年版，第 232 頁。

〔註82〕胡奇光著：《中國小學史》，上海人民出版社 2005 年版。

〔註83〕張世祿著：《中國音韻學史》，上海書店 1984 年版，第 307～313 頁。

〔註84〕李緒柏著：《清代廣東樸學研究》，廣東省地圖出版社 2001 年版，第 145～146 頁。

沒有真正恢復《切韻》舊貌，但是在研究思路、方法及結果上都給後人一定的啟發與借鑒」，還特別提到黃侃對陳澧《切韻考》的推崇以及周祖謨對《切韻考》謬誤的歸納。除此之外，王惠榮將《切韻考》的學術意義全面總結如下：第一，《切韻考》是清代第一部系統研究《切韻》的專著；第二，《切韻考》分辨清濁，豐富、發展了江永清濁共八聲的理論；第三，第一，陳澧創立系聯法，為研究《切韻》聲母、韻母提供了可靠的方法；第四，考訂《切韻》聲母 40 類，徹底澄清了 36 字母即《廣韻》聲類的誤解。

董國華《漢字諧聲與古音研究史論》〔註85〕將陳澧《說文聲表》置於漢字諧聲材料上古音研究的演進歷程，詳析《說文聲表》分級列定諧聲系統。此文指出，陳澧以聲劃部之法與許慎以形為序之法相輔相成，利用《說文》諧聲，以段玉裁古韻十七部，重新排列《說文》之字，從體例而言，「其書以聲符為綱，先列篆體為字頭，形聲之字相屬相繫」。又謂「陳氏的古音研究雖在古韻分部上沒有新的貢獻，但在諧聲系統的整理上卻有著獨立的創建」，「是清代後期不容忽視的重要漢字諧聲與古音學著作」，充分肯定《說文聲表》在漢字諧聲系統整理方面的成就。

劉琨《陳澧〈切韻考〉所刪〈廣韻〉小韻考》〔註86〕重點考究陳澧《切韻考》所刪《廣韻》之小韻。此文指出，「《廣韻》有不少字是唐代人和宋代人在《切韻》的基礎上增加的，陳氏認為要探求《切韻》的語音系統，就要刪去這些增加字，才會使系聯結果接近《切韻》原貌」。此文統計陳澧所刪《廣韻》120 個小韻，並對誤刪的 58 個小韻進行分類研究，同時分析誤刪原因，又謂「陳澧刪除《廣韻》小韻儘管有諸多失誤，然而在沒見到《切韻》的情況下，正確刪除了 62 個後增小韻，其成績是值得肯定的」。

羅偉豪《評陳澧〈東塾初學編・音學〉》〔註87〕從四方面論述《東塾初學編・音學》一書的價值：第一，運用歷史比較法論定廣州音聲調，開現代方言研究先河；第二，設置 20 組 30 類聲母，顯示古音與各方音的對應關係，製作聲韻圖，以便南方人學習北方話」；第三，運用等韻學洪細開合理論，辨析

〔註85〕 董國華：《漢字諧聲與古音研究史論》，馬重奇指導，福建師範大學漢語言文字學專業博士學位論文，2014 年。
〔註86〕 劉坤：《陳澧〈切韻考〉所刪〈廣韻〉小韻考》，胡安順指導，陝西師範大學漢語言文字學專業博士學位論文，2002 年。
〔註87〕 羅偉豪：《評〈陳澧東塾初學編・音學〉》，《中山大學學報（社會科學版）》2004年第 4 期。

北方話韻母 i、u 介音和相關聲母；第四，科學解釋傳統反切與字母，倡導語音普及教育，肯定陳澧善導初學的教育思想，以及尋求標音方法改革的嘗試和努力。

於梅舫《「以淺持博」：陳澧「小學」理念之演進及旨趣》〔註88〕認為，陳澧《說文聲表》、《切韻考》及《外編》，對「小學」大有推進。此文指出，陳澧聲韻訓詁之學，集顧炎武、江永、段玉裁、王念孫父子之大成，據切語確定聲類、韻類，匯通古韻、今韻，釐清等韻糾紛，承上啟下，可稱一時名家。又謂「陳澧雖深於『乾嘉考據』之小學」，「卻明顯具有對『乾嘉考據』之『皓首窮經』式小學的自覺反思」，「對於六書小學作深入淺出的詮釋，以期恢復小學『古』意——亦即幼學之意」，進而「將此『真小學』發揮至群書入門的門徑，真正變成『以淺持博』的門徑書」。此文指出，「這一過程，既反映其小學理念的變化，也承載其改變乾嘉大儒在治學實踐中形成的治經門徑之抱負」，此一理念「蘊含陳澧與學海堂所本的江浙學術立異、爭勝的運思」，「凸顯其構築溝通漢宋之學的基調」。於梅舫此文是迄今唯一一篇從考辨學術角度詳論陳澧小學理念及其實踐過程的文章，並從小學的微觀視角，對其漢宋兼採觀念背後的成因進行了獨特闡釋。

（六）輿地、方志學

梁啟超《中國近三百年學術史》「校注先秦子書及其他古籍」部分論陳澧《水經注西南諸水考》，「陳蘭甫先生以酈氏當時，滇黔之地淪於爨謝，故注記東北諸水詳而確，西南則略而訛，乃為《水經注西南諸水考》補而糾之，在本書諸家著作中最為別裁」〔註89〕。「清代學者整理舊學之總成績」之「舊史之注釋及辯證」部分述表志整理時，列陳澧《漢書地理志水道圖說》，謂清代「各史表志專篇之校注」，「關於地理者什而八九」，「而食貨、刑法、樂、輿服等乃絕無」，可見乾嘉「彼輩最喜歡研究僵定的學問，不喜歡研究活變的學問。此固由來已久，不能專歸於一時代之人，然而彼輩推波助瀾，亦與有罪焉。彼輩所用方法極精密，所費工夫極辛勤，惜其所研究之對象不能副其價值」〔註90〕。

〔註88〕於梅舫：《「以淺持博」：陳澧「小學」理念之演進及旨趣》，《中山大學學報（社會科學版）》2015 年第 4 期。

〔註89〕梁啟超著：《中國近三百年學術史》，中國社會科學出版社 2008 年版，第 253 頁。

〔註90〕梁啟超著：《中國近三百年學術史》，中國社會科學出版社 2008 年版，第 304 頁。

梁啟超對陳澧《漢書地理志水道圖說》等清代學者關於古地理志整理的研究
價值表示質疑，可謂大膽獨斷，其允當與否，則仍可商榷。清代學者熱衷注
釋古史地理志，其意圖及價值，仍值得進一步深究。另外，稍可注意的是，梁
啟超所採用的學科分類與今天有異，將《水經注西南諸水考》置於清代學者
校注其他古籍部分論述，將《漢書地理志水道圖說》置於舊史表志注釋部分
論述，且將後者歸類於「地理者什而八九」〔註91〕。由此可見，梁啟超的學
科分類概念仍以中國古典傳統分類法占主導，同時受西方學科分類影響，呈
現出西方對傳統的衝擊。

李緒柏《清代廣東樸學研究》「清代廣東樸學成就」地理部分論陳澧《漢
書地理志水道圖說》、《水經注西南諸水考》。李緒柏認為，陳澧地理著述頗為
豐碩，「久負盛名者首推《漢書地理志水道圖說》」〔註92〕，「是書以康熙、乾
隆兩朝內府地圖，稽核《漢志》水道，兼考眾家之說，加注以申己見」，「每卷
均附圖說，簡明扼要」〔註93〕。又引汪宗衍《陳東塾先生年譜》，稱「曾國藩
服其精博，莫友芝稱其『穿貫古今，海內無匹』」〔註94〕。

王惠榮《陳澧思想研究》概述陳澧地理學方面的學術成就，論《漢書地
理志水道圖說》、《水經注西南諸水考》，並述《黑水說》、《禹貢道水次第說》、
《說長白山》、《羋牁河考》四篇。王惠榮認為，「《漢書地理志水道圖說》為後
人閱讀、考證《漢書·地理志》水道，提供了便利條件」，《水經注西南注水
考》雖「未經過實地勘察，但作為廣東人，又有康熙、乾隆兩朝所繪地圖做參
考，雖不能無誤，但也應對酈注多少有補正之處」〔註95〕，充分肯定二種著
述的學術價值，但並未細考陳澧對酈注補正之處所在。雖梁啟超《中國近三
百年學術史》謂清儒「研究地理不過其一種工具，地理學僅以歷史學附庸之
資格而存在」〔註96〕，若將此「歷史的地理學」〔註97〕作為歷史現象考察，

〔註91〕梁啟超《中國近三百年學術史》論「清代學者整理舊學之總成績」時，亦單
列「地理學」類，與史學、方志學等並列。
〔註92〕李緒柏著：《清代廣東樸學研究》，廣東省地圖出版社2001年版，第160頁。
〔註93〕李緒柏著：《清代廣東樸學研究》，廣東省地圖出版社2001年版，第160頁。
〔註94〕李緒柏著：《清代廣東樸學研究》，廣東省地圖出版社2001年版，第160頁。
〔註95〕王惠榮著：《陳澧思想研究》，中國社會科學出版社2008年版，第49頁。
〔註96〕梁啟超著：《中國近三百年學術史》，中國社會科學出版社2008年版，第323
頁。按梁啟超此論，《水經注西南諸水考》雖不屬其所稱「以歷史學附庸之資
格而存在」，仍屬「歷史的地理學」。
〔註97〕梁啟超著：《中國近三百年學術史》，中國社會科學出版社2008年版，第323頁。

當有其歷史和現實價值。

黃國聲、李福標著《陳澧先生年譜》所附《陳澧先生著述考錄》，錄《廣東輿地圖》同治五年刻本，陳澧撰凡例〔註98〕，尚未被後來學者注意。

以上為對陳澧輿地學術成就的相關論述。

梁啓超《中國近三百年學術史》「清代學者整理舊學之總成績」之「方志學」部分，稱許陳澧主撰的同治《番禺縣志》，列為「出學者之手，斐然可列著作之林者」〔註99〕和「最可表者」〔註100〕，肯定陳澧主撰同治《番禺縣志》之功。

李緒柏《清代廣東樸學研究》論「清代廣東樸學成就」「方志之編纂」部分，將陳澧分纂《番禺縣志》、總纂《香山縣志》、分纂《廣州府志》列為「同光期間廣東較著名、較有影響力的方志」〔註101〕，並概括陳澧所訂《肇慶府修志章程》14條的主要內容，將此《修志章程》視為「清後期廣東學者廣泛參與修志實踐活動在理論和方法上的一次全面總結」，又引徐信符《新印蓮鬚閣文鈔序》云：「余弱冠時，聞陳東塾先生修《番禺縣志》，多參考秘籍。對於《藝文志》著錄《蓮鬚閣文集》所錄序文、《南園花信詩》所錄序文，均為《十三家》內《蓮鬚閣全集》所不載，初未知從何採錄。洎在故家搜得黎氏舊鈔本《蓮鬚閣文鈔》十六卷，則其文具有，然後知東塾蓋從黎氏宗祠借閱，所採錄即在此也。」以證陳澧修志廣搜秘籍、認真嚴肅、一絲不苟的態度。

王惠榮《陳澧思想研究》對陳澧著作進行歸類時，將《學海堂續志》同列於方志類，但未及對之進行深入研究，實為《陳澧思想研究》一書著述角度所限。

鍾玉發《陳澧與〈肇慶修志章程〉》指出，「陳澧關於方志的編纂思想與方法受到阮元的巨大影響，體現了乾嘉漢學嚴謹的考據學學風」，「也體現了對章學誠『撰著派』修志思想與方法的吸取」，「具有調和、融通的色彩」。此文還探究了肇慶府志重修活動「無果而終」〔註102〕的原因，同時對道光朝所

〔註98〕黃國聲、李福標著：《陳澧先生年譜》，廣東人民出版社2014年版，第320頁。

〔註99〕梁啓超著：《中國近三百年學術史》，中國社會科學出版社2008年版，第311頁。

〔註100〕梁啓超著：《中國近三百年學術史》，中國社會科學出版社2008年版，第316頁。

〔註101〕李緒柏著：《清代廣東樸學研究》，廣東省地圖出版社2001年版，第170頁。

〔註102〕鍾玉發：《陳澧與〈肇慶修志章程〉》，《肇慶學院學報》2008年第4期。

修《肇慶府志》與同治重修《肇慶府志》之事進行了釐清。

（七）音律學

梁啟超《中國近三百年學術史》「清代學者整理舊學之總成績」「樂曲學」部分謂「清儒最能明樂學條貫者，前有凌次仲，後有陳蘭甫」〔註103〕。梁啟超摘錄凌廷堪、陳澧論音律之異處如下：第一，凌氏掊擊荀勗笛律，陳氏極推重之；第二，凌氏不信有八十四調，謂鄭譯創此說以欺人，陳氏考證八十四調為梁隋所有；第三，凌氏以工尺字譜分隸宮商等，陳氏謂此惟今樂為然，宋人以工尺配律呂，非以代宮商；第四，凌氏以蘇祗婆琵琶為標準樂器，陳氏謂有研究古樂器之必要〔註104〕。又詳錄《東塾集》《復曹葛民書》，謂此函「最能說明其述作之旨」〔註105〕。梁啟超感慨曰：「由蘭甫之書以復活漢晉以來不絕如縷之古樂」，「二千年音流變，可以知其概以求隅反，樂天下快事寧有過此？」〔註106〕亦深惜陳澧《唐宋歌詞新譜》其書不傳〔註107〕。李緒柏《清代廣東樸學研究》引梁啟超《中國近三百年學術史》諸語，又詳考陳澧指陳凌氏誤失。

王惠榮《陳澧思想研究》歸類陳澧著作時，樂律類除《聲律通考》，另列《古樂微》、《古樂餘論》、《述樂》、《琴律譜》、《琴譜》、《簫譜》。在黃國聲主編《陳澧集》中，《聲律通考》、《琴律譜》編入第六冊，《古樂微》編入第一冊《東塾集外文》。《東塾集》另收《黃鐘之宮說》〔註108〕、《律呂正義陽律音呂

〔註103〕 梁啟超著：《中國近三百年學術史》，中國社會科學出版社2008年版，第364頁。

〔註104〕 梁啟超著：《中國近三百年學術史》，中國社會科學出版社2008年版，第367頁。

〔註105〕 梁啟超著：《中國近三百年學術史》，中國社會科學出版社2008年版，第367頁。

〔註106〕 梁啟超著：《中國近三百年學術史》，中國社會科學出版社2008年版，第369頁。

〔註107〕 黃國聲、李福標著《陳澧先生年譜》附《陳澧先生著述考錄》述《唐宋歌詞新譜》：「（汪宗衍）《陳東塾先生著述考略》著錄：《東塾集》有自序。原書未見。《〈陳東塾先生著述考略〉補訂》按：《番禺縣續志》卷三十二：『《唐宋歌詞譜》未見，據《東塾集》。』其下有按語云：『謹按此書自序見《東塾集》，而門人廖廷相等採進國史儒林傳稿未載此書，殆未成之書也。姑列其目於此。』」（黃國聲、李福標著：《陳澧先生年譜》，廣東人民出版社2014年版，第348頁。）可見此書非不傳，殆為未成之書。

〔註108〕 陳澧著，黃國聲主編：《陳澧集》，上海古籍出版社2008年版，第50頁。

二均十四聲說》〔註109〕、《東塾集外文》收《樂律餘論》〔註110〕、《聲律餘論》〔註111〕。王惠榮《陳澧思想研究》所著錄，略有遺漏，其所錄《古樂餘論》、《述樂》、《琴譜》、《簫譜》四種，據黃國聲、李福標《陳澧先生年譜》附《陳澧先生著述考錄》，均屬未刊著述〔註112〕。

　　李自浩《陳澧〈聲律通考〉整理與研究》介紹陳澧《聲律通考》各類版本，並逐一擇其概要，概括每卷基本內容，肯定《聲律通考》為研究二十八調打下基礎〔註113〕。還從以下三個角度析而論之：第一，從雅樂、俗樂角度看，《聲律通考》以《周禮》、《禮記》為古樂發端，可見其內容為雅樂；第二，從樂學、律學角度看，十卷當中，第一、四、五、六、七卷屬於調，第二、三、九屬於律，第八、十卷屬於譜，可見其內容樂學、律學摻雜，而以樂學為主；第三，從論證方式看，先摘錄、列舉源文獻，再引用流文獻，最後加以總結、論述。在論述《聲律通考》學術價值時，李自浩認為，陳澧複製荀勗笛，大大推動了晉代荀勗笛律此一「樂律學史上的疑難問題」，注重音樂實踐，「使得陳澧和清代其他學者諸如毛奇齡、凌廷堪、徐養原等相比」，「成就更為突出」。此文還以咸豐十年大興殷保康刊本單行本為底本，全文點校《聲律通考》。據黃國聲主編《陳澧集》六冊本所收《聲律通考》點校說明，以光緒陳氏家刻本《東塾叢書》和其後粵東《廣雅叢書》刻本所收《聲律通考》為底本〔註114〕。陳氏家刻本既係初刻，又經東塾過目審定，自較後出諸本為善。可知因此文點校所選底本非最善，但仍可備博採之選。

〔註109〕陳澧著，黃國聲主編：《陳澧集》，上海古籍出版社2008年版，第51頁。

〔註110〕陳澧著，黃國聲主編：《陳澧集》，上海古籍出版社2008年版，第286頁。

〔註111〕陳澧著，黃國聲主編：《陳澧集》，上海古籍出版社2008年版，第291頁。

〔註112〕黃國聲、李福標著《陳澧先生年譜》附《陳澧先生著述考錄》，《古樂餘論》「《補訂》案云：未刊」，《述樂不分卷》「《補訂》案云：廣東省立中山圖書館藏，未刊」，《聲律餘考》「《考略》著錄：梁鼎芬、陳樹鏞編刻《東塾集》內。今僅存五篇，殆非完書」，《琴譜》「《補訂》著錄：稿本。廣東省立中山圖書館藏《東塾讀書記稿》十一冊，其第一冊即《琴譜》，內分『律尺』、『黃鐘律管』、『律準』、『琴制』等幾部分。未刊」，《簫譜》「《補訂》著錄：清稿本，二冊。廣東省立中山圖書館藏，未刊。」（黃國聲、李福標著：《陳澧先生年譜》，廣東人民出版社2014年版，第309，310，311頁。）黃國聲主編《東塾集》六冊本所收《黃鐘之宮說》、《律呂正義陽律陰呂二均十四聲說》、《樂律餘論》、《聲律餘論》四篇，屬《聲律餘考》與否，仍待考。

〔註113〕李自浩：《陳澧〈聲律通考〉整理與研究》，崔憲指導，中國藝術研究院音樂學專業碩士學位論文，2007年。

〔註114〕陳澧著，黃國聲主編：《陳澧集》（六），上海古籍出版社2008年版，第3頁。

　　鮑恒《凌廷堪〈燕樂考原〉版本源流考兼論陳澧之批校本》對國家圖書館善本部所藏陳澧手批本凌廷堪《燕樂考原》進行研究。《中國善本書目》對此本予以著錄。據此文陳述，陳澧手批本底本為張其錦嘉慶十六年刻本，線裝六冊，卷首有『東塾書樓』印，內有『陳蘭浦所讀書』印，批語有朱批、墨批二種，全書批語凡 42 條，或長或短，短者二字，長者數十字，書後跋語一條，批語、跋語總計約千餘字。此文將批語、跋語擇要錄之，又謂陳澧批校本「對清代古樂學史以及陳澧本人學術思想的研究都具有直接和重要的參考價值」〔註 115〕。本文認為，陳澧此批校本凡千餘字批語、跋語，或當收入陳澧集，以作為理解其樂律學思想不可或缺的重要資料。

（八）詩詞創作、詩文批點與文學思想

　　八十年代最早關注陳澧著述的黃國聲和吳茂燊〔註 116〕。《陳澧佚詩輯存》〔註 117〕一文從中山大學圖書館藏陳澧手跡詩稿發現陳澧佚詩七首，分別為《無題》二首、《蘇州》二首、《杭州贈曹葛民》、《秀水舟中口占》、《題梅花水仙卷子》。此七首詩後被收入黃國聲主編《陳澧集》之《東塾先生遺詩輯補》。據黃國聲《陳東塾先生遺詩》、《東塾先生遺詩輯補》點校說明：《陳東塾先生遺詩》收詩 239 首，由汪兆鏞輯錄，1931 年刊行；《東塾先生遺詩輯補》從清人詩文集、圖書館珍藏手跡以及東塾文孫陳之邁編《東塾續集》輯得佚詩 32 首；另有斷句、楹帖若干謹附於後〔註 118〕。《陳澧佚詩輯存》提到，汪宗衍於 1972 年曾輯刊《陳東塾先生詩詞》（續補本），比《陳東塾先生遺詩》略有增收〔註 119〕。黃國聲《陳東塾先生遺詩》、《東塾先生遺詩輯補》點校說明未論及汪宗衍輯刊續補本。徐世中《陳澧集外詩文考論》從方濬頤《二知軒詩續

〔註115〕鮑恒：《凌廷堪〈燕樂考原〉版本源流考兼論陳澧之批校本》，《徽學》2000年。

〔註116〕吳茂燊、黃國聲二位先生 1982 年和 1984 年共同發表三篇有關陳澧著述和佚詩的論文，分別題為《〈陳東塾先生著述考略〉訂補》、《陳澧〈東塾讀書記〉未刊稿考辨》和《陳澧佚詩輯存》。

〔註117〕吳茂燊、黃國聲：《陳澧佚詩輯存》，《中山大學學報（哲學社會科學版）》1984年第 4 期。

〔註118〕陳澧著，黃國聲主編：《陳澧集》（一），上海古籍出版社 2008 年版，第 533頁。

〔註119〕據吳茂燊、黃國聲《陳澧佚詩輯存》，《東塾先生遺詩》一卷搜集者為陳澧門人汪兆聲。文曰：「今所傳《東塾先生遺詩》一卷，乃其門人汪兆聲從陳澧為人書箋幅及時人傳鈔者搜集而成。」「汪兆聲」疑為「汪兆鏞」誤。

鈔》新發現陳澧《恢垣吏部招同子箴方伯展云詹事玉仲司馬少伯茂才集南園時七月六日也率賦二十八韻請諸公教和》一詩，此文稱，《陳澧集》整理者從方濬頤《二知軒詩續鈔》補遺詩作多首，然此詩卻被忽略。

　　有關陳澧詩詞創作、詩文評點和文學思想的論文僅數篇。吳鷺山《論陳澧詞》為 80 年代最早論述陳澧詩詞創作的文章。此文認為，陳澧《憶江南館詞》「頗得風騷之旨，在晚清諸詞家中獨樹一格」，又對《百字令‧過七里瀧》一闋進行賞析，並引譚復堂《篋中詞續》「填詞朗詣，洋洋乎會於風雅，乃使綺靡奮厲兩宋，廢然知返」之評，以譚獻之評「詢是確評，非過譽也」〔註 120〕。梁守中《陳澧的〈憶江南館詞〉和〈白石詞評〉》引陳乃乾《清名詞家》、朱孝臧《望江南‧雜題我朝諸名家詞集後》、張爾田《吳眉孫詞集序》、《復夏承燾》信札、錢仲聯《近百年詞壇點將錄》對陳澧詞的評價，謂「眾人均稱譽陳澧以經儒而為長短句，粹雅清高，卓然為清詞大家」〔註 121〕。此文兼論陳澧《白石詞評》，謂陳澧評白石詞「以賞譽居多」，亦非一味揄揚」。謝永芳《陳澧的詞學研究》從詞體、詞學批評研究二方面展開，詞體又從詞樂、詞律和詞韻三方面分別論析〔註 122〕。詞樂部分述陳澧《聲律通考》，引夏承燾《姜夔詞譜學考績》專論陳澧詞樂研究得失的評述，又引冒廣生《疚齋詞論》稱讚陳澧在允稱絕學的歷代音樂聲律研究方面，卓有建樹，倍受推崇。此文在詞學批評方面，析論陳澧《燈前細雨詞》自序，將其詞學觀念與同時代粵籍詞人許玉彬相較，認為在近世粵東詞人中，陳澧較早拋棄了詞為小道的傳統觀念。

　　關於陳澧與浙西詞派的關係，有兩種稍有差異的觀點。其一，陸有富《陳澧詞學觀探論》〔註 123〕一文，認為陳澧擺脫浙、常二派牢籠，對二派進行客觀、公允批評，又結合創作體驗，提出了獨具特色的詞學觀。此文引潘飛聲《論嶺南詞絕句》，稱讚陳澧作詞自出手眼，並引陳兼與《閩詞談屑》，謂謝枚如及其陳寶琛、陳衍、林紓等弟子，「以經術而為詞章，與南海陳蘭甫巋然相峙」，稱譽陳澧帶領學海堂詞人拔幟於晚清詞壇。范松義《陳澧〈憶江南館

〔註 120〕吳鷺山：《論陳澧詞》，《中國韻文學刊》1987 年。
〔註 121〕梁守中：《陳澧的〈憶江南館詞〉和〈白石詞評〉》，《嶺南文史》1999 年第 1 期。
〔註 122〕謝永芳：《陳澧的詞學研究》，《東莞理工學院學報》2007 年第 4 期。
〔註 123〕陸有富：《陳澧詞學觀探論》，《內蒙古大學學報（哲學社會科學版）》2010 年第 2 期。

詞〉簡論》〔註124〕認為，陳澧詞作正屬浙西格調，並未突破浙西詞派、陽羨詞派。此文還指出，陳澧詞名大於詩名，雖詞作僅存 35 首，在詞壇亦為名家，越臺詞社對其詞創作具有重要影響。

有關陳澧詩歌研究，謝永芳《陳澧的詩學觀念及其學人之詩》論陳澧與宋詩派翁方綱、程恩澤、鄭珍、沈曾植的關係〔註125〕。鄒曉霞《陳澧文學思想探論》指出，陳澧文論觀點皆「本之於經」，又將《詩經・小雅》「有倫有脊」作為作文指導法則〔註126〕。

研究陳澧詩文批點的論文有三篇，分別是管林《陳澧和他的「定庵文評」》〔註127〕、李福標《〈昌黎先生文集〉陳澧父子批點的學術價值》〔註128〕、鄒曉霞《評陳澧〈陶淵明集箚記〉》〔註129〕。據管林先生所言，他於 80 年底初研究龔定庵詩文時，在天津《益世報》「讀書週刊」所載張公量《記原刻本定庵初集》文中，初睹陳澧評定庵文集部分文字，後在中山大學善本收藏室又睹陳澧長孫陳慶和捐贈的陳東塾手批《定庵初集》。此文按陳澧所藏《定庵初集》篇目，羅列、介紹其評語，並詳加按語，又謂陳澧定庵文評「當寫於龔自珍辭世之後，陳澧擔任學海堂學長期間」，「通過上述『文評』，我們可以看到龔自珍的某些交遊，龔自珍早期散文的不足與成就，以及陳澧與龔自珍在學術思想方面的不同，是研究龔自珍和陳澧的一份難得資料」。正如所言，陳澧定庵文評隨處可見對龔定庵文的不贊同，如「何苦為此」、「病在贗古」、「病在纖仄」、「文理不通」、「此篇不應作」等，比比皆是；對於向來被人所稱道的《乙丙之際著議第九》，陳澧評語僅「尖刻」二字。此文結論尤為可貴，彰顯出陳澧定庵文評的特殊價值，提醒後來者充分注意陳澧與龔定庵學術思想的

〔註124〕 范松義：《〈陳澧〈憶江南館詞〉簡論》，《廣東工業大學學報（社會科學版）》2009 年第 2 期。

〔註125〕 謝永芳：《陳澧的詩學觀念及其學人之詩》，《聊城大學學報（社會科學版）》2013 年第 4 期。

〔註126〕 鄒曉霞：《陳澧文學思想探論》，《遼寧師範大學學報（社會科學版）》2012 年第 1 期。

〔註127〕 管林：《陳澧和他的「定庵文評」》，《文教資料》2000 年第 1 期。

〔註128〕 李福標：《〈昌黎先生文集〉陳澧父子批點的學術價值》，《文獻》2010 年第 4 期。李福標另有《〈昌黎先生文集〉清同治廣東述古堂刻陳澧父子批點本考述》（《圖書館論壇》2009 年第 4 期）一文，從刊刻、流傳、批點三方面展開論述，並指出陳氏批點的特點在於重文章經術、義理的發明。

〔註129〕 鄒曉霞：《評陳澧〈陶淵明集箚記〉》，《九江學院學報（社會科學版）》2011 年第 4 期。

差異。此種差異性的價值在於，提供了新的角度，既可揭示龔定庵的與眾不同，又可見陳澧固守傳統的內在合理性。李福標《〈昌黎先生文集〉陳澧父子批點的學術價值》以中山大學圖書館藏陳澧批點、其子陳宗穎過錄並續批本為對象，從韓集箋注、韓愈文學成就研究、韓愈思想的發掘三方面進行論述〔註 130〕。此文指出，陳澧父子批點注意力集中於古文，略於詩歌，「批語涉及 150 篇 240 餘條，10000 字左右，或發明韓文義理，或點示文章做法，考證文字得失，進行文學品評，或發明作文背景、文外之義，內容豐富」。還特別指出，「陳氏父子在韓文批點中首先強調淨化社會風氣對於人才成長的意義」。此種對社會風氣一貫的關注和思考，與《東塾讀書記》、《東塾雜俎》相關內容流露的思想相當一致。鄒曉霞《評陳澧〈陶淵明集劄記〉》指出，此劄記由陳澧曾孫陳之邁整理，1924 年 9 月香港龍門書店印行，對瞭解陶淵明接受史和陳澧本人思想都有較高學術價值〔註 131〕。

以上所述陳澧定庵文評、《昌黎先生文集》批點、《陶淵明集》劄記，皆未見於《陳澧集》、《廣州大典》、《清代稿鈔本》等陳澧著述整理、影印本。由此可見，以上三篇論文作為陳澧著述資料的重要性，為後來研究者提供了重要的資料線索。

總體而言，有關陳澧詩詞、詩文評點和文學思想的研究成果略顯單薄。一方面與陳澧詩詞作品較少有關，另一方面亦因相關資料挖掘尚顯不夠。如何將陳澧詩詞成就置於晚清詩壇、詞壇大背景加以考察，如何從陳澧詩文批點中挖掘更多時代內涵，都是值得繼續努力的方向。與此同時，繼《陳澧集》整理出版、《廣州大典》、《清代稿鈔本》有關陳澧著述、資料影印出版，陳澧三種詩文批點本亦當給予影印出版，以對陳澧研究有所助益。

（九）已有研究成果的不足

如上所述，陳澧學術思想廣博精深，成就影響深遠。十九世紀末直至民國期間，學者對他的關注較多。上世紀八十年代以來，隨著陳澧著述、資料整理、影印本相繼出版，相關研究成果又有所增多。但人們對他的關注程度，

〔註 130〕李福標《〈昌黎先生文集〉陳澧父子批點的學術價值》一文，以「晚清理學大師」稱陳澧，與一般學者將陳澧視為晚清樸學大師、大儒、經儒等稱謂相異，有待商榷。

〔註 131〕鄒曉霞《評陳澧〈陶淵明集劄記〉》一文稱，此劄記是「陳澧選評的唯一一部文人集」，表述有誤。作者不知陳澧另有定庵文評、《昌黎先生文集》陳澧父子批點本二種。

與其學術成就相較，依然稍顯不足。已有研究成果亦存在不平衡的情形：對其學術思想的研究，過多集中於漢宋兼採觀念的闡釋，缺少其他視角，忽略其他細節；對其小學、輿地、方志學、音律學等的研究，因受研究者知識範圍的束縛，傾向於僅從某一狹窄方面入手，無法顧及其廣博精深的學術背景。另外，正如桑兵《晚近史料的編輯出版與學術研究》所言，陳澧著述隨著隨刻，不斷修改，手稿內容與坊間刊本亦多有不同〔註132〕，從版本角度對其著述手稿、不同刊本的研究亦需加強。

二、本文的研究起點、思路和方法

（一）研究起點

最早將陳澧寫入學術史的近代學者為章太炎，《訄書·清儒篇》評價陳澧溝通漢宋的學術主張和實踐。稍後劉師培《南北學派不同論》、《清儒得失論》皆論陳澧。章太炎、劉師培二人站在純粹漢學立場，將陳澧兼採漢宋的學術努力視為擷拾之學，在學理上評價不高。支偉成《清代樸學大師列傳》將陳澧列入「浙粵派漢宋兼採經學家」，肯定他溝通漢宋、促成學風丕變之功〔註133〕。錢基博著《後東塾讀書記》，有意追隨陳澧，同時期所著《現代中國文學史》將陳澧列為同光間三大師之一〔註134〕。錢穆1937年成書《中國近三百年學術史》，單列「陳蘭甫」章，與顧炎武、章學誠、曾國藩諸大儒並列，高度稱許《東塾讀書記》，充分肯定陳澧平息漢宋爭端、力挽狂瀾、重塑學風之用心和實績，表達對陳澧之學拳拳嚮往之意。

李緒柏《清代廣東樸學研究》是新時期大陸學界較早研究陳澧及其東塾學派的專著，論述了東塾學派的形成過程，總結了以陳澧和東塾弟子為中堅的晚清廣東學者樸學成就；《清代嶺南大儒——陳澧》以傳記形式對陳澧一生生活、學術和文化活動進行了介紹。王惠榮《陳澧思想研究》從學術淵源、學術思想、教育思想諸方面論析陳澧思想，《晚清漢學群體與近代社會變遷》又從嶺南漢學群體角度，評述陳澧和東塾學派的漢學成就。於梅舫《學海堂與漢宋學之浙粵遞嬗》梳理東塾之學與江浙學術的內在聯繫，論析陳澧以淺持博小學理念的演進和旨趣、構築新經學的抱負，將漢宋之爭視野下的陳澧研

〔註132〕桑兵主編：《續編清代稿鈔本》，廣東人民出版社2009年版，第4頁。
〔註133〕支偉成著：《清代樸學大師列傳》，嶽麓書社1998年版，第153、154頁。
〔註134〕錢基博著：《現代中國文學史》，嶽麓書社1986年版，第69頁。

究進行了細節層面的推進。

　　嶺南雖偏處五嶺南隅，自古文脈不斷。東漢陳元任光武博士，與桓譚、杜林、鄭興俱為學者所宗〔註135〕；唐張九齡為玄宗開元名相，兼文宗、時哲之譽；陳獻章開有明學術之端，弟子湛甘泉成就心學之盛。至晚清近代，嶺南人如雨後春筍，先後登上風起雲湧的政治、文化舞臺，引領時代風潮。康有為以今文經學為維新變法張本，梁啟超倡詩界、文界、小說界革命，民國後又名列清華國學院四大導師之首。勇於革新，敢為人先的精神被有意彰顯，成為嶺南人文的耀目光環。對傳統依戀的溫情，被無意遮蔽。堅守傳統學術，以不變應萬變的嶺南大儒陳澧的名字，在新中國沈寂良久。

　　《王元化晚年談話錄》收錄了上世紀90年代末王先生與弟子的一段學術對話〔註136〕。因陳澧研究在解放後不受大陸學者重視，王元化先生深感憂慮。二十餘年過去，陳澧研究有了新氣象。《陳澧集》、《陳澧先生年譜》先後整理出版；《清代稿鈔本》、《廣州大典》影印出版陳澧多種稿本、鈔本和清代刻本。黃國聲、李緒柏、王惠榮、於梅舫等諸位學者對陳澧之學皆頗盡心力。雖本集、資料漸備，研究著作漸增，相關單篇論文偶見發表，仍可見漢宋兼採研究視角的拘囿，仍覺細緻關照、解讀的不足。

　　以《東塾讀書記》及其未成稿《東塾雜俎》為例，若泛而論之，「溝通漢宋」四字足以一言以概之。若細而觀之，分卷論析《孝經》、《論語》、《孟子》、《易》、《書》、《詩》、三《禮》、《春秋》三傳諸經，分卷闡述西漢、東漢、三國、晉、南北朝隋直至清朝歷代學術，內容繁富，觀點精賅，「溝通漢宋」四字豈可概之。隨處可見陳澧對幾千年以來湧現的經學問題之深刻體認，對眾多歷史人物之精湛評價，對歷代時政之獨特見解；隨處可感這位晚清樸儒在傳統與現實激蕩之交、內心始終充溢的情感溫度。作為幾十年如一日從事經學研究的學者，他秉持著一如既往冷峻、客觀的尺度；作為生來浸潤於幾千年儒家傳統文化中的儒者，他目睹西方列強入侵，眼見時局浸微、世風日下、學風敗壞，深感憂慮、激憤，欲奮起有所為，種種複雜情感交織流溢，若僅以「學術經世」四字概之，豈可無所失。

〔註135〕 范曄撰，李賢等注：《後漢書》（五），中華書局1965年版，第1230頁，卷三十六《鄭范陳賈張列傳》第二十六。

〔註136〕 吳琦幸著：《王元化晚年談話錄》，上海人民出版社2013年版，第105～113頁。

基於此，本文繼續聚焦陳澧《東塾讀書記》、《東塾雜俎》等諸部學術著作，細緻解讀，深入探究，試圖回到晚清歷史現場，走進陳澧的學術世界和內心情感，傾聽這位晚清大儒在時代劇烈激盪之下，對幾千年中國歷史、儒家文化和學術深沉的回顧和思考。

（二）研究思路和方法

本文研究從陳澧著述稿鈔本和刊刻版本的梳理開始。首先，對《廣州大典》、《清代稿鈔本》影印收錄陳澧著述稿鈔本和刊刻版本進行爬梳、整理，對牌記、版式等予以記錄。其次，以省立中山圖書館特藏部、中山大學圖書館古籍部為主要據點，對陳澧稿鈔本、刊刻版本進行全面查閱，並與《廣州大典》、《清代稿鈔本》影印收錄陳澧著述稿鈔本和刊刻版本予以比照。在此過程中，得以直觀把握陳澧著述形成、刊刻過程，以及陳澧著述的流播情況。基於此，本文第一章《陳澧著述刊刻述略與訂補辨析》得以形成。

為將陳澧置於他所處的具體時空，本文第二章、第三章將先作一些背景的鋪墊。第二章述乾嘉漢學、晚清樸學思潮為陳澧《東塾讀書記》寫作營造的學術氛圍。與此同時，將視角拉至更遠的時空，將東漢陳元視為廣東經學的初始人物。隨後聚焦學海堂，將學海堂作為陳澧早年求學、治經活動的初始場所，探究陳澧與學海堂、與嶺南前輩諸儒的因緣，論析學海堂樸學風氣對陳澧的薰陶和影響。第三章探究陳澧《東塾讀書記》的運思、寫作與世風、學風的關係。正如錢穆先生《中國近三百年學術史》所論，陳澧《東塾讀書記》的寫作，為挽世風、救時弊。本文將沿著這一思路，探究《東塾讀書記》的寫作時間、刊刻過程，尋繹它的命名曲折、寫作緣起，並以歷代諸經排列順序為背景，論析《東塾讀書記》卷次排列的用意所在。

在文本研讀過程中，本人深受陳澧細讀經文注疏之讀書觀，不與人爭勝、於有心得處著筆的著述觀之薰陶和影響，於細處著眼，仔細尋繹，細心思量，力圖從更細緻、精微的層面，把握陳澧的思想和用心。第四章和第五章，將是本文研究工作細緻、用心尋繹之所在。為從細節層面探尋陳澧的諸經觀，尋繹他對學術史的認識，體察他對歷代重要學術現象、學術人物的看法，本文第四章、第五章將基本按照《東塾讀書記》、《東塾雜俎》卷次順序，分節依次細而析之。若從表面來看，此二章的章節結構稍顯細碎。若從深處著眼，可知這樣的結構安排有其難得的必要和益處：它有利於從更細微的視角切入陳澧的經學思想，以精細把握陳澧的諸經觀和學術史觀，而這恰為以往研究

所欠缺；它有利於從細節層面進行《東塾讀書記》、《東塾雜俎》確為晚清第一部經學史這一觀點的具體論證，這一觀點十餘年前已被李緒柏先生提出，但因缺乏細節層面的論證支撐，一直鮮為人知。因此，此二章看似過於樸素的結構安排，有其不可或缺的必要性，是推進以往研究成果的必經之途。

以第四章、第五章為基礎，本文第六章將從微觀視角轉換至宏觀視角，站在更宏闊的高度，探究陳澧《東塾讀書記》、《東塾雜俎》展現和反映的整體學術思想和傾向，論析陳澧在經今、古文之間的取捨，窺察他對讖緯的認識和看法，並以清代禮學研究為背景，探究他的禮學觀。第七章則論析陳澧的諸子論、鄭學、朱子學和小學觀。除此之外，本文第八章欲從清代學術筆記體裁的視角，論析陳澧《東塾讀書記》的構思、寫作與南宋王應麟《困學紀聞》、黃震《黃氏日鈔》和清顧炎武《日知錄》之間的關係。梁啟超《清代學術概論》論清代學術筆記，以《東塾讀書記》作為清代最可觀劄記的殿尾之作。本文贊同梁啟超的看法，認為若從學術筆記的視角而言，陳澧《東塾讀書記》確可作為晚清最可觀之學術筆記的收尾之作。與此同時，基於對《東塾讀書記》為晚清第一部經學史的看法，本文認為，陳澧《東塾讀書記》的學術史價值在於，它既是晚清最後一部最為可觀的學術筆記，又是晚清第一部經學史；它的出現，既暗示著古代學者傳統讀書筆記這一主流著述方式的即將終結，又昭示著近、現代學術史觀念的逐漸生成，自此之後，學者將開啟以學術史觀念為支撐的經學史著述，此種史學著述方式，將代替從前的傳統讀書筆記著述方式，成為學術著述的新主流。

本文第九章以《心繫家鄉桑梓情——陳澧〈東塾集〉的鄉邦情懷》為題，將陳澧生前手定的《東塾集》作為研究對象，從中挖掘陳澧作為生於斯、長於斯、老於斯的嶺南人，對嶺南這片土地深刻的地域、情感認同。如果以父母之邦為家鄉，陳澧雖先世江南，但自祖考遷至廣東，他鄉早已成家鄉。所謂「為有源頭活水來」，不同地域之間的溝通、交流，是文化發展的內在動力。《晏子春秋》曰：「橘生淮南則為橘，生於淮北則為枳。」本文認為，在研究晚清嶺南大儒陳澧時，既要看到中原、江浙文化對他的影響，亦不能忽略本土文化對他的滋養。

本文秉持質樸之心，對陳澧主要學術著作進行盡可能細緻、全面的關照，以充分細節為支撐，形成對其學術思想的整體認識和評價。就像一棵平凡的樹，立根在大片茂密森林，放眼望去，它將毫不起眼；若將眼光收回，仔細觀

察，用心感受，它終究是一棵別一無二、有著獨特生命價值的樹。本文既願意將陳澧置於廣袤、深遠的宏闊時空和學術背景，接受他的並不出奇，更願意將他視作鍾情的人物，加以細緻研讀、冷靜審視，盡力挖掘他不平凡的獨特價值和意義。

第一章　陳澧著述刊刻述略與訂補辨析

第一節　陳澧著述刊刻述略

　　容肇祖《學海堂考》〔註1〕最早對陳澧著述進行總結。《學海堂考》「學海堂學長考」「陳澧」條目列陳澧著述40餘種，並於每種著述後簡述版本情況。汪宗衍《陳東塾先生年譜》〔註2〕附《陳東塾先生著述考略》，列陳澧著述凡64種。吳茂燊、黃國聲《〈陳東塾先生著述考略〉訂補》〔註3〕對汪宗衍《考略》未收著述及版本進行訂補，列陳澧著述凡116種。黃國聲、李福標《陳澧先生年譜》〔註4〕附《陳澧先生著述考錄》，兼採汪宗衍《考略》、黃蔭普《廣東文獻書目知見錄》、《〈陳東塾先生著述考略〉訂補》，著錄陳澧著述凡140餘種〔註5〕。《廣州大典》叢部〔註6〕和經部、史部、子部、集部〔註7〕

〔註1〕容肇祖：《學海堂考》，《嶺南學報》1934年第3卷第4期。

〔註2〕汪宗衍：《陳東塾先生年譜》，《嶺南學報》1935年第4卷第1期。

〔註3〕吳茂燊、黃國聲：《〈陳東塾先生著述考略〉訂補》，《中山大學學報（哲學社會科學版）》1982年第4期。

〔註4〕黃國聲、李福標著：《陳澧先生年譜》，廣東人民出版社2014年版。

〔註5〕黃國聲、李福標《陳澧先生著述考錄》補錄陳澧著述多為未刊、未成稿。除補錄黃國聲主編上海古籍出版社2008年鉛印本《陳澧集》，同時將已收入《陳澧集》的《東塾先生遺詩輯補》、《東塾集外文》、《憶江南館詞補錄》等分列條目，未見汪宗衍《考略》和吳茂燊、黃國聲《〈考略〉訂補》未錄陳澧已刊刻著述版本。

〔註6〕陳建華、曹淳亮主編：《廣州大典》（叢部），廣州出版社2008年版。

〔註7〕陳建華主編：《廣州大典》（叢部、經部、史部、子部、集部），廣州出版社2015年版。

以及《續編清代稿鈔本》〔註8〕、《三編清代稿鈔本》〔註9〕至《七編清代稿鈔本》〔註10〕相繼出版，先後對陳澧多種著述進行影印收錄。在查閱《廣州大典》和《清代稿鈔本》過程中，本人發現一些未被汪宗衍《陳東塾先生著述考略》和吳茂燊、黃國聲《〈陳東塾先生著述考略〉訂補》以及黃國聲、李福標《陳澧先生著述考錄》收錄的陳澧著述刊刻版本，並知見數種亦未被《廣州大典》、《清代稿鈔本》影印收錄的版本。基於此，本文擬對陳澧著述刊刻版本再作一番總結，爬梳整理《廣州大典》和《清代稿鈔本》影印收錄陳澧著述刊刻版本，並以之稍補《〈陳東塾先生著述考略〉訂補》之闕〔註11〕，同時詳述知見陳澧著述刊刻版本，對未被《〈陳東塾先生著述考略〉訂補》所錄以及未被《廣州大典》、《清代稿鈔本》影印收錄的刊刻版本特加留意〔註12〕。為便於按檢比對，收錄順序仍大致依汪宗衍《陳東塾先生著述考略》和吳茂燊、黃國聲《〈陳東塾先生著述考略〉訂補》〔註13〕二文。

一、十三經注疏簡端記　一卷

　　吳茂燊、黃國聲《〈陳東塾先生著述考略〉訂補》據黃蔭普《廣東文獻書目知見錄》錄馬來西亞鉛印本，案云：「南海吳氏藏本，賀光中據傳鈔本整理於《東方學報》第一卷二期。」

　　案：《廣州大典》、《清代稿鈔本》均未收。

二、讀詩日錄　一卷

　　汪宗衍《考略》錄古學叢刊本、微尚齋刻本。

　　案：《廣州大典》未收。《三編清代稿鈔本》第一〇六冊影印收錄中山大學圖書館藏陳澧遺稿稿本，內有《讀詩日錄》，然未收《考略》所錄已刊本。

〔註8〕桑兵主編：《續編清代稿鈔本》，廣東人民出版社2008年版。

〔註9〕桑兵主編：《三編清代稿鈔本》，廣東人民出版社2010年版。

〔註10〕桑兵主編：《七編清代稿鈔本》，廣東人民出版社2015年版。

〔註11〕如前述，《陳澧先生著述考錄》除補錄黃國聲主編上海古籍出版社2008年鉛印本《陳澧集》，未見其他汪宗衍《考略》和吳茂燊、黃國聲《〈考略〉訂補》未錄陳澧已刊刻著述版本，故本文仍以《〈考略〉訂補》一文為論述起點，必要時引《著述考錄》為旁證。

〔註12〕因陳澧著述稿鈔本情形複雜，散佚仍多，且本人憾未能有所新見，本文僅就其著述已刊刻版本進行論述，對未刊著述暫置之不論。

〔註13〕吳茂燊、黃國聲《〈陳東塾先生著述考略〉訂補》依汪宗衍《陳東塾先生著述考略》收錄順序訂補而述之。

本人另見壬子年（1912）刻本，版框高 268 毫米，寬 155 毫米。封面鐫「讀詩日錄」篆書二行，書首有冒廣生壬子年跋〔註14〕，卷端題「番禺陳澧」，十一行二十一字，白口，左右雙邊，無魚尾，版心上鐫書名，版心下鐫頁碼，書末有汪兆鏞跋〔註15〕。未見牌記。

三、聲律通考　十卷

汪宗衍《考略》錄東塾叢書本。

案：《廣州大典》（97）第十四輯·自著叢書第十四冊影印收錄「番禺陳氏東塾叢書四種附一種」之第二種，即《聲律通考》十卷。據版本說明，為清末廣州富文齋刻本，原書版框高 183 毫米，寬 142 毫米，廣東省立中山圖書館藏。《三編清代稿鈔本》第一〇七冊亦影印收錄此本〔註16〕。

本人另見楊宗稷纂輯《琴學叢書》〔註17〕，卷四十三收錄《聲律通考詳節》一卷。封面原題「聲律通考詳節一卷 附禮樂論」，背面鐫「辛未三月始刊」（案：1931年），卷端題「舞胎仙館藏本 番禺陳澧撰 九疑山人楊宗稷詳節」。

四、聲律餘考

汪宗衍《考略》錄梁鼎芬編刻《東塾集》本〔註18〕。

案：《廣州大典》、《清代稿鈔本》均未收。

五、琴律譜　一卷

汪宗衍《考略》錄北平刻本。據吳茂燊、黃國聲《〈考略〉訂補》案，家

〔註14〕冒廣生跋語曰：「此編從其次孫公輔太守同年處借鈔，編首有先生書『精語時時讀之』六字。」

〔註15〕汪兆鏞跋語曰：「昔年滬上曾排字印行，惟間有偽舛，謹為校正，重鋟諸版排印本。」未知汪跋言及滬上排印本是否即汪宗衍《考略》所云古學叢刊本。

〔註16〕《清代稿鈔本》影印收錄時未注明板框尺寸，經比照，除版框未知是否相同，內容和版式大致同。

〔註17〕楊宗稷纂輯：《琴學叢書》，中國書店 1993 年版。

〔註18〕據黃國聲主編《陳澧集》，廖廷相光緒十八年刊刻《東塾集》六卷未見《聲律餘考》，黃國聲輯校《東塾集外文》收《聲律餘論》，亦未見《聲律餘考》。汪宗衍《考略》引陳樹鏞與梁鼎芬手札曰：「送來《聲律餘考》，是先師手筆，當錄入文集者，命弟子別錄一過。」可知陳樹鏞送先師陳澧手稿《聲律餘考》給梁鼎芬，欲錄入文集。吳茂燊、黃國聲《〈考略〉訂補》案曰，梁鼎芬編刻《東塾集》「今廣州地區各圖書館未見收藏，殊屬珍罕」，未知《聲律餘考》錄入與否。《聲律餘考》、《聲律餘論》二文實有必要進行比對。

刻本一冊，原刻板片全套，均藏中山大學圖書館。

　　案：《廣州大典》（390）第四十七輯・子部藝術類第七冊僅影印鈔本〔註19〕。據版本說明，原書版框高222毫米，寬152毫米。《三編清代稿鈔本》第一〇八冊僅收稿本。

六、切韻考　　六卷 外編三卷

　　汪宗衍《考略》錄東塾叢書本、北京大學排印本。

　　案：《廣州大典》（97）第十四輯・自著叢書第十四冊影印收錄「番禺陳氏東塾叢書四種附一種」之第三種，即《切韻考》六卷外篇三卷〔註20〕。據版本說明，原書版框高183毫米，寬142毫米。十一行二十八字，白口，左右雙邊，單魚尾，版心上鑴書名和卷數，版心下鑴頁碼。《三編清代稿鈔本》第一〇七冊亦收。

七、初學編・音學　　一卷

　　汪宗衍《考略》錄自刻本、粟香四筆本。

　　案：《廣州大典》（157）第二十五輯・經部小學類第四冊僅影印收錄稿本，未收自刻本和粟香四筆本〔註21〕。

八、廣州音說及字義舉例

　　據吳茂燊、黃國聲《〈考略〉訂補》，黃蔭普《廣東文獻書目知見錄》錄1971年存萃學社編集、崇文書店印行本，陳澧、詹憲慈等著〔註22〕。

　　案：《廣州大典》、《清代稿鈔本》均未影印收錄。

九、字體辨誤　　一卷 附引書法

　　汪宗衍《考略》錄自刻本，據吳茂燊、黃國聲《〈考略〉訂補》案，中山

〔註19〕吳茂燊、黃國聲《訂補》案：「抄者為（陳澧長孫）慶龢之弟，或即慶祐也。」

〔註20〕據《廣州大典》和《三編清代稿鈔本》影印「番禺陳氏東塾叢書總目」，原題為《切韻考六卷外篇三卷》，非《訂補》所云《切韻考六卷外編三卷》。

〔註21〕《續修四庫全書》（1184）子部・雜家類收金武祥《粟香四筆》，卷六云：「陳蘭甫京卿有《初學編・音學》一卷，曾刻於板而失之，為重刻於此。」見《續修四庫全書》（1184）子部・雜家類第92頁，上海古籍出版社2002年版。

〔註22〕據黃國聲主編《陳澧集》，廖廷相光緒十八年刊刻《東塾集》六卷原題《廣州音說》。另查菊坡精舍刻本《東塾集》，原題亦未見「及字義舉例」五字。

大學圖書館藏自刻本，為意林齋承刊。

　　案：《廣州大典》（97）第十四輯·自著叢書第十四冊影印收錄「陳氏三種」之第一種即《字體辨誤》一卷，第二種即《引書法》。據版本說明，為清光緒二十六年廣州新寧明善社刻本，原書版框高 150 毫米，寬 116 毫米，廣東省立中山圖書館藏。此本每種末鎸「新寧黃朝槐校字」，《引書法》末有牌記「廣州菁華閣承刊」。《三編清代稿鈔本》第一〇八冊亦影印收錄龍藏街意林齋承刊本〔註23〕。另《廣州大典》（155）第二十五輯·經部小學類第二冊收錄《象形字誤附引書法一卷》，據版本說明，為清刻本，原書版框高 158 毫米，寬 136 毫米，廣東省立中山圖書館藏。經對比，此本與《三編清代稿鈔本》第一〇八冊所收龍藏街意林齋承刊本《象形字誤》一卷同，但未見牌記。且此本首頁卷端鈐長方形藏書印「希山書藏」。值得注意的是，《廣州大典》對《字體辨誤附引書法》新寧明善社本的影印為研究者提供了新的版本材料，補吳茂燊、黃國聲《〈考略〉訂補》未錄之闕〔註24〕。

十、漢書地理志水道圖說　七卷

　　汪宗衍《考略》錄東塾叢書本。

　　案：《廣州大典》（97）第十四輯·自著叢書第十四冊影印收錄「番禺陳氏東塾叢書」之第四種即《漢書地理志水道圖說》七卷。據版本說明，為廣州富文齋刻本，原書版框高 183 毫米，寬 142 毫米。封面原題「漢書地理志水道圖 說」楷書三行，下有小字「附考正德清胡氏禹貢圖」二行，十一行二十八字，白口，左右雙邊，單魚尾，版心上鎸書名和卷次，版心下鎸卷內頁碼。目錄後有黎永椿跋，卷七末左下鎸「廣東省城西湖 街富文齋承辦」。附《考正德清胡氏禹貢圖》，末鎸「廣東省城西湖 街富文齋刊印」。另《廣州大典》（210）第三十四輯·史部地理類第一冊影印收錄羅汝楠《歷代地理志彙編》

〔註23〕據《三編清代稿鈔本》影印本，末頁有牌記「龍藏街意林齋承刊」，未見封面，副頁手書：「象形字誤附引書法一冊，清末廣州龍藏街意林齋刊刻，未署撰者名，實為陳澧所撰，裔孫陳公睦贈。」因影印本封面闕，未知是原本或手書者將《字體辨誤》第一類「象形字誤」之類名誤識作書名，《三編清代稿鈔本》目錄及版本說明均延此誤，題之為《象形字誤》而非《字體辨誤》。

〔註24〕除未錄《字體辨誤附引書法》廣州新寧明善社本，吳茂燊、黃國聲《〈考略〉訂補》亦未注明龍藏街意林齋承刊本題名之誤。且《〈考略〉訂補》將中大圖書館藏意林齋承刊本視為汪宗衍《考略》所錄自刻本，然自刻本不應出現題名之誤，疑此意林齋本非自刻本，《考略》所指自刻本另有其本。

光緒二十四年廣東集古書屋刻本〔註25〕，甲編《漢書地理志》附錄之第八種即陳澧《漢書地理志水道圖說》，封面原題「漢書地理志 水道圖說」行楷二行，十行二十一字，白口，左右雙邊，單魚尾，版心上鐫書名和卷次，版心下鐫卷內頁碼。《三編清代稿鈔本》第一〇七冊亦影印收錄東塾叢書本之《漢書地理志水道圖說》。

本人見《漢書地理志水道圖說》富文齋刻本，版框高274毫米，寬167毫米。未見封面，疑殘缺。凡二冊，第一冊卷一至卷三，第二冊卷四至卷七。內容與版式均與《廣州大典》、《三編清代稿鈔本》所收同〔註26〕。另有開明書店版影印《史記兩漢書三史補編》〔註27〕，第三冊「漢書」部分亦收錄陳澧《漢書地理志水道圖說》。

十一、申范 一卷

汪宗衍《考略》錄菊坡精舍刻本和古學叢刊本。

案：《廣州大典》(463)第五十六輯·集部別集類第四十六冊影印收錄附於《東塾集》六卷的《申范》，據版本說明，即光緒十八年菊坡精舍刻本，原書版框高195毫米，寬138毫米，廣東省立中山圖書館藏。《三編清代稿鈔本》第一〇七冊亦收〔註28〕。《廣州大典》和《三編清代稿鈔本》所收菊坡精舍刻本在編排上稍有差異。《三編清代稿鈔本》所收廖廷相跋位於同治六年陳澧序後，《廣州大典》廖廷相跋位於《申范》文末。

十二、梁書校議 一卷

汪宗衍《考略》錄南海黃任恒輯本。吳茂燊、黃國聲《〈考略〉訂補》案：

〔註25〕 羅汝楠《歷代地理志彙編》光緒戊戌集古屋刻本原書版框高146毫米，寬102毫米，據廣東省立中山圖書館藏本影印，封面原題「歷代地理 志彙編」，背面鐫「光緒戊戌刊 於集古書屋」，首有陳澧高弟廖廷相序，述辛巳年（1881）陳澧被延請仿通典之例重修史志、因遽歸道山而止之事。黃國聲、李福標著《陳澧先生年譜》亦據廖廷相《北郭草堂文集》、金武祥《粟香二筆》載此事（廣東人民出版社2014年版，第297頁）。

〔註26〕 本人所見富文齋刻本卷七末誤入卷五第19頁，附《考證德清胡氏禹貢圖》前三頁誤入第7、8、9頁揚州南圖」、「荊州圖」、「豫州圖」三頁，疑後人修補致誤。

〔註27〕 二十五史補編編委會編：《史記兩漢書三史補編》，北京圖書館出版社2005年版。第三冊第135頁為陳澧《漢書地理志水道圖說》。

〔註28〕 《三編清代稿鈔本》影印中山大學圖書館藏本，封面手書「陳公睦先生贈書」。

「黃任恒《信古閣小叢書》輯入此書。」〔註29〕

　　案：《廣州大典》、《清代稿鈔本》均未影印收錄。

十三、廣東圖　二十三卷

　　汪宗衍《考略》錄同治年刻本〔註30〕。

　　案：《廣州大典》（236）第三十四輯・史部地理類第二十七冊影印收錄此本。據版本說明，原書版框高 220 毫米，寬 147 毫米，書末有牌記「省城龍藏街萃文堂承刊刷」。

十四、廣州府志　一百六十三卷

　　汪宗衍《考略》錄光緒五年廣州府學刻本。

　　案：《廣州大典》未影印收錄。

十五、番禺縣志　五十四卷

　　汪宗衍《考略》錄同治十年縣學光霽堂刻本。

　　案：《廣州大典》（278）第三十五輯・史部方志類第四十冊影印收錄，據版本說明，原書版框高 190 毫米，寬 148 毫米，封面鐫「番禺縣志」，背面鐫

〔註29〕廣東省立中山圖書館藏黃任恒《信古閣小叢書》，版框高 247 毫米，寬 144 毫米，凡二冊，封面鐫「信古閣 小叢書」篆書二行，總目第三種即此書，原題《毛本梁書校議一卷》，卷端題「番禺陳澧蘭甫著 南海黃任恒秩南錄」，每行正文下有雙行小字黃任恒案，卷末有壬申年黃任恒自敘。黃氏自敘有曰：「余近得《梁書》三冊，汲古閣刻本（闕卷四十六以下一冊）。行間有圈點，眉上有標識，皆不知其用意所存。書中文字確知其誤者逕改之，疑而未定者旁乙之，上下倒置者鈎勒之，至史事之是非得失，更加評論於上方。朱筆燦然，古香古色。審其字跡，蓋番禺陳東塾先生之所校也。考先生有自記一卷（稿本未刊），云咸豐五年十月讀《梁書》，六年正月讀《陳書》。時先生四十六歲，兩月間全書卒業，精細異常。其心力之閎通，詎非有加人之量者哉」，「世人於《梁書》，既少撰著，即有撰著，亦少流傳。先生之校此書，雖匪周詳，然碩果僅存，亦讀《梁書》者之不可少也。爰隨編摘錄，釐為一卷」，「此書校字而兼論史，余故名之曰『校議』云」。黃國聲主編《陳澧集》（五）收錄，依《信古閣小叢書》原題「毛本梁書校議」。

〔註30〕汪宗衍《考略》錄書名為《廣東圖》，據《廣州大典》影印本，封面鐫「廣東圖志」。《考略》記「此圖先生與趙齊嬰鄒伯奇桂文燦徐灝共繪」。據《廣州大典》影印本卷首「廣東圖志告成恭紀」，繪圖為陳澧、鄒伯奇、趙齊嬰三人，編志為桂文燦一人，另有黎永椿、桂坵為分繕者，繪圖者未見徐灝名。《考略》所記疑有誤。

「同治十年冬 月光霽堂刊」楷書兩行。據卷首「重修番禺縣志職名」，陳澧任分纂之一〔註31〕。

十六、香山縣志　二十二卷

汪宗衍《考略》錄光緒五年刻本。

案：《廣州大典》未影印收錄。

十七、肇慶府修志章程

汪宗衍《考略》未收。吳茂燊、黃國聲《〈考略〉訂補》錄黃朝槐校刊《陳氏三種》本，謂黃任恒《信古閣小叢書》亦收。

案：《廣州大典》（97）第十四輯·自著叢書第十四冊影印收錄光緒二十六年廣州新寧明善社刻本《陳氏三種》之第三種即《肇慶府修志章程》〔註32〕。影印本封面鐫「光緒二十六年三月　陳氏三種　字體辨誤　引書法　修志章程」，背面鐫「廣州新寧明善社刻」，《肇慶府修志章程》末鐫「新寧黃朝槐校字」。《三編清代稿鈔本》第一〇八冊影印收錄中山大學圖書館藏黃任恒校本，據版本說明，為民國二十三年（1934）鉛印本〔註33〕。卷首題「肇慶修志章程一卷」〔註34〕，末有甲戌黃任恒跋。《續修四庫全書》（1184）子部·雜家類金武祥《粟香四筆》所錄陳澧《初學編·音學》後亦備錄《肇慶府修志章程》〔註35〕。

〔註31〕陳澧分纂卷一沿革、卷二十、卷二十一、卷二十三前事凡四卷，汪宗衍《考略》記「此書沿革一卷、前事二卷先生分纂」，漏記前事一卷，當為「沿革一卷、前事三卷先生分纂」。

〔註32〕廣州新寧明善社刻本《陳氏三種》版本說明詳見本文「字體辨誤　一卷　附引書法」條目。

〔註33〕廣東省立中山圖書館亦藏此本，經比對，與《三編清代稿鈔本》第一〇八冊影印收錄黃任恒本為同一原本，為《信古閣小叢書》之第六種，題名「肇慶修志章程一卷」，卷端題「番禺陳澧蘭甫撰　南海黃任恒秩南校」，十行二十字，白口，單魚尾，版心上鐫「肇慶修志章程」，版心下鐫頁碼。

〔註34〕《三編清代稿鈔本》據黃任恒校本題《肇慶修志章程》，比新寧明善社刻本題名少一「府」字。

〔註35〕《粟香四筆》云：「五向亭太守權肇慶，擬延陳蘭甫京卿修府志。京卿函覆太守，言『新見湖廣寶慶府志，乃鄧湘皋廣文所纂，最為精善。取其一二入所擬章程內』云云，其所擬章程十四條，語雖淺近，皆切要之言，爰備錄於左。」見《續修四庫全書》（1184）子部·雜家類第 101 頁，上海古籍出版社 2002 年版。

十八、水經注西南諸水考　三卷

汪宗衍《考略》錄廣雅書局刊本。

案：《廣州大典》未影印收錄廣雅書局原刊本，僅錄民國九年徐紹棨彙編重印廣雅書局刻本《東塾遺書》〔註36〕，第一種即《水經注西南諸水考》。據版本說明，徐紹棨重印本原書版框高 215 毫米，寬 154 毫米。書末鐫「順德李肇沅南海潘乃成校字」。《三編清代稿鈔本》第一〇八冊影印收錄光緒刻本《東塾遺書》，第三種為《水經注西南諸水考》。

本人見《水經注西南諸水考》刻本附於《摹印述》末。版框高 281 毫米，寬 181 毫米。封面鐫楷書兩行：「水經注西 南諸水考」，十一行二十八字，白口，四周單邊，單魚尾，版心上鐫書名，版心下鐫頁碼。〔註37〕書末左下鈐朱印「明達書參所藏」六字。

本人另見國家圖書館分館編《中華山水志叢刊》〔註38〕水志卷三十七冊之第一冊影印收錄陳澧《水經注西南諸水考》，其版本說明注為「道光刻本」〔註39〕。

十九、學海堂續志

汪宗衍《考略》錄學海堂刻本。

案：《廣州大典》(230) 第三十四輯・史部地理類第二十一冊影印收錄林伯桐編、陳澧等續補道光十八年刻同治光緒間續刻本《學海堂志》一卷。據版本說明，原書版框高 183 毫米，寬 139 毫米。封面鐫「道光戊戌九月刻成 學海堂志 黃子高題」。

二十、老子注　一卷

汪宗衍《考略》僅錄原稿和手錄本。吳茂燊、黃國聲《〈考略〉訂補》據

〔註36〕《廣州大典》(6) 第一輯・廣雅叢書第六冊。
〔註37〕經比照，此刻本除鈐印和板框尺寸異於《廣州大典》徐紹棨彙編重印《東塾遺書》本，其餘與之同。
〔註38〕國家圖書館分館編：《中華山水志叢刊》，線裝書局 2004 年版。山水卷第一冊第 27 頁影印收錄陳澧《水經注西南諸水考》。
〔註39〕《水經注西南諸水考》以光緒廣雅書局「東塾遺書」刻本為常見，《廣州大典》和《三編清代稿鈔本》均影印自廣雅書局刻本。據黃國聲《陳澧集》收錄《水經注西南諸水考》點校說明，亦僅以光緒廣雅書局刻本為底本。此本注為「道光刻本」，未知是否確刻有刊行時間，或僅依自序所署「道光二十七年」注。

黃蔭普《廣東文獻書目知見錄》增錄 1968 年影印傳抄本。

　　案：《廣州大典》、《清代稿鈔本》均未影印收錄〔註40〕。

二十一、公孫龍子注　　一卷

　　汪宗衍《考略》錄微尚齋刻本。

　　案：《廣州大典》未影印收錄。《三編清代稿鈔本》第一○八冊亦僅錄民國十四年（1925）稿本〔註41〕，據副頁手書，為陳公睦贈付梓樣本。

　　本人見《公孫龍子注》乙丑年（1925）汪氏微尚齋刻本，版框高 294 毫米，寬 153 毫米。此本頗精美。副頁第一頁為象牙白底銀色微閃花紋紙，第二頁背面左下鈐一長方形朱印，刻「雙照樓」〔註42〕篆書三字，旁畫淡黃鑲淡粉、淡藍、淡灰形狀各異三鼎。封面鐫隸書兩行：「公孫龍　子注」；左一行下小字楷書兩行：「集乙瑛韓　勅碑」，「碑」字下鈐一黑色方形小印，刻「辛伯」二字。背面隸書小字兩行：「乙丑閏　四月刊」。分「公孫龍子注」、「公孫龍子校勘記」、「公孫龍子篇目考」、「公孫龍子附錄」和跋五部分。「公孫龍子注」卷端題「番禺陳澧撰」。十行二十三字，白口，左右雙邊，雙魚尾，版心上分別鐫「龍注」、「龍校」、「龍目」、「龍附」和「龍跋」，版心下鐫頁碼。「公孫龍子注」卷末鐫「太歲在旃蒙赤奮若閏四月番禺汪氏微尚齋校刊　九曜坊翰元樓書籍鋪雕印」。「公孫龍子附錄」卷末左下鐫篆書「微尚齋」三字。後有乙丑年汪兆鏞跋〔註43〕。

二十二、漢儒通義　　七卷

　　汪宗衍錄東塾叢書本。

　　案：《廣州大典》97 第十四輯·自著叢書第十四冊影印收錄「番禺陳氏東塾叢書四種附一種」，第一種即《漢儒通義》。據版本說明，為清末廣州富文

〔註40〕黃國聲主編《陳澧集》（五）收錄《老子注》。據點校說明，底本為中山大學石光瑛教授 1930 年迻錄自汪兆鏞抄本之抄本，1967 年臺灣商務印書館據陳氏曾孫陳之邁所搜羅的這個抄本影印刊行。未知黃蔭普所知見 1968 年影印傳抄是否即臺灣商務印書館影印抄本。

〔註41〕已收入黃國聲《陳澧集》（五）。據點校說明，洗玉清《廣東釋道著述考》謂《番禺縣志·藝文志》亦著錄。

〔註42〕此印當為汪兆銘印，汪兆銘有《雙照樓詩詞稿》。

〔註43〕據汪兆鏞跋，此書尚未寫定，先生歸道山後，「門人傳鈔，互有出入，嗣於哲孫仲巘茂才處獲見先生手稿」，「悉依原稿迻錄，略加整理，坿按語」。刊行時間為乙丑（1925）閏四月。

齋刻本，原書版框高 183 毫米，寬 142 毫米。《三編清代稿鈔本》亦影印收錄「番禺陳氏東塾叢書四種附一種」咸豐光緒刻本。但《廣州大典》與《三編清代稿鈔本》所收東塾叢書《漢儒通義》末頁牌記稍有異，《廣州大典》影印本為「粵東省城西湖街富文齋承刻刷印」，《三編清代稿鈔本》影印本為「粵東省城西湖街富文齋承刻刷」，比《廣州大典》影印本少一「印」字。

二十三、朱子語類日鈔　　五卷

汪宗衍《考略》錄鍾山別業叢書本和廣雅書局刻本。

案：《廣州大典》（7）第一輯・廣雅叢書第七冊影印收錄光緒庚子年廣雅書局刊、民國九年徐紹棨彙編重印本《朱子語類日鈔五卷》。據版本說明，原書版框高 215 毫米，寬 154 毫米。封面鐫「朱子語類日鈔」楷書一行，背面鐫「光緒庚子年　廣雅書局刊」楷書二行，多處象鼻右下鐫「廣雅書局刊」。《廣州大典》（357）第二十四輯・子部儒家類第二冊影印收錄廣東省立中山圖書館藏咸豐番禺陳氏鍾山別業叢書本，原書版框高 185 毫米，寬 144 毫米。《三編清代稿鈔本》第一〇八冊影印收錄咸豐十一年（1861）刻本《朱子語類日鈔》。封面鐫「朱子語　類日鈔　五卷」篆書三行，背面鐫「番禺　陳氏」篆書二行，末有牌記「省城西湖街富文齋承刊」。

本人見《朱子語類日鈔》刻本以下五種：

（一）光緒庚子年（1900）廣雅書局刊 〔註44〕

高 291 毫米，寬 171 毫米。封面原題楷書一行：「朱子語類日鈔」，背面鐫楷書兩行：「光緒庚子年　廣雅書局刊」。有咸豐十一年陳澧序。卷端題「番禺陳澧編」。十一行二十四字，白口，四周單邊，單魚尾，版心上鐫書名和卷次，版心下鐫卷內頁碼。多處象鼻右下鐫「廣雅書局刊」。〔註45〕

（二）鍾山別業叢書本之第一種（案：本人見《朱子語類日鈔》鍾山別業叢書本凡三種，為便於敘述，故稱此種為「鍾山別業叢書本之第一種」，後二種以此類推。）

高 258 毫米，寬 154 毫米。封面原題篆書三行：「朱子語　類日鈔　五卷」，

〔註44〕《廣州大典》（7）第一輯・廣雅叢書第七冊第 47 頁影印收錄廣東省立中山圖書館藏民國九年徐紹棨彙編重印廣雅叢書本當就此廣雅書局刊本重印。但廣東省立中山圖書館未見徐紹棨彙編重印本原本。

〔註45〕經比對，此本與徐紹棨彙編重印本為同一版本，包括多處象鼻右下所鐫「廣雅書局刊」，以及書倒數第 2 頁左下一長方形墨塊皆同。

背面鐫篆書兩行：「番禺 陳氏」。有咸豐十一年陳澧序。卷一卷端題「鍾山別業叢書之」，末一字被一長方形黑塊遮蔽〔註46〕，左一行題「番禺陳澧編」。其餘卷端題「番禺陳澧編」。十行二十字，白口，左右雙邊，單魚尾，版心上鐫書名和卷次，版心下鐫卷內頁碼，版心下無象鼻。尾卷末鐫「省城西湖街富文齋承刊」。

（三）鍾山別業叢書本之第二種

高271毫米，寬174毫米。除版框尺寸和卷一第三頁第一行下端末鐫「鍾山別業叢書之」〔註47〕，其餘版式與鍾山別業叢書本之第一種同。〔註48〕

（四）鍾山別業叢書本之第三種〔註49〕

高265毫米，寬156毫米。除板框尺寸，其餘版式與鍾山別業叢書本之第二種同。〔註50〕

（五）光緒丙申年（1896）皖江藩署印〔註51〕

高258毫米，寬154毫米。封面鐫楷書兩行：「朱子語類 日鈔五卷」，背

〔註46〕卷一第三頁第一行下端亦鐫此七字和長方形黑塊。

〔註47〕末一字亦被一長方形黑塊遮蔽。

〔註48〕經比對，除板框尺寸，此本與《廣州大典》（357）第四十一輯・子部儒家類第二冊影印收錄廣東省立中山圖書館藏鍾山別業叢書本同。據《廣州大典》版本說明，原書版框高185毫米，寬144毫米，而本人所見原書版框高258毫米，寬154毫米。且本人在廣東省立中山圖書館未尋及與《廣州大典》影印本原書板框尺寸相同的鍾山別業叢書本《朱子語類日鈔》。

〔註49〕《三編清代稿鈔本》第一〇八冊亦影印廣東省立中山圖書館藏鍾山別業叢書本，因未注明版框尺寸，不知所印收錄為上述三種之第幾種。本人所見此鍾山別業叢書本之第三種有兩處朱印。第一處鈐於序端，為正方形，刻「守先閣」二字。繆荃孫《藝風堂文漫存》云：「近海內稱藏書家曰海源閣楊氏，曰鐵琴銅劍樓瞿氏，曰皕宋樓陸氏，與八千卷樓為南北四大家。」陸氏即陸心源，有皕宋樓、守先閣等書樓，藏書十五萬卷。皕宋樓收宋元舊槧，守先閣藏尋常刻本。第二處朱印鈐於卷一名下方，為長方形，刻「希山書藏」四字。

〔註50〕《朱子語類日鈔》鍾山別業叢書本可怪之處在於：《廣州大典》影印本和本人所見刻本，卷端「鍾山別業叢書之」後均為一長方形黑塊，字不可見，且據汪宗衍《陳東塾先生著述考略》和吳茂燊、黃國聲《〈考略〉訂補》以及《廣州大典》和《清代稿鈔本》影印收錄陳澧著述及本人所見陳澧刻本，均未見另有其他鍾山別業叢書。而僅此一種卻於「鍾山別業叢書之」後表次第處污不可識，甚可怪。疑「鍾山別業叢書」有書坊刊刻添偽之嫌。

〔註51〕上述陳澧《朱子語類日鈔》廣雅書局刊本、鍾山別業叢書本皆被汪宗衍《東塾先生著述考略》著錄。而此皖江藩署印本未見於汪氏《考略》，亦未見於吳茂燊、黃國聲《〈陳東塾先生著述考略〉補訂》，尤值得注意。

面鐫楷書兩行：「光緒丙申仲秋　印於皖江藩署」。有咸豐十一年陳澧序。序端鈐一長方形朱印，刻楷書兩行：「番禺梁氏葵霜閣　捐藏廣東圖書館」。卷端題「番禺陳澧編」。九行二十一字，白口，四周雙邊，單魚尾，版心上鐫卷次，未鐫書名，版心下鐫卷內頁碼，版心下無象鼻。尾卷末左下鈐上下兩枚正方形朱印，上印「梁氏鼎芬」，下印「節庵藏書」。

二十四、正雅集摘鈔〔註52〕

汪宗衍《考略》未收。吳茂燊、黃國聲《〈考略〉訂補》據黃蔭普《廣東文獻書目知見錄》錄廣圖藏咸豐九年刊本。

案：《廣州大典》（484）第五十七輯・集部總集類第五冊影印收錄《正雅集摘鈔一卷》，據版本說明，原書版框高 190 毫米，寬 140 毫米。《清代稿鈔本》未收。

本人見《正雅集摘鈔》咸豐九年刊本版框高 270 毫米，寬 164 毫米，副頁一和副頁四右下均鈐長方形朱印「黃蔭普先生贈書」，封面題「咸豐乙未秋正雅集摘鈔　董琴涵題」〔註53〕。九行十九字，白口，單魚尾，無象鼻，魚尾外鐫書名，序和目錄頁版心上分別鐫「序」、「目錄」，版心下鐫頁碼「一」，正文版心上空，版心下鐫頁碼。首有咸豐九年乙未曾國藩序，卷端題「番禺陳澧蘭甫　順德胡斯錞荷軒　同輯」，末有同治元年吳贊誠「後序」，末頁左下有牌記「省城西湖街　富文齋刊印」。正文一部分有朱筆加圈句讀。正文天頭鈐正方形藍印「念萱堂璽祕」。〔註54〕

二十五、東塾讀書記　十六卷

汪宗衍《考略》錄自刻本、廣州重刻本、續經解本、商務印書館排印本。

案：《廣州大典》（150）第二十四輯・經部群經總義類第二冊影印收錄《東

〔註52〕吳茂燊、黃國聲《〈考略〉訂補》錄為「正雅集摘抄」，現依咸豐九年刊本原題改為「正雅集摘鈔」。

〔註53〕此刊本書脊底部書「全　正雅堂摘鈔」，將「正雅集」誤為「正雅堂」，顯為後人整理收藏時筆誤。

〔註54〕經比對，本人所見廣東省立中山圖書館藏咸豐九年《正雅集摘鈔》刊本極似《廣州大典》（484）第五十七輯・集部總集類第五冊影印本的原本，內容和版式一致。《廣州大典》本鈐印雖較為模糊，但從鈐印位置、形狀和部分筆劃看，疑似原本同一印。且正文朱筆加圈句讀處亦同。但《廣州大典》版本說明標注的板框與本人實際測量版框尺寸明顯有異，不知何故。

塾讀書記》十六卷光緒間刻本，據版本說明，原書版框高 186 毫米，寬 144 毫米。原題「東塾讀書記十二卷又三卷」。吳茂燊、黃國聲《〈考略〉訂補》案云：「此種係加入卷十三《西漢》而成十六卷本。」〔註55〕《三編清代稿鈔本》第一〇七冊影印收錄《東塾讀書記》十五卷光緒刻本〔註56〕，原題「東塾讀書記十二卷又三卷」，凡十五卷，未入卷十三《西漢》〔註57〕。

本人所見《東塾讀書記》刻本，有以下二種（案：因均未見牌記，暫以編排冊數名之）：

（一）十六卷四冊本

高 292 毫米，寬 181 毫米。凡四冊。前三冊每冊四卷，第四冊為卷十五、十六、二十一〔註58〕。封面原題楷書三行：「東塾讀書 記十二卷 又三卷」。有同治十年自述，後為廖廷相跋。續之以「東塾讀書記目錄」。卷端題「番禺陳澧撰」。十二行二十四字，白口，四周單邊，單魚尾，版心鐫書名、卷次和卷名，版心下鐫卷內頁碼。未見牌記。

（二）十五卷五冊本

高 253 毫米，寬 154 毫米。凡五冊，每冊三卷。自述首頁右下鈐一方形朱印，刻篆書「表」字。第二冊至第五冊首卷首頁右下亦鈐此印。

二十六、東塾類稿　不分卷

汪宗衍《考略》錄自刻本。吳茂燊、黃國聲《〈考略〉訂補》據黃蔭普《廣東文獻書目知見錄》引鄭振鐸《西諦書目》補道光二十九年刊本，並引張舜徽《清人文集別錄》敘其詳〔註59〕。

〔註55〕廖廷相跋云：「（先生）所著《東塾讀書記》得十二卷又三卷已刻成，其餘未成稿本十卷遺命名曰《東塾雜俎》，又文集若干卷，均俟門人及兒子編錄云。」未言及何人、何時成十六卷本。

〔註56〕《廣州大典》和《三編清代稿鈔本》所收「玄」作「元」，「弘」作「宏」，以正方形框之，如卷十五《鄭學》「鄭玄」作「鄭元」，卷二十一《朱子》「弘文館」作「宏文館」。

〔註57〕《三編清代稿鈔本》所收即廖廷相編印十五卷本。

〔註58〕據目錄，卷十三、卷十四、卷十七至卷二十、卷二十二至卷二十五未成。

〔註59〕張舜徽《清人文集別錄》卷十七錄東塾集六卷，謂「始澧於道光二十九年，嘗裒所為說經考證之文，為《東塾類稿》，刊成一冊。不分卷，只載文三十五篇，大抵為四十以前之作。當日印布不多，傳本甚少。余嘗取與是集對勘」云云，並列《東塾類稿》未入《東塾集》六卷的篇名（中華書局 1963 年版，

案：《廣州大典》、《清代稿鈔本》均未收。

二十七、東塾雜俎

汪宗衍《考略》未錄。吳茂燊、黃國聲引張舜徽《清人文集別錄》，謂《東塾雜俎》「凡十四卷，近人已刊入敬躋堂叢書，有 1943 年刻本」，黃蔭普《廣東文獻知見錄》亦謂有敬躋堂叢書本之《東塾雜俎》十四卷〔註60〕。

案：《廣州大典》未收刻本，僅收不分卷稿本《東塾雜俎》和陳慶龢編錄十四卷稿本〔註61〕。《三編清代稿鈔本》第一〇二冊、一〇三冊亦收不分卷稿本《東塾雜俎》〔註62〕，第一〇四冊、一〇五冊收陳慶龢編錄《東塾雜俎》十四卷鈔本〔註63〕。

二十八、默記　一卷

汪宗衍《考略》錄嶺南學報本。吳茂燊、黃國聲《〈考略〉訂補》案：「係指陳受頤整理錄登於《嶺南學報》二卷二期者。」〔註64〕

第 480 頁）。

〔註60〕 據《黃國聲》主編《東塾集》（二）《東塾雜俎》點校說明，《東塾讀書記》未付刻稿本十卷，陳澧遺命曰《東塾雜俎》，令門人及其子編錄成書，至日寇侵華期間，由先生長孫陳慶龢在紹興人周筆祥的協助下編錄，作為《敬躋堂叢書》之一，於癸未年（1943）春由北京古學院刊刻成書，近年復由中國書店重新印行。

〔註61〕 《廣州大典》（150）第二十四輯·經部群經總義類第二冊、《廣州大典》（151）第二十四輯·經部群經總義類第三冊。

〔註62〕 《三編清代稿鈔本》所收不分卷稿本《東塾雜俎》與《廣州大典》影印收錄本為同一原本。

〔註63〕 《三編清代稿鈔本》第一〇四、一〇五冊影印收錄《東塾雜俎》十四卷鈔本即《廣州大典》（151）第二十四輯·經部群經總義類第三冊所收《東塾雜俎》十四卷陳慶龢編錄本。《廣州大典》版本說明著錄為「稿本」，《三編清代稿鈔本》版本說明著錄為「鈔本」。據程千帆、徐有福《校讎廣義·版本編》（齊魯書社 1991 年版）引《中國古籍善本書目徵求意見說明》所云，作者親筆手寫者，即「手稿本」，如原書係他人代鈔，而經作者親筆校改、刪補者，著錄為「稿本」，無作者筆跡者，著錄為鈔本。十四卷陳慶龢編錄本當著錄為「鈔本」，《廣州大典》版本說明著錄為「稿本」恐不當。

〔註64〕 《嶺南學報》第二卷第二期（民國二十年）刊《陳蘭甫先生澧遺稿》一文，署名「陳蘭甫」，整理者陳受頤未署名。此文刊「默記」90 則，「學思自記」32 則，「雜論學術 1」23 則，「雜論學術 2」25 則。黃國聲主編《陳澧集》（二）收錄，據點校說明，《嶺南學報》第二卷第二期所刊《陳蘭甫先生遺稿》為嶺南大學陳受頤博士同楊壽昌教授從東塾遺稿輯錄。

二十九、三統術詳說　四卷

　　汪宗衍《考略》錄廣雅書局刻本。吳茂燊、黃國聲《〈考略〉訂補》案：「另收入《東塾遺書》。」

　　案：《廣州大典》（6）第一輯・廣雅叢書第六冊影印收錄民國九年徐紹棨彙編重印廣雅書局刻本，為《東塾遺書》之第四種，卷末鐫「南海潘乃成番禺沈寶樞校字」。《三編清代稿鈔本》第一〇八冊影印收錄光緒刻本《東塾遺書》，其中第四種亦《三統術詳說》。〔註65〕

三十、弧三角平視法　一卷

　　汪宗衍《考略》錄廣雅書局刻本。吳茂燊、黃國聲《〈考略〉訂補》案：「另收入《東塾遺書》。」

　　案：《廣州大典》（6）第一輯・廣雅叢書第六冊影印收錄民國九年徐紹棨彙編重印廣雅書局刻本，為《東塾遺書》之第二種。《三編清代稿鈔本》第一〇八冊影印收錄光緒刻本《東塾遺書》之第一種即《弧三角平視法》〔註66〕。

　　本人見《弧三角平視法》〔註67〕版框高 282 毫米，寬 179 毫米，封面鐫楷書兩行：「弧三角平視法　門人廖廷相謹題」〔註68〕。有咸豐七年陳澧序。序頁右下鈐兩藏書朱印，一為正方形，字三行〔註69〕；一為長方形，字兩行：「廣雅書　館藏書」。卷端題「番禺陳澧撰」。十一行二十八字，圖文夾雜，白口，四周單邊，單魚尾，版心上鐫書名，下鐫頁碼，卷末左下鐫「番禺沈葆和順德李肇沅校字」〔註70〕。

〔註65〕《東塾遺書》廣雅書局刻本與《三編清代稿鈔本》影印收錄光緒刻本均《水經注西南諸水考》、《弧三角平視法》、《摹印述》、《三統術詳說》四種九卷，但編排順序稍不同。《三編清代稿鈔本》影印光緒刻本列《水經注西南諸水考》為第三種。《三編清代稿鈔本》影印光緒刻本除每頁左上未鐫本頁字數統計（如卷二第五頁左上鐫「大五百一十六　小五十四」），其餘版式與廣雅書局刻本同。

〔註66〕《三編清代稿鈔本》影印光緒刻本除每頁左上未鐫本頁字數統計，其餘版式與廣雅書局刻本同。

〔註67〕此本後附《摹印述》。另據廣東省立中山圖書館藏洪亮吉《毛詩天文考》書目，毛氏書後附陳澧《弧三角平視法》。惜廣東省立中山圖書館所藏洪亮吉《毛詩天文考》為殘本，未見所附《弧三角平視法》。

〔註68〕《廣州大典》影印收錄徐紹棨重印廣雅書局刻本和《三編清代稿鈔本》影印光緒刻本封面僅題「弧三角平視法」，未見「門人廖廷相謹題」五字。

〔註69〕此印第一字為「廣」，後四字為「圖書館藏」，中間二、三字暫未識。

〔註70〕除封面題字與《廣州大典》徐紹棨重印廣雅書局刻本、《三編清代稿鈔本》光緒刻本不同，其餘版式基本相同（頁左上亦無每頁字數統計）。

三十一、摹印述　一卷

汪宗衍《考略》錄廣雅書局刻本，印學叢書本。

案：《廣州大典》（6）第一輯・廣雅叢書第六冊影印收錄民國九年徐紹棨彙編重印廣雅書局刻本，為《東塾遺書》之第三種，封面原題「摹印述」，卷端題「番禺陳澧撰」，卷末鐫「番禺黃濤沈葆和校字」〔註71〕。《三編清代稿鈔本》第一〇八冊影印收錄光緒刻本《東塾遺書》第二種即《摹印述》〔註72〕。

本人另見《摹印述》版框高281毫米，寬181毫米。封面鐫楷書兩行：「摹印述　門人梁鼎芬謹題」。卷端未著撰人名氏。首頁右下鈐朱印「明達書參所藏」六字。十一行二十八字，白口，四周單邊，單魚尾，版心上鐫書名，版心下鐫頁碼，版心下無象鼻。末附《水經注西南諸水考》。

三十二、鍾山集

汪宗衍《考略》錄自刻本。吳茂燊、黃國聲《〈考略〉訂補》照錄，未加案語。

案：《廣州大典》、《清代稿鈔本》均未收。

三十三、東塾集　八卷

汪宗衍《考略》錄光緒十八年梁鼎芬編印本，《〈考略〉訂補》案：「此本今廣州地區各圖書館未見收藏，殊屬珍罕。」

案：《廣州大典》、《清代稿鈔本》均未收。

三十四、東塾集　六卷

汪宗衍《考略》錄光緒十八年壬辰廖廷相等編菊坡精舍刻本。

案：《廣州大典》（463）第五十六輯・集部別集類第四十六冊影印收錄菊坡精舍刻本，原書版框高195毫米，寬138毫米。封面原題「東塾集」，背面鐫「光緒壬辰刊成　藏版菊坡精舍」，後附《申范》，封面原題「東塾集六　卷附申范　一卷」。《三編清代稿鈔本》第一〇七冊亦收，據中山大學圖書館藏本影印，封面右下手書「陳公睦先生贈書」，《國史儒林傳採進稿》「陳澧傳」位於

〔註71〕《廣州大典》（388）第四十七輯・子部藝術類第五冊影印收錄《摹印述一卷》光緒七年鈔本，末署「十月廿九日清脈鈔」。

〔註72〕與《廣州大典》影印收錄徐紹棨重印廣雅書局刻本相較，僅無每頁左上鐫本頁字數統計。

《申范》後。《廣州大典》和《三編清代稿鈔本》影印收錄本卷六末均有牌記「羊城西湖街富文齋刊印」。此二種版本除《國史儒林采進稿》「陳澧傳」編排位置有異，其餘版式同。

本人另見《東塾集》菊坡精舍刻本三種如下：

（一）光緒壬辰年（1892）菊坡精舍刻本六冊

高 261 毫米，寬 151 毫米。凡六冊，每冊一卷。卷一封面原題楷書三行：「東塾集六 卷附申范 一卷」，背面楷書兩行：「光緒壬辰刊成 臧版菊坡精舍」。後有《國史儒林傳採進稿》〔註73〕和「東塾集目錄」。目錄後有壬辰年廖廷相跋。卷端題「番禺陳澧撰」。十二行二十四字，白口，四周單邊，單魚尾，版心上鐫書名和卷次，版心下鐫頁碼，版心下無象鼻。末卷左下鐫「羊城西湖街 富文齋刊印」。卷三末無「終」字。卷四二十七頁《與馮鐵華書》「顛倒」、「鄙誕」下方各有一長方形黑塊。附《申范》，附文無封面。〔註74〕

（二）菊坡精舍二冊本

高 273 毫米，寬 173 毫米。凡二冊，每冊三卷。封面鐫楷書一行：「東塾集」，背面鐫楷書兩行：「光緒壬辰刊成 臧版菊坡精舍」。目錄首頁右下鈐方形朱印兩枚，其一刻篆書「譚騆」二字，其二刻篆書「仲良」二字。卷端題「番禺陳澧撰」。卷一和卷四卷名端鈐同一方形朱印，為篆書「不如學齋」四字。未附《申范》，其餘版式與上述菊坡精舍六冊本同。

（三）菊坡精舍三冊本

高 273 毫米，寬 171 毫米。凡三冊，每冊二卷。未附《申范》，其餘版式與上述菊坡精舍六冊本同。

三十五、東塾續集　五卷

汪宗衍《考略》錄 1971 年鉛印本。

案：《廣州大典》、《清代稿鈔本》均未收。

〔註73〕本人所見《東塾集》菊坡精舍六冊刻本《國史儒林傳採進稿》頁眉有兩處旁批，第二處勾紅「政治由於人才，人才由於學術」十二字，旁批：「此二語實閱歷有得之言」，文末尾批：「此文亦未知東塾微旨」，不知何人所書。

〔註74〕除封面原題、板框尺寸不同及附文無封面，此本與《廣州大典》影印收錄本同。

三十六、東塾集外文　四卷

汪宗衍《考略》錄，為汪氏本人輯本。

案：《廣州大典》和《清代稿鈔本》均未收。

三十七、菊坡精舍集　二十卷

汪宗衍《考略》未收，吳茂燊、黃國聲《〈考略〉訂補》錄陳澧、廖廷相編訂光緒二十三年刊本。

案：《廣州大典》（514）第五十七輯‧集部總集類第三十五冊影印收錄此刻本，原書版框高 180 毫米，寬 133 毫米，封面原題「菊坡精舍集」篆書一行，背面鐫「光緒丁酉　孟冬刊成」，首有《菊坡精舍記》，末有牌記「羊城西湖街富文齋刊印」。

三十八、番禺陳東塾先生書札

吳茂燊、黃國聲《〈考略〉訂補》據黃蔭普《廣東文獻書目知見錄》補錄 1937 年商務印書館影印本一冊。

案：《廣州大典》、《清代稿鈔本》均未收。

三十九、東塾先生遺詩　一卷

汪宗衍《考略》錄微尚齋刻本。

案：《廣州大典》未收。《三編清代稿鈔本》第一〇八冊影印收錄汪兆鏞輯民國二十年（1931）刻本即微尚齋刻本。

四十、東塾先生詩鈔別本　不分卷

汪宗衍《考略》未收。吳茂燊、黃國聲《〈考略〉訂補》錄澹園叢書本，云廣圖、中大圖均藏，案「係近人朱子範抄錄」。

案：《廣州大典》未收。《三編清代稿鈔本》第一〇八冊影印收錄澹園叢書本，據版本說明，為民國二十三年（1934）鉛印本，中山大學圖書館藏。封面題「東塾先生詩鈔別本　江孔殷題」。

本人見《東塾先生詩鈔別本》以下三種：第一種高 240 毫米，寬 133 毫米，副頁為象牙白底銀色微閃暗紋紙，封面題「東塾先生詩鈔　別本　江孔殷題」行楷二行，卷端題「澹園叢書　番禺陳澧蘭甫著　鄉後學朱子範澹園鈔」，十行二十字，白口，四周雙行，雙魚尾，魚尾外鐫「東塾詩鈔」，版心下鐫頁

碼，象鼻鐫「澹園叢書 萬卷書樓」二行，末有甲戌朱子範跋〔註75〕；第二種高 237 毫米，寬 133 毫米，卷端鈐上下兩個長方形朱印，上為「南海黃氏 秩南任恒」二行，下為「信古 閣藏」二行；第三種高 239 毫米，寬 133 毫米。後二種內容和版式均與第一種同。

四十一、憶江南館詞 　一卷

汪宗衍《考略》錄微尚齋刻本。據吳茂燊、黃國聲《〈考略〉訂補》案，另有陳澧曾孫之達 1926 年山東石印本。

案：《廣州大典》（520）第五十九輯・集部詞類影印收錄微尚齋刻本，原書版框高 156 毫米，寬 120 毫米，封面原題「憶江南 館詞 門人汪兆銓題耑」三行，鈐方形印「辛丑」二字，背面鐫「番禺微 尚齋刊」篆書二行，卷端題「番禺 陳澧 蘭甫」。《三編清代稿鈔本》第一〇八冊亦收此本〔註76〕。

本人見微尚齋刻本版框高 310 毫米，寬 172 毫米。副頁左上楷書一行鐫書名。封面背面左下鈐一書形朱印，書形朱印之封面為「監印 廣州 文德路六六號」字三行，朱印之書脊為「萃經書籍 全」五字。有甲辰自序，壬子年宗穎跋。十一行二十一字，白口，左右雙邊，無魚尾，版心上鐫書名，下鐫頁碼。後有校字記和甲寅汪兆鏞跋。〔註77〕

四十二、陳東塾先生詩詞（續補本）

吳茂燊、黃國聲《〈考略〉訂補》錄香港崇文書店 1972 年鉛印本，案：

〔註75〕本人所見此本《東塾先生詩鈔別本》第 8 頁《白雲洞觀瀑》一首有朱筆句讀：白雲不出洞，化作瀑布飛。直立雪千尺，迴環山四圍。盤渦漱石齒，寒翠逼人衣。詩老骨真健（案：下刻「謂張南山」四小字），日斜渾未歸。頁眉有相應朱筆旁批，『謂張南山』，汪刻遺詩作『謂南翁』。第 15 頁《題潘鴻軒茂才百花卷子》、《八月十九夜即事》、《八月二十一夜即事》凡三首有幾處朱筆圈點，頁眉批《八月二十一夜即事》「潮痕退岸還歸海，山影和煙不見城」一句云「潮痕二語極嚴淡卻極高妙」，批語精妙，字跡雋美且極有功底，不知何人所書。

〔註76〕《廣州大典》和《三編清代稿鈔本》均影印中山大學圖書館藏本，但《廣州大典》影印本序端鈐方形印四字（最後一字為小篆「利」字，其餘三字未可識），《三編清代稿鈔本》本無此印，《廣州大典》影印本正文書名「憶江南館詞」下有小字「二十五首」，「憶江南館詞集外詞」下有小字「四首」，《三編清代稿鈔本》無。且兩影印本正文第一頁右下方藏書印位置和內容不同，《廣州大典》鈐印前二字暫未識，後七字為「仲所藏書畫之印」，《稿鈔本》鈐印「嶺南大學圖書館藏」。

〔註77〕除版框尺寸和鈐印，其餘與《廣州大典》、《清代稿鈔本》影印本同。

「係汪兆鏞編集，汪宗衍續編」，「汪氏經多年蒐佚網遺，詩詞略有增收，但仍非全豹」，「陳氏生平著述散佚甚多，又非獨詩詞為然也」。

　　案：《廣州大典》和《清代稿鈔本》均未收。

四十三、白石詞評

　　吳茂燊、黃國聲《〈考略〉訂補》錄周康燮編集香港龍門書局鉛印本〔註78〕。

　　案：《廣州大典》和《清代稿鈔本》均未收。

　　以上所述，以汪宗衍《陳東塾先生著述考略》和吳茂燊、黃國聲《〈陳東塾先生著述考略〉訂補》所錄陳澧刊刻著述為基礎，補錄《廣州大典》、《清代稿鈔本》影印收錄陳澧刊刻著述版本，同時詳敘本人知見版本，與《廣州大典》、《清代稿鈔本》影印收錄版本比而較之，述同辨異。概而論之，有以下幾點頗可留意。

　　第一，《廣州大典》影印收錄的陳澧著述版本有如下幾種未見於汪宗衍《陳東塾先生著述考略》和吳茂燊、黃國聲《〈陳東塾先生著述考略〉訂補》：1.《字體辨誤》光緒二十六年廣州新寧明善社刻本；2.《皇清誥授建威將軍贈太子少保記名提督廣西右江鎮總兵勇烈張公墓表》一卷清石印本〔註79〕，猶值得注意的是，此篇迄今未入陳澧各類文集，黃國聲主編《陳澧集》亦未收〔註80〕，可斷定為佚文一篇；3.《漢書地理志水道圖說》七卷歷代地理志彙編本（甲編漢書地理志附錄之第八種，羅汝楠輯，清光緒二十四年廣東集古書屋刻本）〔註81〕，此彙編本彰顯了陳澧《漢書地理志水道圖說》在歷代漢書

〔註78〕據黃國聲主編《陳澧集》（一）《白石詞評》點校說明，周康燮整理本於1970年由香港龍門書店刊行，後附風向邦跋。《白石詞評》以梁啟超飲冰室藏東塾手評《絕妙好詞箋》、黃紹昌過錄東塾手評《白石集》批校於桂林倪雲臒刊本上者匯輯而成。另據張雲《論俄藏陳澧手批〈白石道人集〉的文獻價值》（《圖書館工作與研究》2016年第12期），俄羅斯國家圖書館東方文獻中心藏有一批陳澧手批《白石道人集》，為鮑氏知不足齋刻本，鈐方形朱印「番禺陳氏東塾藏書印」，「全書天頭有大量朱筆批語，字裏行間圈點甚多」。

〔註79〕《廣州大典》（190）第三十一輯史部傳記類第四冊。據版本說明，為宣統二年湖北官書處石印本，無版框記錄，上海圖書館藏。

〔註80〕據黃國聲《陳澧集》（一）《東塾集外文》點校說明，此《東塾集外文》是從《東塾類稿》、佚名抄本《東塾集餘稿》、佚名抄本《東塾餘集》、陳之邁編《東塾續集》以及清人詩文集等書中輯錄，另有《東塾集》六卷刪餘文稿存於《東塾勝稿》、《東塾文錄》，而此二部手稿均為私人珍藏，無從得見。

〔註81〕《廣州大典》（210）第三十四輯史部地理類第一冊。

地理志同類著述中的重要地位；4. 吳茂燊、黃國聲《〈考略〉訂補》僅錄陳澧、廖廷相編訂《菊坡精舍集》二十卷，未錄陳澧、金錫齡編《學海堂四集》二十八卷，《廣州大典》將其影印收錄〔註82〕，以備其全。以上所述《廣州大典》影印收錄陳澧著述版本是對汪氏《考略》和吳茂燊、黃國聲《〈考略〉訂補》的重要補充。另外，《廣州大典》影印收錄陳澧《說文部首》清末刻本一卷〔註83〕猶值得注意：據《廣州大典》版本說明，為清末刻本，據廣東省立中山圖書館藏本影印；另據黃國聲、李福標《陳澧先生年譜》附《陳澧先生著述考錄》，題為「陳蘭甫說文部首殘本」，並引《〈考略〉訂補》案云：「廣東省立中山圖書館藏稿本一冊，未刊。」本人在廣東省立中山圖書館特藏部查閱此冊《陳蘭甫說文部首殘本》，被作為善本收藏，顯為刻本，非《〈考略〉訂補》所云未刊稿本。《廣州大典》版本說明所注「清末刻本」，糾正了《〈考略〉訂補》和《陳澧先生著述考錄》之誤。

　　第二，已被汪宗衍《考略》和吳茂燊、黃國聲《〈考略〉訂補》收錄，卻未被《廣州大典》和《清代稿鈔本》影印收錄的陳澧著述刊刻版本有：1.《讀詩日錄》一卷古學叢刊本、微尚齋刻本；2.《聲律餘考》梁鼎芬編刻《東塾集》本；3.《琴律譜》一卷北平刻本；4.《切韻考》六卷外編三卷北京大學排印本；5.《初學編·音學》一卷自刻本、粟香四筆本；6.《廣州音說及字義舉例》1971年存萃學社編集、崇文書店印行本；7.《申范》古學叢刊本；8.《梁書校議》一卷黃任恒《信古閣小叢書》本；9.《廣州府志》一百六十三卷光緒五年廣州府學刻本；10.《香山縣志》二十二卷光緒五年刻本；11.《老子注》臺灣商務印書館影印抄本；12.《公孫龍子注》一卷微尚齋刻本；13.《東塾類稿》自刻本、道光二十九年刊本；14.《東塾雜俎》敬躋堂叢書1943年刻本；15.《摹印述》印學叢書本；16.《鍾山集》自刻本；17.《東塾集》八卷光緒十八年梁鼎芬編印本；18.《東塾續集》五卷1971年鉛印本；19.《番禺陳東塾先生書札》1937年商務印書館影印本；20.《憶江南館詞》一卷陳澧曾孫之達1926年山東石印本；21.《陳東塾先生詩詞（續補本）》香港崇文書店1972年鉛印本；22.《白石詞評》周康燮編集香港龍門書局鉛印本。《廣州大典》和《清代稿鈔本》未影印收錄上述陳澧著述刊刻版本，主要存在以下兩種情形：其一，已

〔註82〕　《廣州大典》（513）第五十七輯集部總集類第三十四冊、《廣州大典》（514）第五十七輯集部總集類第三十五冊。

〔註83〕　《廣州大典》（155）第二十五輯經部小學類第二冊。

影印收錄的版本確為精本，其餘版本略而不收；其二，少數版本尋而未見，如《東塾集》八卷光緒十八年梁鼎芬編印本〔註84〕。從文獻保存角度而言，《廣州大典》對陳澧著述某些版本的疏略不收，頗為可憾。如《東塾類稿》自刻本、道光二十九年刊本，作為陳澧手自刪定、生前付梓為數不多的文集，頗值以影印方式存其原貌。又如《公孫龍子注》微尚齋刻本，裝幀頗精，古香古色，亦當影印以存其古樸之美。

第三，本人知見《朱子語類日鈔》五卷光緒丙申年（1896）皖江藩署印本猶值得留意，它既未被汪宗衍《考略》和吳茂燊、黃國聲《〈考略〉訂補》收錄，亦未被《廣州大典》和《清代稿鈔本》影印收錄。這個版本的重新發現，是對汪宗衍《考略》和吳茂燊、黃國聲《〈考略〉訂補》的重要補充。與此同時，皖江藩署印本的特殊意義在於，可反映晚清時期此部著述影響範圍輻射至安徽皖江地區。〔註85〕

第四，從《廣州大典》影印收錄和本人知見陳澧著述刊刻版本來看，陳澧著述的刊刻，多存在同一板片多次印刷的情形，故同一版本經常出現多種不同版框尺寸的本子，不同印次將同一版本分不同冊數印刷的情形亦有。如《朱子語類日鈔》鍾山別業叢書本至少有四種不同版框尺寸的本子，又如《東塾先生詩鈔別本》澹園叢書本有三種不同版框尺寸，《東塾集》菊坡精舍刻本有二冊、三冊或六冊本。另外，同一板片不同次印刷時，牌記時有細微差異。以「番禺陳氏東塾叢書四種附一種」之《漢儒通義》為例，有的牌記為「粵東省城西湖街富文齋承刻刷印」，有的則為「粵東省城西湖街富文齋承刻刷」，比前一種少一「印」字。從刊刻印刷的情形，亦可略窺陳澧著述在晚清民國時的流播情況。

第五，鈐印情況包含了陳澧刊刻著述流傳方面的重要信息。從《廣州大典》、《清代稿鈔本》以及本人知見陳澧著述刊刻版本來看，所見主要藏書印有「希山書藏」、「明達書參所藏」、「雙照樓」、「番禺梁氏葵霜閣捐藏廣東圖書館」、「梁氏鼎芬」、「節庵藏書」、「黃蔭普先生贈書」、「南海黃氏 秩南任恒」、「信古閣藏」、「廣雅書館藏書」、「守先閣」、「譚駒」、「仲良」、「不如學

〔註84〕如前所述，吳茂燊、黃國聲《〈考略〉訂補》案「此本今廣州地區各圖書館未見收藏，殊屬珍罕」。

〔註85〕《朱子語類日鈔》皖江藩署官印本的刊刻，或與彼時皖江藩署官員有關，可反映陳澧著述在嶺南以外區域的傳播情況。

「齋」等。從鈐印可知，陳澧著述曾被何人、何處收藏或贈出。以本人知見《朱子語類日鈔》鍾山別業叢書本之第三種為例，此本序端鈐晚清四大藏書家陸心源「守先閣」印。陸氏皕宋樓收宋元舊槧，守先閣藏尋常刻本，陸心源對陳澧《朱子語類日鈔》鍾山別業叢書本的收藏，頗顯其價值。

另外，從承刊和刊刻版式等方面而言，有些情形亦值得稍加注意。其一，陳澧著述刻版和刊印與廣州富文齋、龍藏街意林齋關係密切，大多數已刊刻著述版本均由富文齋、意林齋承刊，亦有少數由龍藏街萃文堂、新寧明善社、九曜坊翰元樓等承刊，著述刊刻與書坊之間的關係頗可究。其二，陳澧著述刊刻版式，亦能反映晚清、民國線裝書籍刊刻印刷版式的某些變化，如單魚尾或無魚尾、無象鼻版式增多。

第二節　陳澧著述刊刻版本訂補辨析

一、十二種陳澧著述刊刻版本訂補

（一）聲律通考　十卷

汪宗衍《考略》錄東塾叢書本。

案：另見楊宗稷纂輯《琴學叢書》本〔註86〕。《琴學叢書》卷四十三收錄《聲律通考詳節》一卷。封面原題「聲律通考詳節一卷　附禮樂論」，背面鐫「辛未三月始刊」（1931 年），卷端題「舞胎仙館藏本　番禺陳澧撰　九疑山人楊宗稷詳節」。楊宗稷（1863～1932），自號九疑山人，湖南寧遠人，近代古琴大師，創九疑琴派。

（二）聲律餘考

汪宗衍《考略》錄梁鼎芬編刻《東塾集》本。

案：據黃國聲主編《陳澧集》，廖廷相光緒十八年刊刻《東塾集》六卷本未收《聲律餘考》，黃國聲輯校《東塾集外文》亦未見之，僅收《聲律餘論》。《廣州大典》、《清代稿鈔本》均未影印收錄梁鼎芬編刻《東塾集》本。因此，汪宗衍《考略》所錄《聲律餘考》未可及見。吳茂燊、黃國聲《〈考略〉訂補》《聲律餘考》一條僅錄汪宗衍《考略》原文，未作補充說明。汪宗衍《考略》引陳樹鏞與梁鼎芬手札云：「送來《聲律餘考》，是先師手筆，當錄入文集者，

〔註86〕楊宗稷纂輯：《琴學叢書》，中國書店 1993 年版。

命弟子別錄一過。」據手札，未可斷定《聲律餘考》最終是否收入梁鼎芬編刻《東塾集》。尚待查考梁鼎芬編刻《東塾集》《聲律餘考》一文，與廖廷相刊刻《東塾集》六卷本所收《聲律餘論》比而較之。

（三）切韻考　六卷　外編三卷

汪宗衍《考略》錄東塾叢書本、北京大學排印本。

案：另訪得《切韻考外編》三卷庚午年（1930）成都書局刊本。高 259 毫米，寬 177 毫米，封面鐫「切韻考 外編」字二行，左「清寂翁署」小字一行，背面鐫牌記「庚午孟冬 成都書局 校刊印行」。卷端題「番禺陳澧撰」，十二行二十五字，白口，左右雙邊，無魚尾，版心上鐫書名和卷次，版心下鐫卷內頁碼，末有廖廷相光緒十年（1884）跋。林思進（1873～1953），別署清寂翁，四川華陽人，近代學者，《切韻考外編》庚午成都書局刊本的刊刻當與之有關。此刊本亦可窺民國初年陳澧音韻類著述在蜀地刊刻流傳情況。

（四）陳蘭甫說文部首殘本

吳茂燊、黃國聲《〈考略〉訂補》云：《考略》未收，廣圖藏稿本一冊，未刊。

案：廣東省立中山圖書館特藏部藏一冊《陳蘭甫說文部首殘本》，被作為善本收藏。書葉殘破，被重新裝裱，故無法測得實際版框。封面小篆三行，字跡斑駁，可識「說文」、「首部」幾字。三行三字，無行欄，無版心，四周單邊。每字左下有手書，或書某字，或書某字某某切，如首字「三」左下書「三穌甘切」。頁眉或頁尾偶有旁批。據本人查勘，此冊《陳蘭甫說文部首殘本》當為刻本，非《〈考略〉訂補》所云未刊稿本。經比對，此本亦即《廣州大典》影印收錄廣東省立中山圖書館藏陳澧《說文部首》清末刻本一卷〔註87〕的原本。因此，《〈考略〉訂補》案語所云「未刊稿本」誤，《廣州大典》版本說明標「清末刻本」可信。

（五）字體辨誤　一卷　附引書法

汪宗衍《考略》錄自刻本。據吳茂燊、黃國聲《〈考略〉訂補》案，中山大學圖書館藏自刻本，為意林齋承刊。

案：另見《廣州大典》影印收錄廣東省立中山圖書館藏光緒二十六年廣

〔註87〕《廣州大典》（155）第二十五輯經部小學類第二冊。

州新寧明善社刻本,末有牌記「廣州菁華閣承刊」。此新寧明善社刻本補汪宗衍《考略》和吳茂燊、黃國聲《〈考略〉訂補》之闕。與此同時,《三編清代稿鈔本》影印收錄汪氏《考略》所錄中山大學圖書館藏意林齋刻本。據《三編清代稿鈔本》,此本封面闕,副頁手書云:「象形字誤附引書法一冊,清末廣州龍藏街意林齋刊刻,未署撰者名,實為陳澧所撰,裔孫陳公睦贈。」因封面闕如,未知原本或手書者將《字體辨誤》第一類「象形字誤」誤作書名,《三編清代稿鈔本》目錄及版本說明均延此誤,題之《象形字誤》而非《字體辨誤》。吳茂燊、黃國聲《〈考略〉訂補》未注明龍藏街意林齋承刊本題名之誤,且將此意林齋承刊本注為汪宗衍《考略》所錄自刻本。自刻本理當不會出現題名之誤。因此,《〈考略〉訂補》案語值得商榷,疑《字體辨誤》中山大學圖書館藏意林齋刻本非自刻本,汪宗衍《考略》所云自刻本當另有其本。

(六)漢書地理志水道圖說　七卷

汪宗衍《考略》錄東塾叢書本。

案:另見羅汝楠《歷代地理志彙編》本、開明書店版《史記兩漢書三史補編》影印本。

《廣州大典》史部地理類第一冊〔註88〕影印收錄羅汝楠輯《歷代地理志彙編》光緒二十四年廣東集古書屋刻本,甲編「漢書地理志二卷附考證」之考證部分第八種即陳澧《漢書地理志水道圖說》。羅汝楠輯《歷代地理志彙編》原本藏廣東省立中山圖書館,封面原題「歷代地理 志彙編」,背面鐫「光緒戊戌刊 於集古書屋」。首有陳澧高弟廖廷相光緒戊戌(1898)序,序云:「憶辛巳歲(1881),余自京南歸。張靖達制府擬仿通典之例重修史志,刪繁補闕,題以八綱,延陳蘭甫先生總其成,余亦承乏其間。甫開局而陳先生遽歸道山,制府亦移督畿輔。事遂中止,至今猶時往來胸中。然斯事體大,非計日可成。今憩棠既刻地志矣,有餘力當並各志刻之。庶幾與通典三書繁簡並行,則靖達之書可不作。」《歷代地理志彙編》廖廷相序深含斯人已逝的感慨,亦深幸《彙編》之纂輯有補於蘭甫先生未及總攬重修史志之憾。此彙編本《漢書地理志水道圖說》卷端題「番禺陳澧撰 後學南海羅汝楠輯校」,卷末鐫「南海羅汝楠縮繪 新會羅乃璣校字」等,縮繪者均為羅汝楠,校字者除羅乃璣,還有馬鍾靈、黃宗憲和陳佐漢。

〔註88〕《廣州大典》(210)第三十四輯。

開明書店版《史記兩漢書三史補編》影印本〔註89〕第三冊「漢書」部分亦收錄陳澧《漢書地理志水道圖說》。

（七）廣東圖　二十三卷

汪宗衍《考略》錄同治年刻本。

案：《廣州大典》史部地理類第二十七冊〔註90〕影印收錄此本，書末有牌記「省城龍藏街萃文堂承刊刷」。

汪宗衍《考略》將書名錄為《廣東圖》，吳茂燊、黃國聲《〈考略〉訂補》仍依之。但據《廣州大典》影印本，封面鑴「廣東圖志」四字。汪宗衍《考略》記「此圖先生與趙齊嬰鄒伯奇桂文燦徐灝共繪」。據《廣州大典》影印本卷首「廣東圖志告成恭紀」，繪圖為陳澧、鄒伯奇、趙齊嬰三人，編志為桂文燦一人，另有黎永椿、桂圻為分繕者，繪圖者未見徐灝名。《考略》所記有誤，《〈考略〉訂補》延其誤。

（八）番禺縣志　五十四卷

汪宗衍《考略》錄同治十年縣學光霽堂刻本。

案：據《廣州大典》〔註91〕影印收錄光霽堂刻本卷首「重修番禺縣志職名」，陳澧任分纂之一。經查閱比對，可知陳澧分纂卷一沿革、卷二十、卷二十一、卷二十三前事凡四卷。汪宗衍《考略》記「此書沿革一卷、前事二卷先生分纂」，《〈考略〉訂補》延其誤，實漏前事一卷，當改為「此書沿革一卷、前事三卷先生分纂」。

（九）水經注西南諸水考　三卷

汪宗衍《考略》錄廣雅書局刊本。

案：另見以下兩種刊刻本可補汪宗衍《考略》和吳茂燊、黃國聲《〈考略〉訂補》之闕。第一種為附於《摹印述》末的《水經注西南諸水考》，版框高 281 毫米，寬 181 毫米，全書封面鑴「摹印述 門人梁鼎芬謹題」，附《水經注西南諸水考》封面鑴「水經注西 南諸水考」，十一行二十八字，白口，四周單邊，單魚尾，版心上鑴書名，版心下鑴頁碼，未見牌記。書末左下鈐朱印「明

〔註89〕二十五史補編編委會編：《史記兩漢書三史補編》，北京圖書館出版社 2005 年版。第三冊第 135 頁始為陳澧《漢書地理志水道圖說》。

〔註90〕《廣州大典》（236）第三十四輯。

〔註91〕《廣州大典》（278）第三十五輯史部方志類第四十冊。

達書齋所藏」六字。第二種為國家圖書館分館編《中華山水志叢刊》〔註92〕水志卷三十七冊之第一冊影印收錄陳澧《水經注西南諸水考》，版本說明注為「道光刻本」。

（十）朱子語類日鈔　　五卷

汪宗衍《考略》錄鍾山別業叢書本和廣雅書局刻本。

案：本人另見廣東省立中山圖書館藏光緒丙申年（1896）皖江藩署本。《朱子語類日鈔》皖江藩署本特殊之處在於：其一，它既未被汪宗衍《考略》和吳茂燊、黃國聲《〈考略〉訂補》所錄，亦未被《廣州大典》和《清代稿鈔本》影印收錄；其二，它是迄今可見陳澧著述在嶺南以外地區為數不多的刊刻版本之一，頗能反映晚清時期陳澧著述影響範圍輻射至安徽皖江地區。此本高258毫米，寬154毫米，封面鐫楷書兩行：「朱子語類 日鈔五卷」，背面鐫楷書兩行：「光緒丙申仲秋 印於皖江藩署」。序端鈐一長方形朱印，刻楷書兩行：「番禺梁氏葵霜閣 捐藏廣東圖書館」。卷端題「番禺陳澧編」。尾卷末左下鈐上下兩枚正方形朱印，上為「梁氏鼎芬」，下為「節庵藏書」。

除此之外，本人知見廣東省立中山圖書館另藏三種不同版框尺寸《朱子語類日鈔》鍾山別業從書本。《朱子語類日鈔》鍾山別業叢書本可怪之處在於：廣東省立中山圖書館藏三種版框尺寸鍾山別業叢書刻本和《廣州大典》影印收錄鍾山別業叢書本，卷端「鍾山別業叢書之」後表種類處均為一長方形黑塊，字不可見。據汪宗衍《考略》和吳茂燊、黃國聲《〈考略〉訂補》、《廣州大典》和《清代稿鈔本》影印收錄陳澧著述刊刻版本以及本人尋訪知見，均未見另有其他鍾山別業叢書。僅此一種卻於「鍾山別業叢書」後表種類處污不可識，甚可怪。因此，疑「鍾山別業叢書」名類有書坊添偽之嫌。

（十一）摹印述　　一卷

汪宗衍《考略》錄廣雅書局刻本，印學叢書本。

案：本人另見版框高281毫米、寬181毫米的《摹印述》刻本，未見牌記。封面鐫楷書兩行：「摹印述 門人梁鼎芬謹題」。卷端未著撰人名氏，末附《水經注西南諸水考》。首頁右下鈐朱印「明達書齋所藏」六字。

〔註92〕國家圖書館分館編：《中華山水志叢刊》，線裝書局2004年版。山水卷第一冊第27頁始影印收錄陳澧《水經注西南諸水考》。

（十二）漢儒通義　　七卷

汪宗衍《考略》錄東塾叢書本。

　　案：《廣州大典》影印收錄東塾叢書本〔註93〕，叢書原題「番禺陳氏東塾叢書四種附一種」，第一種即《漢儒通義》。原書版框高 183 毫米，寬 142 毫米，十行二十字，左右雙邊，單魚尾，無象鼻，版心上鐫書名和卷次，版心下鐫卷內頁碼，末頁有牌記「粵東省城西湖街富文齋承刻刷印」。

　　另見光緒乙丑（1889）怡敬齋校刊巾箱本《漢儒通義》，上下兩冊。此本未被汪宗衍《考略》和吳茂燊、黃國聲《〈考略〉訂補》著錄，亦未被《廣州大典》和《清代稿鈔本》影印收錄。高 141 毫米，寬 92 毫米，封面鐫「漢儒通義」，左下鐫小字「琉璃廠　富文堂　發兌每部　白竹紙　價銀　貳壹錢整陸分」，背面鐫牌記「光緒乙丑秋　怡敬齋校刊」。九行二十二字，左右雙邊，單魚尾，魚尾外鐫書名，版心上鐫卷次和類名，版心下鐫卷內頁碼。《漢儒通義》怡敬齋巾箱本可窺晚清時期陳澧著述在京城琉璃廠一帶的刊刻流傳情況，亦是迄今首次發現的晚清京城地區刊刻發行的陳澧著述版本。

二、考辨與校勘異文一篇

　　《廣州大典》影印收錄《皇清誥授建威將軍贈太子少保記名提督廣西右江鎮總兵勇烈張公墓表》一卷清石印本〔註94〕。此本汪宗衍《考略》和吳茂燊、黃國聲《〈考略〉訂補》均未著錄。據《廣州大典》版本說明，為宣統二年湖北官書處石印本，無版框記錄，上海圖書館藏。原題「清誥授建威將軍贈太子少保記名提督廣西右江鎮總兵勇烈張公墓表」，四行七字，無邊框，末有版權頁，字三行，「宣統二年九月吉日印刷　定價大洋八角　印刷所　湖北官刷印局　發行所　武昌省城蘭陵街　湖北官書處」，上方另有一正方形波浪邊紋印，「版權所有　不許複製」字二行。

　　《皇清誥授建威將軍贈太子少保記名提督廣西右江鎮總兵勇烈張公墓表》實為黃國聲主編《陳澧集》所收廖廷相光緒十八年《東塾集》刻本中《記名提督廣西右江鎮總兵官張公神道碑銘》一文的另一版本。除題名不同，另有三十餘處文字與廖廷相光緒刻本不同。其中有以下幾處尤值得注意：第一，宣統石印本「粵賊」在廖廷相光緒刻本作「髮賊」；第二，宣統石印本作「移

〔註93〕《廣州大典》（97）第十四輯自著叢書第十四冊。
〔註94〕《廣州大典》（190）第三十一輯史部傳記類第四冊。

兵克江陰、無錫、常州」，而廖廷相光緒刻本作「移兵克常州」，無「江陰」、「無錫」二處地名，敘史事有異；第三，廖廷相光緒刻本在述曾祖考妣、祖考妣和考妣時，將姓或名統用「某」字代替，而宣統石印本中直指姓或名；第四，宣統石印本「（考）妣孫氏、魯氏、李氏」在廖廷相光緒刻本僅作一個「某氏」；第五，宣統石印本「三代皆以公伯兄樹聲貴贈光祿大夫，又以公及弟樹屏貴贈建威將軍」，廖廷相光緒刻本作「三代皆以公贈建威將軍」；第六，宣統石印本末有「五品卿銜前河源縣學訓導番禺陳澧撰文」、「進士及第日講起居注官翰林院侍讀學士南書房行走順德李文田篆額」、「內閣中書武昌張裕釗書丹」，撰文者、篆額者和書丹者皆署名，廖廷相光緒刻本無。宣統石印本可作為廖廷相光緒刻本《東塾集》《記名提督廣西右江鎮總兵官張公神道碑銘》一文的重要校本，文字異同頗值考究和探源，篆額與書丹署名亦為此本增添了新的文獻信息。

為便於研讀比對，錄宣統二年湖北官書處《清誥授建威將軍贈太子少保記名提督廣西右江鎮總兵勇烈張公墓表》石印本全文並附校記如下：

皇清誥授建威將軍贈太子少保記名提督廣西右江鎮總兵勇烈張公墓表

誥授建威將軍記名提督、廣西右江鎮總兵官、捍勇巴圖魯張公諱樹珊，字海柯，安徽合肥人，贈光祿大夫建威將軍之子，今兩廣總督卓勇巴圖魯之弟也。咸豐三年，粵〔1〕賊、撚賊為亂，江淮數千里無完土。公隨父兄團練鄉勇。淮軍之興，自張氏始。公以親兵二十八人擊賊巢縣，擒斬偽五尚書〔2〕，克復來安、潛山。至太湖，所部五百人遇賊陳玉成眾萬人，與戰。公軍糧火藥皆盡。賊屯堤上。公率敢死士百人〔3〕，緣堤下蛇行入賊中，大呼殺賊。賊大〔4〕驚，潰，悉遁去〔5〕。

同治元年，今大學士肅毅伯李公治兵江南〔6〕。公兄弟〔7〕與劉公銘傳、潘公鼎新、周公盛波各率所部從〔8〕，皆以名名其軍，今所謂樹軍、銘軍、鼎軍、盛軍者也〔9〕。公〔10〕與諸君擊賊，克青浦、嘉定、常熟，賊皆降。福山賊降而復叛，攻常熟。公以舟師至，風潮震盪，無泊舟地，登岸欲結營而賊大至。公與鏖戰，竟破之。移兵克江陰〔11〕、無錫〔12〕、常州，又從曾文正公擊撚賊於魚臺、沙河、許州，皆敗之。又敗賊於豐、於定陶、於曹，追賊於汝寧。曾公國荃檄公〔13〕援德安，至新家閘〔14〕，賊綿互十餘里，隔水而陳。

公麾兵渡水，殺賊無算。賊奔，窮追，而賊橫走截公軍後。公力戰至夜半，馬立積屍，中不能行，下馬鬥死。同治五年十二月二十一日也。春秋四十有一。事聞，贈太子少保銜，賜謚勇烈，給騎都尉兼一雲騎尉世職，本籍及立功地方皆建專祠。洎〔15〕賊平，上追念前勳，賜祭一壇。烏乎〔16〕！公賦性忠勇，兄弟皆百戰立功，文武官階皆至一品。兄熾而昌，弟隕而折，則命也。公之死，以自負其勇，然公之生平本不畏死，故遇危難，輒傾身赴之。惟賊未滅而身先亡，為遺憾焉耳。自粵〔17〕賊、撚賊擾亂天下十餘年，將吏戰死者以百數。卒之殄滅群醜，重開太平，由諸君子誓死報國，斷脰決胸而不悔，乃克成此大功也〔18〕。是則公之死，即公之功也，而又何憾焉！凡屬在國殤，皆得以此弔之矣。公曾祖考諱世科〔19〕，姚楊〔20〕氏、章〔21〕氏。祖考諱傑〔22〕，姚李〔23〕氏。考諱蔭谷〔24〕，姚孫〔25〕氏、魯氏、李氏〔26〕。三代皆以公伯兄樹聲貴贈光祿大夫，又以公及弟樹屏貴贈建威將軍〔27〕，姚皆一品夫人。公娶吳氏，繼娶黃氏，贈封皆一品夫人。側室王氏〔28〕子雲遠襲世職。公以光緒四年月〔29〕葬其鄉大潛山陽華城寺之西原，李相國為之志，足以傳矣。制府友於之誼，有餘哀焉。又命陳澧銘神道之碑，其詞〔30〕曰：

中興出將淮西東，屹與湖湘稱並雄。合肥兄弟二張公，次公每戰為軍鋒。乘危犯險多奇功，奮身深入虎豹叢。將星墜地光熊熊，公心但有孝與忠。忠孝盡矣生死同，九原持此告我翁。神祠萬眾趨鞠躬，又來拜瞻馬鬣封。靈之來兮雷電從，雨颯颯兮雲蓬蓬，四山松柏生威風。

五品卿銜前河源縣學訓導番禺陳澧撰文

進士及第日講起居注官翰林院侍讀學士南書房行走順德

李文田篆額

內閣中書武昌張裕釗書丹〔31〕

〔校記〕

〔1〕廖廷相光緒刻本《東塾集》「粵」作「髮」。

〔2〕廖廷相光緒刻本《東塾集》「偽五尚書」作「偽尚書五人」。

〔3〕廖廷相光緒刻本《東塾集》無「百人」二字。

〔4〕廖廷相光緒刻本《東塾集》無「大」字。

〔5〕廖廷相光緒刻本《東塾集》無「悉遁去」三字。

〔6〕廖廷相光緒刻本《東塾集》無「同治元年，今大學士肅毅伯李公治兵江南」句，且後句首有「當是時」三字。

〔7〕廖廷相光緒刻本《東塾集》無「兄弟」二字。

〔8〕廖廷相光緒刻本《東塾集》無「各率所部從」五字。

〔9〕廖廷相光緒刻本《東塾集》無「者也」二字，後有「今大學士李公統帥之，規復江蘇」九字。

〔10〕廖廷相光緒刻本《東塾集》無「公」字。

〔11〕廖廷相光緒刻本《東塾集》無「江陰」二字。

〔12〕廖廷相光緒刻本《東塾集》無「無錫」二字。

〔13〕廖廷相光緒刻本《東塾集》「公」作「君」。

〔14〕廖廷相光緒刻本《東塾集》「閘」作「柵」。

〔15〕廖廷相光緒刻本《東塾集》「泊」作「及」。

〔16〕廖廷相光緒刻本《東塾集》「烏乎」作「嗚呼」。

〔17〕廖廷相光緒刻本《東塾集》「粵」作「髮」。

〔18〕廖廷相光緒刻本《東塾集》無「也」字。

〔19〕廖廷相光緒刻本《東塾集》「世科」作「某」。

〔20〕廖廷相光緒刻本《東塾集》「楊」作「某」。

〔21〕廖廷相光緒刻本《東塾集》「章」作「某」。

〔22〕廖廷相光緒刻本《東塾集》「傑」作「某」。

〔23〕廖廷相光緒刻本《東塾集》「李」作「某」。

〔24〕廖廷相光緒刻本《東塾集》「蔭谷」作「某」。

〔25〕廖廷相光緒刻本《東塾集》「孫」作「某」。

〔26〕廖廷相光緒刻本《東塾集》無「魯氏」、「李氏」四字。

〔27〕廖廷相光緒刻本《東塾集》「三代皆以公伯兄樹聲貴贈光祿大夫，又以公及弟樹屏貴贈建威將軍」作「三代皆以公贈建威將軍」。

〔28〕廖廷相光緒刻本《東塾集》「氏」字後有一「生」字。

〔29〕廖廷相光緒刻本《東塾集》「四年月」作「四年某月某日」。

〔30〕廖廷相光緒刻本《東塾集》「詞」作「辭」。

〔31〕廖廷相光緒刻本《東塾集》文末無撰文者、篆額者、書丹者署名。

第二章　乾嘉漢學、晚清樸學與陳澧《東塾讀書記》

　　《東塾讀書記》卷首《自述》云，「少好為詩，及長棄去，泛濫群籍。中年讀朱子書，讀諸經注疏子史」，可見從時間角度而言，中年是陳澧治學生涯的重要轉折期。汪宗衍《陳東塾先生年譜》〔註1〕道光二十四年載，《東塾遺稿》鈔本云，「少時只知近人之學，中年以後知南宋朱子之學」；又據《自記》，是年初讀《朱子文集》。道光二十四年，陳澧三十五歲。可見他自以三十五歲為中年時期起始之年。正如李緒柏《〈東塾雜俎〉敘錄》所云，陳澧學術生涯大致分前後二階段：中年以前，受以學海堂為代表的廣東樸學風氣影響，致力訓詁、考訂之學；中年以後，學術思想發生重要轉變，致力於漢宋調和〔註2〕。考汪宗衍《陳東塾先生著述考略》所錄陳澧著述，可知陳澧調和漢宋的學術努力，集中體現在《漢儒通義》、《東塾讀書記》二書的編纂和撰寫方面。

　　依汪宗衍《陳東塾先生年譜》載，咸豐四年，陳澧四十五歲，編《漢儒通義》。《與趙子韶書》云：「宋、元、明儒者，自出己意，以說經義，竟無人於漢儒注內尋求義理，孰知鄭君之注義理深醇如此耶！此絕學宜共興之。」〔註3〕陳澧認為，宋、元、明儒者講求的義理，乃自出己意，不知以鄭玄為代

〔註1〕汪宗衍：《陳東塾先生年譜》，《嶺南學報》1935 年第 4 卷第 1 期。
〔註2〕李緒柏：《〈東塾雜俎〉敘錄》，《學術研究》2006 年第 2 期。
〔註3〕陳澧著：《東塾集》，黃國聲主編：《陳澧集》（一），上海古籍出版社 2008 年版，第 177 頁。

表的漢儒注疏義理深醇，將探尋漢儒義理之學稱作絕學，欲起而興之。咸豐五年《復王㷍甫書》又述《漢儒通義》的編纂〔註4〕。咸豐八年，陳澧四十九歲，《漢儒通義》刻成。《與黎伯震書》云：「既成此書，乃著《學思錄》，通論古今學術，不分漢宋門戶，於鄭君、朱子之學，皆力為發明，大約十年乃可成耳。」〔註5〕《學思錄》是《東塾讀書記》原名，此年《與黎伯震書》所述，是陳澧第一次在信札述及《東塾讀書記》一書寫作和宗旨。所言「通論古今學術」，後來主要體現在《東塾讀書記》未成稿《東塾雜俎》中。刻成本《東塾讀書記》則以諸經論為主，兼述鄭玄、朱子之學。

陳澧計劃此書十年約可成，未料世事紛擾，時局多變，輾轉避難，體亦多疾。直至光緒元年，劉熙載來書，勸將《東塾讀書記》已成者先刻，陳澧從其說，修改得一二卷付梓。光緒八年正月，病益劇，語兒宗侃等及門人曰：「吾所著《東塾讀書記》，已成十餘卷，其未成者，俟兒子與門人編錄，名曰《東塾雜俎》，此書當可傳也。」並親以遺書付門人陳樹鏞編錄。未幾，二十二日午時遂卒。從四十九歲第一次於寫給弟子信札述及《東塾讀書記》的寫作，直至生命的最後時刻，《東塾讀書記》僅付梓刻成諸經論等十餘卷。陳澧卒後四年的光緒十二年（1886），門人梁鼎芬、陳樹鏞編十五卷本，再過六年（1892），門人廖廷相編十六卷本，由菊坡精舍刻印〔註6〕。通論學術部分的《東塾雜俎》未成稿，遲至五十餘年後的 1943 年春，在日寇侵華、戰火紛飛時，於淪陷區北平，作為《敬躋堂叢書》之一，由北京古學院刊刻成書〔註7〕。此書艱難、漫長的刊刻經歷，令人唏噓；陳澧一生流離輾轉，不輟學問，堅持著述，令人動容。

《東塾讀書記》的寫作宗旨，除《與黎震伯書》云「通論古今學術，不分漢宋門戶，於鄭君、朱子之學，皆力為發明」，又有《與胡伯薊書》云「僕近年為《學思錄》」，「擬《日知錄》」，「但論學術而已」，「以為政治由於人才，人

〔註 4〕陳澧著：《東塾集》，黃國聲主編：《陳澧集》（一），上海古籍出版社 2008 年版，第 162 頁。

〔註 5〕陳澧著：《東塾集》，黃國聲主編：《陳澧集》（一），上海古籍出版社 2008 年版，第 178 頁。

〔註 6〕陳澧著，黃國聲主編：《陳澧集》（二），上海古籍出版社 2008 年版，《東塾讀書記》點校說明，第 4 頁。

〔註 7〕陳澧著，黃國聲主編：《陳澧集》（二），上海古籍出版社 2008 年版，《東塾雜俎》點校說明，第 415 頁。

才由於學術」〔註8〕；《復劉叔俛書》云「中年以前治經，每有疑義，則解之，考之，其後幡然而改，以為解之不可勝解，考之不可勝考，乃尋求微言大義、經學源流正變得失所在，而後解之，考之，論贊之，著為《學思錄》一書，今改名《東塾讀書記》」〔註9〕。據汪宗衍《陳東塾先生年譜》，《與黎震伯書》寫於咸豐八年（1858），陳澧年四十九，《與胡伯薊書》寫於同一時期，《復劉叔俛書》稍晚，寫於同治十二年（1873），陳澧年六十四。可見陳澧寫作《東塾讀書記》，其意一在通論古今學術，彌合漢宋鴻溝，以息漢宋爭端，二在以學術興人才，間接促成治世的政治局面，即王惠榮《陳澧思想研究》所言「學術經世」。縱觀此三封先後與門人或後輩書札，還可見《東塾讀書記》寫作初始，思路較多集中於宏闊處，力在通論學術，不分漢宋，發明鄭君、朱子之學；十五年後，思致愈轉細密，意識到微小疑義解之不可勝解，考之不可勝考，故尋微言大義、經學源流、正變得失所在。

　　《東塾讀書記》的寫作，一方面基於陳澧獨特的學術運思和持之以恆的學術努力，另一方面離不開晚清學術的大背景。本文接下來欲探究陳澧《東塾讀書記》的寫作與乾嘉漢學、晚清樸學的因緣。

第一節　乾嘉漢學與惠士奇督學廣東

　　清代學術已進入中國古典傳統學術的總結階段。中國古典傳統學術的主體是經學。中國經學史是中國古典思想史、哲學史的重要載體，是中國學術史的最重要組成部分。倘若拋開經學史，中國古典學術史餘者內涵寥寥。縱觀兩千多年的中國經學史，最典型的標杆是漢唐訓詁學、宋明理學和乾嘉漢學。兩漢訓詁學是先秦儒家經典詮釋的開始，是後來經學史得以發展的全部基礎。唐代經學的主體是對兩漢經學經典訓詁詮釋的延續，主要方式是在訓詁基礎上的注疏。唐代中期開始的疑經之風，是後來宋代理學的先驅。宋代理學得以自立，在於經學闡釋觀念的根本改變，主要特徵是繞開漢唐訓詁，以己意直接解經。當然，如朱子這樣的理學大家，固然對漢儒訓詁學有充分尊重；但從本質而言，依然以強大的自信面對經典，不憚於從經典本身和前

〔註 8〕陳澧著：《東塾集》，黃國聲主編：《陳澧集》（二），上海古籍出版社 2008 年版，第 175 頁。

〔註 9〕陳澧著：《東塾集》，黃國聲主編：《陳澧集》（二），上海古籍出版社 2008 年版，第 167 頁。

代注疏兩方面懷疑經典。明代心學是宋代理學的繼續發展，不過從客觀的關照逐漸走向主觀的直覺，甚至主張拋開經典的文字闡釋，以純澈的內心良知直達古代聖人的心靈世界和道德境界，達到了古代經學史形而上的頂峰。形而上的方式，使經學距離西方現代意義上的哲學更近，逐漸抽象的過程，也是逐漸空疏虛無的過程。

有清一代學者，當儒學陷入空疏虛無之時，必當尋求新的出路。

一、乾嘉漢學的興起

面對已陷入空疏虛無的經學之心學階段，儒者的使命感和責任感驅使清代學者奮然思變。李緒柏《清代廣東樸學研究》指出，清初顧亭林、黃宗羲諸大儒懲明代理學空疏流弊，以經世致用相號召，提倡實學，又因清廷統治者實行高壓和籠絡政策，經學逐漸走入訓詁、名物、考據一途，即所謂漢學、樸學的路徑〔註10〕。李緒柏將乾嘉漢學興起的原因歸結為兩點：第一，明代理學空疏流弊的反撥；第二，清廷高壓、籠絡政策的結果。

梁啟超《中國近三百年學術史》站在更形而上的高度作出詮釋。梁啟超指出，對主觀冥想的厭倦，使學者傾向客觀的觀察；客觀的觀察有兩條路徑，其一是對自然界的觀察，其二是對社會文獻的觀察。清代學者選擇從文獻角度切入，梁啟超認為，此乃中國學者看輕「藝成而下」學問的根本習氣造成，故專走文獻這條路，進行文獻方面的客觀觀察；從政治角度而言，清廷統治者羅織文字獄，干涉思想自由，以致學者只得將聰明才力全部用去注釋古典，雍乾時期即此種典型例證〔註11〕。

錢穆《中國近三百年學術史》自序從政治因素精闢解釋乾嘉漢學何以詆宋學的問題。錢穆認為，宋明至清乾嘉學風之變，若從乾隆御製《書程頤論經筵劄子後》考察，可知清代帝王懼怕漢族士大夫以天下為己任，「目無其君」；基於此種主流政治期待，為與「以天下為己任」的宋學幟志表異，乾嘉漢學者「必以詆宋學為門面」〔註12〕。錢穆深於傳統學術，其《中國近三百年學術史》自序對宋明至清學風丕變原因的解讀，恰對學術內在理路暫置不論，側重外在政治角度的解讀，與其書寫作時間之特殊息息相關。據《中國

〔註10〕李緒柏著：《清代廣東樸學研究》，廣東省地圖出版社2001年版，第1頁。
〔註11〕梁啟超著：《中國近三百年學術史》，人民出版社2008年版，第20～22頁。
〔註12〕錢穆著：《中國近三百年學術史》，商務印書館1997年版，《自序》第2頁。

近三百年學術史》自序所述，斯編初講之時，正值「九一八事變」驟起，「五載以來，身處故都，不啻邊塞，大難目擊，別有會心」。「九一八事變」後，日軍鐵蹄在東北肆意踐踏，淪陷區人民受異族殘酷高壓統治。錢穆身處故都，憂心忡忡，不啻邊塞，別有會心。在這樣特殊的國家政治局勢造成的特殊心境之下，錢穆於滿清統治者對乾嘉學者的高壓禁錮特有會心，故作如是解。更可慨歎的是，錢穆作此書自序僅半年後，盧溝橋事變起，故都北平亦已淪陷，籠罩於異族侵略者高壓之下。

　　綜觀梁啟超、錢穆、李緒柏諸人對乾嘉漢學興起原因的闡釋，不外乎如下二點：第一，乾嘉漢學是逐漸陷入空疏的宋明理學之反撥；第二，清代統治者對思想的鉗制和高壓，是學者選擇古典注釋方式從事學問的外部驅動力。前者是學術內部理路的原因，後者是外部政治原因。從形而上與形而下角度而言，看輕「藝成而下」〔註13〕學問的習氣，又使得厭倦了主觀冥想的清代學者，從客觀觀察的兩條路徑中，選擇了對古典文獻考察這條路。

二、東漢陳元與廣東經學

　　如李緒柏《清代廣東樸學研究》緒論所言，當乾嘉漢學臻於鼎盛、學者輩出、著述充棟之時，廣東依然寂寂無聞。於地理位置而言，廣東偏於一隅。於政治文化而言，中原或江浙人士素以之為荒蠻之地；其實此種看法更多是一種自以為是、過於武斷的偏見。

　　屈大均《廣東新語》「學語」「拜五經」一條云：「南海人陳元，自恨不學。晨夕陳五經拜之。久之忽能識字。」〔註14〕據《後漢書》陳元本傳，陳元蒼梧廣信人，父欽，習《左氏春秋》，事黎陽賈護，與劉歆同時而別自名家，王莽從欽受《左氏》學；元少傳父業，為之訓詁，銳精覃思；建武初元與桓譚、杜林、鄭興俱為學者所宗〔註15〕。據今人所考，廣信治所是今封開縣，非唐李賢注梧州蒼梧縣〔註16〕。屈大均《廣東新語》「學語」所記南海人陳元，即《後漢書·鄭范陳賈張列傳》之陳元。如屈大均所記，廣東名儒最早可追溯

〔註13〕梁啟超著：《中國近三百年學術史》，人民出版社 2008 年版，第 20 頁。
〔註14〕屈大均撰：《廣東新語》，中華書局 1985 年版，第 314 頁。
〔註15〕范曄撰，李賢等注：《後漢書》（五），中華書局 1965 年版，第 1229、1230 頁，卷三十六《鄭范陳賈張列傳》第二十六。
〔註16〕郭培忠：《廣信為嶺南早期文化重心論——兼論漢代嶺南傑出經學家陳氏父子》，《嶺南文史》1996 年第 4 期。

至東漢時陳元。因《廣東新語》「嗜奇尚異」的風格,「學語」僅記陳元拜五經、忽能識字的傳說。如《後漢書》陳元本傳所載,陳欽、陳元父子二人皆廣東最早名儒,對《左氏春秋傳》的傳承起到關鍵作用;漢光武帝時經今古文之爭,經古文家代表即陳元,與經今文家范升論爭設立《左氏春秋》博士之是非;此次論爭結果是,「帝卒立《左氏》學,太常選博士四人,元為第一」〔註17〕。

三、惠士奇督學廣東——晚清廣東樸學興起的先聲

屈大均《廣東新語》「文語」《廣東文集》一條云:「天下之文明至斯而極,極故其發之也遲,始然於漢,熾於唐、於宋,至有明乃照於四方焉。」〔註18〕漢指兩漢陳欽、陳元父子,唐指張九齡,明指陳獻章開創的白沙學派。如屈大均所言,白沙學派照於四方,影響極大。又如李緒柏《清代廣東樸學研究》緒論所言,當乾嘉漢學臻於鼎盛、學者輩出、著述充棟時,廣東學界仍寂寂無聞。此所言「寂寂無聞」,即指當乾嘉漢學訓詁、考據、校勘之學正熾,廣東仍守白沙之舊,沉浸於明代理學氛圍,未能及時呼應熾於江浙等地的乾嘉漢學之風。直至阮元督粵,開學海堂,以經術課士,考據、訓詁之學大興。

其實在阮元督粵之前,還有另一位對廣東學術產生重要影響的江浙學者。他與阮元的相似之處在於,同樣以官方身份來到廣東,不過阮元來粵任總督,而他來粵任學政,督學廣東。此人即東吳四世傳經之惠氏三代傳人——惠士奇。從時間而言,惠士奇於乾隆五十九年(1720)充湖廣鄉試後旋任廣東學政,督學六年;阮元於嘉慶二十二年(1816)從湖廣總督調任兩廣總督,嘉慶二十五年(1820),仿杭州詁經精舍開學海堂課士。在阮元開學海堂以經術課士的一百年前,已有東吳漢學家惠士奇對廣東學術由崇尚理學趨於乾嘉漢學起到過啟蒙作用。惠士奇督學期間,摒棄宋儒經說,化導士習,倡言漢代經學;扶植人才,獎掖後進,粵地賢士俊秀,齊聚門下,最卓者有南海何夢瑤、勞孝輿、順德羅天尺等〔註19〕。

據李緒柏《清代廣東樸學研究》「康雍乾間著名遊粵學者對經學的提倡」一節,除惠士奇督學廣東,清初最早來粵著名學者是浙江秀水朱彝尊,與廣

〔註17〕范曄撰,李賢等注:《後漢書》(五),中華書局1965年版,第1233頁,卷三十六《鄭范陳賈張列傳》第二十六。
〔註18〕屈大均撰:《廣東新語》,中華書局1985年版,第316頁。
〔註19〕王應憲:《惠士奇:清代廣東經學的開拓者》,《嶺南文史》2006年第3期。

東名士屈大均、陳恭尹、梁佩蘭等唱酬宴飲；其後惠棟、全祖望、翁方綱、錢大昕、趙翼諸乾嘉漢學、考據學大師皆曾遊粵，著意提倡經學，以實學相號召。諸人訓詁、考據的名山事業，大多在離粵後始有建樹，故遊粵期間對廣東學術文化的影響極為有限。因此，李緒柏認為，廣東樸學的興起，仍在阮元督粵開學海堂課士之後。

　　本文的看法是，惠士奇督學廣東六年，摒棄宋儒理學經說，倡言漢代經學，應當視為阮元督粵之前，清代廣東樸學興起的先聲和萌芽。

第二節　學海堂與晚清廣東樸學的興起

　　從學風而言，當乾嘉漢學在江浙如火如荼、臻於鼎盛時，偏處嶺南一隅的廣東仍處於宋明理學浸潤之中。屈大均《廣東新語》「學語」述白沙之學，開篇論「吾鄉理學」，自唐趙德、宋梁觀國始〔註20〕。韓愈《潮州請置鄉校牒》云：「趙德秀才，沉雅專靜，頗通經，有文章，能知先王之道，論說且排異端而宗孔氏，可以為師矣。請攝海陽縣尉，為衙推官，專勾當州學，以督生徒。」〔註21〕稱許海陽趙德通經能文，知先王之道。屈大均《廣東新語》「文語」「趙進士文」一條，即以韓愈《潮州請置鄉校牒》為本，述趙德督學海陽生徒事，引蘇軾《潮州昌黎伯韓文公廟碑》，稱譽趙德為師，使潮人篤於文行，稱許其《昌黎文錄序》可與昌黎集並傳〔註22〕。《宋元學案》卷四十一「衡麓學案」之「衡麓學侶」錄梁歸正先生觀國，與胡安國次子茅堂先生寧、季子五峰先生宏並列，其文曰：「梁觀國，字賓卿，番禺人。始業儒」，「嘗謂學而畔道，皆由異端惑之，乃力排老、佛二氏」，「致堂稱而揚之。」〔註23〕致堂先生胡寅讚譽番禺梁觀國謹守儒道，力排老、佛。不論唐趙德知先王之道，宋梁觀國學弗畔道，與明陳獻章、湛若水皆可謂廣東理學之儒。屈大均《廣東新語》「學語」可窺，宋明以來至清初屈大均所處之時，廣東學風偏於理學。

　　從文風而言，自唐張九齡始，五嶺之南的粵地始熠熠生輝有光華。屈大均《廣東新語》「詩語」「曲江詩」云：「東粵詩盛於張曲江，公為有唐人物第

〔註20〕屈大均撰：《廣東新語》，中華書局 1985 年版，第 306 頁。
〔註21〕韓愈著：《韓昌黎全集》，中國書店 1991 年版，第 498、499 頁。
〔註22〕屈大均撰：《廣東新語》，中華書局 1985 年版，第 322 頁。
〔註23〕黃宗羲原著，全祖望補修，陳金生、梁運華點校：《宋元學案》，中華書局 1986年版，第 1358 頁。

一,詩亦冠絕一時,玄宗嘗稱為文場元帥。」〔註24〕唐張九齡後,明嶺南詩壇有以孫蕡為首的南園五先生,以歐大任為首的南園後五子;清初屈大均、陳恭尹、梁佩蘭並稱嶺南三大家,盛於一時;乾隆中後期,張錦芳、馮敏昌、胡亦常並稱嶺南三子,張錦芳又與黎簡、黃丹書、呂堅並稱嶺南四家;嘉道年間,張維屏、黃培芳、譚敬昭稱粵東三子,三者還與吳梯、黃玉衡、林聯桂、黃釗並稱粵東七子。自明至清,嶺南詩壇可謂稱極盛焉。

　　浸潤在宋明以來理學風氣之中,乾嘉漢學極盛之時,廣東依然寂寂無聞。浸潤在嶺南詩壇鬱鬱文風之中,陳澧年十五六篤好為詩,立志作詩人〔註25〕,從同鄉長輩、詩壇領袖張維屏學詩。

　　於晚清學界而言,若無儀徵阮元督粵,廣東樸學思潮或無以成風。於陳澧求學歷程而言,若道光十三年(1833)會試南歸之途,無同年好友梁國珍勸勿作詩〔註26〕,被程恩澤稱譽詩能紙上躍起者的他〔註27〕,日後或許成詩人而非學者。

一、阮元的學術觀念——古訓明而義理明

　　錢穆《中國近三百年學術史》有「焦里堂阮雲臺凌次仲」一章。將焦循、阮元同列一章,因二者學風同源於戴震,同主「古訓明而義理明」之說;焦循還是阮元族姊夫,又有親緣關係。錢穆對阮元學術的看法,主要有以下四點:第一,若以古人例之,阮元近朱子,焦循近象山,故阮元極斥陸、王,焦循頗喜陽明;第二,阮元主求義理,漸成漢宋兼採之風;第三,在粵推譽陳建《學蔀通辨》,引導粵學子治朱子之學;第四,陳澧之學,聞學海堂阮元之遺教而起〔註28〕。

　　錢穆一方面對阮元、焦循學術觀念的異同別而析之,另一方面,追尋阮元與戴震學術觀念的異同。錢穆指出,阮元強調「古今義理之學,必自訓詁始」,又申明「但求名物、不論聖道,又若終年寢饋於門廡之間,無復知有堂

〔註24〕屈大均撰:《廣東新語》,中華書局 1985 年版,第 345 頁。
〔註25〕陳澧著:《與陳懿叔書》,黃國聲主編:《陳澧集》(一),上海古籍出版社 2008 年版,第 168 頁。
〔註26〕汪宗衍:《陳東塾先生年譜》,《嶺南學報》1935 年第 4 卷第 1 期。
〔註27〕陳澧著:《與陳懿叔書》,黃國聲主編:《陳澧集》(一),上海古籍出版社 2008 年版,第 168 頁。
〔註28〕錢穆著:《中國近三百年學術史》,商務印書館 1997 年版,第 540、541 頁。

室矣」，此等議論完全戴學面目。概言之，阮元對漢儒訓詁的強調、對聖道義理的講求，實出自戴震之學影響。

阮元本此「古訓明而義理明」的學術觀念，何以對其學術活動產生影響？阮元的學術活動，主要體現在三個方面：經學文獻整理，經學考證與義理探求，詁經精舍、學海堂的創建。於經學文獻整理而言，編纂《皇清經解》、《十三經注疏校勘記》和《經籍籑詁》；於經學考證與義理探求而言，著《考工記車製圖解》、《明堂論》、《明堂圖說》、《孝經郊祀宗祀說》、《封泰山論》等經學考證文章，著《論語論仁論》、《孟子論仁論》、《性命古訓》、《論語一貫說》、《大學格物說》，對先聖儒家經典義理進行探求〔註29〕。本文著重從詁經精舍、學海堂的創建論之。

二、從詁經精舍到學海堂

阮元《揅經室集》《西湖詁經精舍記》曰：「督學浙江時，聚諸生於西湖孤山之麓，成《經籍籑詁》百有八卷。及撫浙，遂以昔日修書之屋五十間，選兩浙諸生學古者讀書其中，題曰『詁經精舍』。『精舍』者，漢學生徒所居之名。『詁經』者，不忘舊業且勖新知也。」〔註30〕可知詁經精舍房舍是昔日《經籍籑詁》修書之屋，書院命名的意旨在不忘漢儒訓詁儒經舊業。據容肇祖《學海堂考》「學海堂創建人考」，乾隆五十九年（1794），阮元調浙江學政，嘉慶五年（1800），奉調撫浙，嘉慶六年（1801），立詁經精舍，祀許慎、鄭玄，延王昶、孫星衍主講席，課以經史疑義、小學、天文、算法，刻其文尤雅者曰《詁經精舍集》〔註31〕。

容肇祖《學海堂考》又云，嘉慶二十二年（1817），阮元督粵，三年後，始倡學海堂課，於經義子史、前賢諸集、選賦、詩歌、古文詞，示諸生以取捨之途，如詁經精舍例；嘉慶四年（1824），復建學海堂於粵秀山麓，選刻《學海堂初集》；嘉慶六年（1826），頒定《學海堂章程》；是年夏，調雲貴總督。阮元督粵九年，督學海堂事六年，仿詁經精舍之例，專課經史、詩文，選刻《學海堂集》，頒定《學海堂章程》，撥海心沙田畝以供租賃，為學海堂的長期、穩定運行確定了制度和經費保障。

〔註29〕林久貴：《阮元經學述論》，周國林教授指導，華中師範大學歷史文獻學專業博士學位論文，2012 年。

〔註30〕阮元撰，鄧經元點校：《揅經室集》，中華書局 1993 年版，第 547 頁。

〔註31〕容肇祖：《學海堂考》，《嶺南學報》1934 年第 3 卷第 4 期。

　　於規制而言，廣州粵秀山麓的學海堂較之杭州孤山之麓的詁經精舍，既有相似，亦有改進。容肇祖《學海堂考》「學海堂規制考」可見，嘉慶六年（1826）阮元劄發《學海堂章程》，酌派吳蘭修、林伯桐、曾釗等八人為學長，同司課事，永不設立山長；不設山長原因在於，山長不能多設，此堂專勉實學，必須八學長各用所長，協力啟導，庶望人才日起。於師資建設而言，與詁經精舍延王昶、孫星衍二人主講席相較，學海堂學長八人制顯然更完備，更有利於儒師各盡其長。道光四年（1834），總督盧坤增設專課肄業生，於學長八人中擇師而從，謁見請業。可見專課肄業生制度與後來大學高等教育研究生培養制度相類，給予了學海堂優秀生徒繼續深造的機會，有利於專業培養和學術傳承。

　　總體來說，不論詁經精舍、學海堂規制或教學宗旨，皆體現了創建者阮元的學術和教育理念。專課經史、詩文，不授八股，可見他意在提升經解、史策的地位，引導士子從事科舉以外的實學；重經史的同時，並不廢詩文，可見他重學術之餘，並不輕視文筆。從詁經精舍到學海堂，二者創建時間恰相差二十年。從學海堂設置八人學長制等方面來看，二十年之後，阮元書院教育觀念和運思愈顯成熟，從最初詁經精舍設二位主講席，發展至學海堂八位學長各盡所長，教學內容得以豐富，教學課程更為完整和系統。再至總督盧坤增設專課肄業生制度，在普及教育的基礎上，又提供了專業深造的機會。當然，此已是阮元離粵八年後的事了，在此暫不具論。

三、陳澧與學海堂的因緣

　　阮元於道光元年（1821）始倡學海堂課。其時陳澧年十二，以王和鈞、鄭光宗為師，於塾中授讀《禮記》，是年作時文成篇〔註32〕。道光四年（1824）九月，阮元復建學海堂於粵秀山麓，十一月堂成，復選刻《學海堂初集》十六卷。是年，陳澧年十五，參加府試第八名，學院試，墨污不取。自是胡徵麟師命陳澧專讀時文，不授經書〔註33〕。此時的陳澧，仍究心於科舉備考，學海堂的建成和《學海堂初集》的選刻，似乎還未立刻對他產生影響。若稍遠瞻，可知粵秀山麓學海堂建成一事，對當時廣東年輕士子而言，不得不說值得期許。粵秀山麓的巍巍學海堂，昭示著士子們於科考之外、人生前途另一種命

〔註32〕黃國聲、李福標著：《陳澧先生年譜》，廣東人民出版社 2014 年版，第 12 頁。
〔註33〕黃國聲、李福標著：《陳澧先生年譜》，廣東人民出版社 2014 年版，第 14 頁。

運的可能。

　　道光六年（1826），阮元頒發《學海堂章程》，始設學長制，吳蘭修、趙均、林伯桐、曾釗、徐榮、熊景星、馬福安、吳應逵八人任學長。是年陳澧年十七，仍從胡黴麟學，又為督學翁心存賞識，考取番禺縣附學生員。其時陳澧仍未與學海堂發生直接聯繫，仍處在專心備科考階段。第二年陳澧科試考取第一名，可謂名耀其時。是年陳澧初見張維屏，張維屏教以詩法、讀書法。考容肇祖《學海堂考》「學海堂學長考」，可見張維屏列學長名第十。即道光六年始設八名學長之後不久，張維屏作為第二名補選者，旋即成為學海堂學長。其時道光九年（1829）七月，陳澧二十歲。

　　可以說，陳澧與張維屏的忘年交，是他與學海堂間接發生關係的開始。張維屏任學海堂學長第三年，即道光十一年（1831），陳澧作《臘月朔日厚甫師招同吳石華何惕庵兩學博楊繡香張玉堂學海堂探梅因與玉堂登鎮海樓》〔註34〕詩，「藏書地覺梅花古」一句，繪出學海堂古雅書香與自然景物相應成趣之美，蘊含著陳澧對學海堂的嚮往之情。此詩還可見，陳澧與學海堂的淵源，除忘年交張維屏師，還與粵秀書院院長陳鍾麟師有關。道光七年陳澧取科試第一，名耀鄉里，受督學翁心存提攜，命入粵秀書院肄業，院長陳鍾麟極賞譽之。道光十一年，陳澧仍肄業於粵秀書院，學海堂探梅詩寫作緣起，即院長陳鍾麟招邀學海堂首任學長吳蘭修等人同遊粵秀山麓學海堂。

　　由此可知，年十八陳澧科試第一成績的取得，對他後來與學海堂密切關係的逐漸建立來說，是極其重要的關鍵所在。因科試第一，名耀鄉里，陳澧才得以有機會初見張維屏，教以詩法和讀書法，與之成為忘年深交，才得以受督學翁心存提攜，入粵秀書院肄業，又受院長陳鍾麟賞譽。張維屏與吳蘭修等七位學海堂首任學長，同為希古堂學者群，後又補任學海堂學長；陳鍾麟身為粵秀書院院長，因地位和名望，與學海堂吳蘭修等人相識、相交。陳澧因受張維屏、陳鍾麟賞譽，由此具備了接近和進入學海堂學術圈的契機。與其說，是命運賦予了陳澧與學海堂、與樸學治學生涯之間的緣分，不如說是他一如既往備考科舉、從事樸學研究的勤勉努力成就了他自己與學海堂、與治學之路之間的深緣。

　　直至道光十四年（1834），陳澧入學海堂肄業。同年總督盧坤剡諭學海堂，

〔註34〕陳澧著：《陳東塾先生遺詩》，黃國聲主編：《陳澧集》（一），上海古籍出版社2008年版，第545頁。

令學長舉諸生優異者，選為專課肄業生，教以專門，於《十三經注疏》、《史記》、《漢書》、《後漢書》、《三國志》、《文選》、杜詩、《昌黎先生集》、《朱子大全集》，各因資性所宜，擇以專習。陳澧憑藉向來出眾的學業表現，被學長公舉推為十人舉首，餘者為朱次琦、李能定、侯度、金錫齡、許玉彬等，皆一時之彥。自此，可謂陳澧業已進入學海堂專課肄業生深造時光，在學長專門引領下、開啟正式的樸學研究之路。兩年後，吳蘭修編《學海堂二集》，陳澧季課文《騋牝三千解》、《春秋劉光伯規杜辨》，《書江民庭徵君六書說後》〔註35〕皆入選。《騋牝三千解》引《五經正義》、《爾雅》、《周禮》等漢唐古注，以證清儒臧琳、段玉裁解《詩經·鄘風》「騋牝三千」誤。《書江民庭徵君六書說後》述江民庭六書說意旨，表明自己對六書說形聲、轉注問題的精闢獨見。此二文皆屬陳澧文字學方面的文章。《春秋劉光伯規杜辨》則為偏於義理的經解文，在杜預《春秋左氏經傳集解》和劉炫的見解之間，公允評析和取捨，基於翔實訓詁、考據基礎，進行義理解析。諸篇季課文，已初可窺陳澧對阮元注入學海堂之漢宋兼採學風的濡染和吸納。當然，從時間而言，陳澧得以入學海堂肄業，阮元已離粵八年，未及受阮元親自教誨。但阮元以經史課士，敦促實學，選粵地古學之士任學海堂首任學長的系列舉措，無疑已基本促成學海堂樸學學風的形成和相續傳承。至道光二十年（1839）十月，陳澧被舉補成為學海堂學長，自是遂為學長數十年。學海堂樸學學風因此傳襲不絕。

道光七年（1827），因科試第一，陳澧得以結緣張維屏。張維屏教陳澧讀《四庫全書總目提要》，又教以從句讀始讀注疏，可謂陳澧初受樸學教誨的開始。道光十四年（1834），陳澧年二十五，成為學海堂專課肄業生舉首，同年始著《漢書地理志水道圖說》，可謂正式從事漢學考據著述的開始。年二十六撰《三統術詳說》，年二十八始著《切韻考》，年二十九始著《說文聲統》。年三十一《說文聲統》十七卷成，改名《說文聲表》，同年十月補任學海堂學長。直至道光二十四年（1844），年三十五的陳澧初讀《朱子文集》。

總體而言，陳澧三十五歲之前，受學海堂樸學學風濡染，先後著《漢書地理志水道圖說》、《三統術詳說》、《切韻考》、《說文聲表》等輿地、天文、音韻、小學考據著作。期間還作季課文《騋牝三千解》、《春秋劉光伯規杜辨》，《書江民庭徵君六書說後》。《漢書地理志水道圖說》一書的著述，可視作陳

〔註35〕陳澧著：《東塾集外文》，黃國聲主編：《陳澧集》（一），上海古籍出版社2008年版，第275、276、280、308頁。

澧正式從事漢學考據著述的開始。《春秋劉光伯規杜辨》等經解文，又同時可窺他對阮元漢宋兼採治學宗旨的濡染和汲取。

第三節　清代漢宋兼採學術觀念與陳澧《東塾讀書記》

漢宋兼採學術觀念的出現，當然並不自陳澧始。對阮元《揅經室集》稍加考察，多處可見漢宋兼採學術意圖的清晰流露。如錢穆《中國近三百年學術史》所云，阮元主「古訓明而義理明」之說，漸成漢宋兼採之風；陳澧之學，聞學海堂阮元之遺教而起〔註36〕。錢穆此語，殆可揣阮元似為漢宋兼採之風的源頭。但錢穆又云，焦循、阮元學風同源於戴震〔註37〕。由此，不得不追溯而上，對戴震的學術觀念稍加考察。

一、從戴震、阮元到陳澧——漢宋兼採學術觀念的淵源

錢穆《中國近三百年學術史》認為，戴震之學來自江永，戴震是休寧人，江永是婺源人，皆屬徽地；徽、歙是朱子故里，流風未歇，故徽地學者多守朱子圭臬。戴震早年《與是仲明論學書》曰：「經之至者道也，所以明道者其詞也，所以成詞者字也。由字以通其詞，由詞以通其道，必有漸。」〔註38〕錢穆指出，此即戴震所主「從字義明經義」的理論〔註39〕。從表面觀之，此與後來揚州學派阮元「古訓明而義理明」之說同。故錢穆述阮元之學，謂阮元此等議論完全戴學面目。

若深究之，可知早年戴震雖主張從字義明經義，實際落腳處仍在明經義，或者說至少持考據、義理平等觀。故錢穆將此時期看作戴震論學的第一期。乾隆十九年（1754）戴震入都，訪錢大昕，交秦蕙田、紀昀、王鳴盛、王昶、朱筠和盧文弨等考據學大家，處此漢學氛圍，深受影響。乾隆二十二年（1757），戴震南遊揚州，識漢學巨擘惠棟。乾隆三十年（1765），戴震撰《題惠定宇先生授經圖》曰：「言者輒曰：『有漢儒經學，有宋儒經學，一主於故訓，一主於理義。』此誠震之大不解也者。夫所謂理義，苟可以捨經而空憑胸

〔註36〕錢穆著：《中國近三百年學術史》，商務印書館1997年版，第540、541頁。
〔註37〕錢穆著：《中國近三百年學術史》，商務印書館1997年版，第540頁。
〔註38〕戴震撰，趙玉新點校：《戴震文集》，中華書局1980年版，第140頁。
〔註39〕錢穆著：《中國近三百年學術史》，商務印書館1997年版，第339、340、345頁。

臆，將人人鑿空得之，奚有於經學之云乎哉？惟空憑胸臆之卒無當於賢人聖人之理義，然後求之古經；求之古經而遺文垂絕、今古懸隔也，然後求之故訓。故訓明則古經明，古經明則賢人聖人之理義明，而我心之所同然者，乃因之而明。」〔註40〕《題惠定宇先生授經圖》諸語，一方面仍強調「故訓明則古經明，古經明則賢人聖人之理義明」；另一方面，不再將故訓、義理平等觀之，認為空憑胸臆所得之義理，卒無當於聖賢之理義，不過鑿空之見，必經由故訓，求之古經，乃可得之。由此可窺，戴震的學術觀念發生了轉變，由考據、義理平等觀之，轉而變為乾嘉考據學的漢學立場〔註41〕。嚴格地來說，轉變為乾嘉漢學立場的戴震之學，才是後來阮元「古訓明而義理明」之說的確切淵源。

至此可知，漢宋兼採學術觀念，由阮元可追溯至戴震。這意味著，有清一代漢宋兼採學風的源頭，至少可明確追溯至戴震之學。戴震早年主朱子宋學立場，因受乾嘉漢學大儒、特別是惠棟的影響，轉而反思宋學鑿空求義理之弊，最終折衷取徑，取漢宋兼採的治學路徑，以訓詁、考據求義理。

本文認為，從某種程度而言，戴震之學可視為清學的轉向。清初大儒由宋明理學返至篤實經學，乾嘉漢學與宋學立異，摒棄宋學；戴震因朱子故里的獨特地緣，多守朱子圭臬，後又受乾嘉漢學影響，視宋學為鑿空求義理，返歸漢學路徑，以訓詁明義理。承續戴震之學，阮元主「古訓明而義理明」之說，明確漢宋兼採的治學觀念。陳澧聞學海堂阮元之遺教，成為晚清漢宋兼採集大成者。

二、學海堂漢宋兼採學風與陳澧《東塾讀書記》的運思

有關學海堂學風，倡經史實學被人們較多談及。本文認為，倡經史實學是學海堂學風的明線，漢宋兼採則是學海堂學風的暗線。阮元《學海堂集序》述學海堂命名意旨，從生徒角度述學海堂教學宗旨云：「多士或習經傳，尋疏義於宋齊，或解文字，考故訓於倉雅，或析道理，守晦庵之正傳，或討史志，求深寧之家法，或且規矩漢晉，熟精蕭選，師法唐、宋，各得詩筆。」〔註42〕

〔註40〕 戴震撰，趙玉新點校：《戴震文集》，中華書局 1980 年版，第 168 頁。

〔註41〕 參考孔定芳《論戴震學術思想之三期變化》一文的相關觀點和論述，《哲學研究》2014 年第 1 期。

〔註42〕 阮元撰，鄧經元點校：《揅經室集》，中華書局 1993 年版，第 1077 頁。

阮元所云「析道理，守晦庵之正傳」，意即對朱子之學的尊奉。前人在認識學海堂學風時，注意力集中在倡經史實學方面，未充分注意到阮元對朱子之學的強調。《學海堂集序》中，阮元對朱子之學尊奉，實可看作倡經史實學之餘，對學海堂漢宋兼採學風的暗示。

容肇祖《學海堂考》指出，阮元在廣東學術界的提倡有二方面：一是打破專作帖括學者的迷夢，引導使之入於經史理文的範圍；二是提出陳建《學蔀通辨》一書，使一部分人放棄支離的理學，而為切實的學問研究。阮元《揅經室集》有《書東莞陳氏學蔀通辨後》、《學蔀通辨序》〔註43〕二文。《小暑前坐宗舫船遊北湖南萬柳堂宿別業詩》自注也論及《學蔀通辨》，詩自注云：「嶺南學人惟知尊奉白沙、甘泉，余於學海堂初集大推東莞陳氏《學蔀》之說，粵人乃知儒道。」《學蔀通辨序》云：「粵中學人固當知此鄉先生學博識高，為三百年來之崇議也。」可見阮元推重明陳建《學蔀通辨》一書，原因有二：一是此書作者東莞陳建是粵人前代鄉賢，二是此書可使嶺南學人於白沙、甘泉之學外知儒道。

陳建《學蔀通辨·總序》云：「天下莫大於學術，學術之患莫大於蔀障。近世學者所以儒、佛混淆，而朱、陸莫辨者，以異說重為之蔀障」，「由佛學至今，三重蔀障，無惑乎朱、陸、儒、佛混淆而莫辨也。建為此懼，乃竊不自揆，慨然以憤，究心通辨，專明一實，以決三蔀。前編明朱、陸早同晚異之實，後編明象山陽儒陰釋之實，續編明佛學近似惑人之實，而以聖賢正學不可妄議之實終焉。」〔註44〕可知陳建《學蔀通辨》意在駁王陽明《朱子晚年定論》所謂朱、陸早異晚同，斥陸、王陽儒陰釋之實，明佛學乃惑人之學。陳建《學蔀通辨》其實並非全無陋處。阮元《學蔀通辨序》引《四庫書提要》云：「建此書痛詆陸氏，至以病狂失心目之，亦未能平允。」又云：「元於東園清暇，重加批閱，遵提要之言，手將病狂失心等語加以刪削」，「蓋除此所刪，則皆表章正學之要言。即有過激之論，無非欲辨朱子之誣。」《四庫提要》認為陳建《學蔀通辨》詆陸氏之言並非平允，殆失之陋，然阮元仍特欲推尊此書於學海堂，認為此書除過激之言，皆表彰朱子之學和儒道要言。基於嶺南學風久陷白沙、甘泉之學，阮元特別推重《學蔀通辨》，以使粵地學子明辨朱、

〔註43〕阮元撰，鄧經元點校：《揅經室集》，中華書局1993年版，第1062、1063頁。
〔註44〕陳建著，劉佩芝、馮會明點校：《學蔀通辨》，吳長庚主編：《朱陸學術考辨五種》，江西高校出版社2000年版，第110頁。

陸之學，儒、佛之學，以歸正宗儒道。

　　表面來看，阮元推重的是陳建《學蔀通辨》一書。若究阮元推重《學蔀通辨》的深層用意，即在尊朱子之學。深而析之，又可知阮元推尊朱子之學，即對宋學之推重和提倡，意即倡經史之學同時，倡漢宋兼採之學。頗有意味的是，阮元論及學海堂學風，卻從未直接明言對漢宋兼採之學的提倡，僅於《學蔀通辨序》對學子提出希望，願粵地學人知此鄉賢前輩學博識高之書，以辨明朱、陸，返歸儒道。

　　阮元離粵八年後，總督盧坤設學海堂專課肄業生制度，於經設《十三經注疏》，於史設前三史、《三國志》，於詩文設《文選》、杜詩、《昌黎先生集》，除此之外，特設《朱子大全集》。可見學海堂專課肄業生的培養，依然延續阮元督粵期間所倡導學海堂經史實學之風和漢宋兼採學風。此種學風，對二十五歲即為學海堂專課肄業生舉首、三十一歲至後來數十年又為學海堂學長的陳澧而言，自然產生了深刻、久遠的影響。據汪宗衍《陳東塾先生年譜》載，道光二十四年（1844），陳澧年三十五，是年初讀《朱子文集》。《東塾讀書記》卷首《自述》又云：「中年讀朱子書。」〔註45〕陳澧從早年訓詁、考據、小學、輿地等學問，轉向對朱子之學的專門講求，可窺學海堂推重朱子之學、漢宋兼採學風的深遠影響。後來《東塾讀書記》的運思，同樣可視為學海堂尊奉朱子之學、漢宋兼採學風濡染下的產物。

〔註45〕陳澧著：《東塾讀書記》，黃國聲主編：《陳澧集》（二），上海古籍出版社2008年版，第10頁。

第三章　挽世風、救時弊——陳澧 《東塾讀書記》的寫作

　　受學海堂樸學學風的濡染和影響，陳澧早年勤於訓詁、考據之學。應學海堂季課所作經解文《駮牝三千解》、《春秋劉光伯規杜辨》等，在堅實訓詁、考據基礎上，對經文義理進行闡釋，可窺他對阮元漢宋兼採治學宗旨的吸收。實際上，陳澧早年勤力於訓詁、考據方面的工夫，應看作其晚年學術集大成之積累階段。錢穆《中國近三百年學術史》云，陳澧「精心結撰，為畢生精力所寄，可以代表東塾論學之全部意旨者，當推其晚年所為之《讀書記》」〔註1〕。錢穆認為，《東塾讀書記》一書，可代表陳澧論學全部意旨，這意味著，此書當視為表現陳澧論學意旨、學術思想最充分、最重要的一種著述；「精心結撰，為畢生精力所寄」，又可見此書實為陳澧注入畢生精力的心血之作。

　　陳澧與友朋、弟子信札中，屢次論及《東塾讀書記》。如《復劉叔俛書》、《與胡伯薊書》、《與黎震伯書》、《與徐子遠書》、《與廖澤群書》、《與鄭小谷書》、《與友人書》〔註2〕，或述《東塾讀書記》寫作緣起、主旨，或述體例、內容，或述改名緣由，或述寫作進程、付梓之事。

　　陳澧為《東塾讀書記》撰述所作的資料性筆記中，還有相當多處述《東

〔註 1〕錢穆著：《中國近三百年學術史》，商務印書館 1997 年版，第 663 頁。
〔註 2〕陳澧著：《東塾集》卷四、《東塾集外文》卷五，黃國聲主編：《陳澧集》（一），上海古籍出版社 2008 年版，第 167、175、178、463、479、483、473 頁。

塾讀書記》內容和主旨。最要者如下：

　　《學思錄》排名法而尊孟子者，欲去今世之弊而以儒術治天下也。排王肅而尊鄭君者，欲救近時新說之弊也。排陸王而尊朱子者，恐陸王之學將復作也。著此書非儒生之業也，懲今之弊，且防後人之弊也。

　　《學思錄》大指：勸經生讀一部注疏；救惠氏之學之弊；救高郵王氏之學之弊；辟王陽明之譎；辨語錄不由佛氏；明朱子之為漢學；於晉人尊陶公，明其非詩人，非隱逸；明法家之弊；發明狂狷之說；發明性善；發明《論語·學而》章；發明《學記》；發明四科之說；拈出以淺持博；尊胡安定；尊江慎修；指出歐陽公之病；發明昌黎之學；昌言科舉八股之害；明訓詁之功；分別內傳傳外之不同；指漢《易》之病，拈出費氏家法；標出《禮》意之說；辨《周禮》之謗；標舉《孝經》為總會根源；感時事；明鄭學維持魏晉南北朝世道；辨戴東原《孟子字義疏證》；明輯古書之功與其誤處；明讀書提要鈎玄之法；明王肅為司馬氏之黨。

　　讀書三十年乃知讀書之法。漢學、宋學，門戶之見，消融淨盡，惟尋求其切要以窺見古賢之學。〔註3〕

　　《讀書記》：維持古學，推闡隱奧，辨正偏謬，引導初學，妨用邪詖。〔註4〕

　　余作《學思錄》，求微言大義於漢儒、宋儒，必有考據，庶幾可示後世耳。必讀經乃謂之經學。以疏解注，以注解經，既解之而讀之、思之，此經學也。此亦《學思錄》大指。

　　專習一經以治身心，吾之學如此而已。《學思錄》宗旨歸宿處。

　　人能通一經而詳味之，此真漢學也。《學思錄》當大提倡此學。

　　天下亂由於學術衰，學術衰由於懶讀書，懶讀書，亂天下矣。《學思錄》切要語。

　　吾著《學思錄》之宗旨，惟在分四科，每科又分之，不使為專

〔註3〕陳澧著：《學思自記》，黃國聲主編：《陳澧集》（二），上海古籍出版社 2008 年版，第 758、760、764 頁。

〔註4〕陳澧著：《學思錄序目》，黃國聲主編：《陳澧集》（二），上海古籍出版社 2008 年版，第 771 頁。

門之學者謂人人皆當如我。

　　漢、唐、宋學，自來無兼之者，余之《學思錄》自成一家，不可不勉成之也。謝朝華於已披，啟夕秀於未振，其可傳者在此。

　　《學思錄》由漢唐注疏以明義理而有益有用，由宋儒義理歸於讀書而有本有原，此《學思錄》大指也。

　　余為《學思錄》，凡無當大義者皆刪。〔註5〕

　　以上皆為陳澧為撰寫《東塾讀書記》所作資料性筆記述《東塾讀書記》內容、主旨之關鍵處。此部分資料性筆記，現皆屬《東塾遺稿》。在黃國聲主編《陳澧集》中，有的被編入《學思自記》、《學思錄序目》，有的被編入《東塾讀書論學劄記》。其分別在於，被編入《學思自記》、《學思錄序目》者，是依上世紀三十年代《嶺南學報》第 2 卷第 2 期所刊《陳蘭甫先生澧遺稿》標目。此篇《陳蘭甫先生澧遺稿》，是嶺南大學陳受頤博士、楊壽昌教授從《東塾遺稿》輯錄而出。

　　據《東塾讀書論學劄記》點校說明，《東塾遺稿》的流傳、輾轉和存世過程可謂甚為曲折。《東塾遺稿》原無書名，題名由收藏者嶺南大學圖書館代擬。1940 年廣東文物展覽會編《廣東文物》載陳德雲《廣東未刻之書籍》一文，其文云，十年前，廣州舊書畫販曾於多寶齋發見陳澧筆記小冊子凡七八百冊，似為《學思錄》之稿，後被分散割售。滇軍將領廖品卓購去抄寫最完整之四分之一。餘者四分之三由羅原覺介紹，售於香港高隱岑。時南海崔百越主高家，代為保存。後由中山莫鶴鳴提議，延請專家，分任校訂，以為刊印之預備。請何藻翔校經部、鄧爾雅校史部、崔百越校子部、某君校集部。校完之稿雇員抄寫。後因高隱岑作古等原因，遂爾中輟。原稿全分讓渡於古公愚，後由古氏經手讓渡於北平圖書館。其已抄之副本，由莫氏贈於鄧爾雅，鄧氏交其甥容肇祖，讓渡於嶺南大學圖書館。又據何多源編《嶺南大學圖書館館藏善本圖書題識》，遺稿一部計六百餘小冊，由陳受頤博士與楊壽昌教授整理，故存於中文系辦公室，後由中文系搬回圖書館，點收時僅得四百八十六冊，散失一百餘冊。今查《全國古籍善本書目》，北平圖書館並未存古公愚讓渡之原稿，私人藏家目錄，也未見蹤跡。如是，今轉歸中山大學圖書館藏之《東塾

〔註 5〕陳澧著：《東塾讀書論學劄記》，黃國聲主編：《陳澧集》（二），上海古籍出版社 2008 年版，第 361、374、375、376、377、379、381、394 頁。

遺稿》抄本四百八十六冊，為僅存之本。〔註6〕由此可知：第一，多寶齋發見的《東塾遺稿》原稿之四分之一由滇軍將領廖品卓購得；第二，原稿所餘之四分之三現已杳無蹤跡；第三，原稿之抄本於嶺南大學中文系由陳受頤博士和楊壽昌教授整理，搬回圖書館點收時，一百餘冊遺失。陳受頤博士是陳澧曾孫，殆因特殊親緣關係，陳受頤博士必懷特別情感和心境從事其曾祖遺稿的整理工作；第四，剩餘四百八十六冊《東塾遺稿》抄本現存中山大學圖書館古籍部。

陳澧《東塾讀書記》此部分資料性筆記的抄本，迄今得以留存四百八十六冊，可謂不幸中之大幸。又因《清代稿鈔本》和《廣州大典》對之進行影印出版，得以流傳和為世人所見，更可謂幸甚。於不暸解者而言，陳澧此部分資料性筆記的抄本，不過是一堆年代久遠的泛黃舊紙。於晚清、近代嶺南文化稍有暸解者而言，這堆泛黃舊紙是一位嶺南大儒獨立於晚清、近代風雨飄搖之中、毅然堅守於書齋、回望幾千年燦爛文明、展望傳統文化未來時，留下的珍貴思想之光。

接下來，本文將以上述陳澧信札、《東塾讀書記》資料性筆記《東塾遺稿》和《東塾讀書記》為考察對象，從寫作時間、緣起、寫作主旨、主要內容、卷次編排諸方面，對《東塾讀書記》進行相關論述。

第一節 《東塾讀書記》的寫作時間、命名曲折和寫作緣起

一、《東塾讀書記》的寫作時間

關於《東塾讀書記》的寫作時間，錢穆《中國近三百年學術史》的論述與汪宗衍《陳東塾先生年譜》，黃國聲、李福標《陳澧先生年譜》稍有別。汪宗衍《陳東塾先生年譜》載，咸豐八年（1858），陳澧年四十九，是年《漢儒通義》刻成，始著《學思錄》〔註7〕。黃國聲、李福標《陳澧先生年譜》延汪宗衍《陳東塾先生年譜》之說，進一步考訂，確定《漢儒通義》於是年七月刻

〔註6〕陳澧著，黃國聲主編：《陳澧集》（二），上海古籍出版社2008年版，《東塾讀書論學箚記》點校說明，第355、356頁。
〔註7〕汪宗衍：《陳東塾先生年譜》，《嶺南學報》1935年第4卷第1期。

成，「嗣將撰《學思錄》」〔註8〕。與汪宗衍之說相較，《陳澧先生年譜》說法更為謹慎，認為《漢儒通義》刻成後，陳澧將撰《學思錄》，並未斷定此書始撰於是年。先後二年譜主要依據當為《與黎震伯書》：「既成此書（《漢儒通義》），乃著《學思錄》。」〔註9〕與黎永椿此封信中，陳澧云，《漢儒通義》既已成書，乃著《學思錄》。《陳澧先生年譜》「嗣將撰《學思錄》」一說較汪氏「是年始著《學思錄》」一說確更為謹嚴。錢穆《中國近三百年學術史》云：「其書遠始咸豐六年，東塾年四十七。」〔註10〕未言此說依據。

《東塾遺稿》有如下一則：「《學思自記》，再讀三年乃著書，期以五年而成，凡八年。吾年六十，可以死矣。」若從此則敘述來看，可推測記載時間為陳澧年五十二時。綜合上述材料而言，《陳澧先生年譜》判斷和措辭最妥，即此書始撰於咸豐八年《漢儒通義》刻成後，時間範圍大約是年四十九至五十二之間。

陳澧究竟何年何月始著《東塾讀書記》，從現存文獻考之，僅能知其大概，未可知具體時日。惟可確定的是，陳澧年約五十上下，開始《東塾讀書記》著述的準備工作，原本自期五年可成；而實際情況是，直至同治十年（1871）正月，陳澧年六十二，大病幾殆，《東塾讀書記》尚未完成，幸賴醫師麥務耘治之而瘳〔註11〕。自念死後書墓石者虛譽失其真，二月病癒，寫下《自述》一篇〔註12〕。汪宗衍《陳東塾先生年譜》附《陳東塾先生著述考略》錄《東塾讀書記》自刻本，可知陳澧親見《東塾讀書記》自刻成書，稍可慰。然此自刻本除《三國》一卷，其餘大多為諸經論，《與黎震伯書》所云最有價值的「通論古今學術」部分，絕大多數皆未及定稿、付梓，只得遺命曰《東塾雜俎》，令門人及其子編錄成書。直至日寇侵華期間，方由長孫陳慶龢編錄完畢，於1943年春由北京古學院刊刻成書。至此陳澧已作古六十餘年。若從陳澧始著《東塾讀書記》算起，至《東塾讀書記》目錄所列所有卷次刊刻成書，歷時九十餘年，期間歷經社會風雲詭譎，又歷日寇鐵蹄肆意踐踏國土。由此思之，

〔註8〕黃國聲、李福標著：《陳澧先生年譜》，廣東人民出版社2014年版，第135頁。
〔註9〕陳澧著：《東塾集》卷四，黃國聲主編：《陳澧集》（一），上海古籍出版社2008年版，第178頁。
〔註10〕錢穆著：《中國近三百年學術史》，商務印書館1997年版，第663頁。
〔註11〕汪宗衍：《陳東塾先生年譜》，《嶺南學報》1935年第4卷第1期。
〔註12〕陳澧著：《自述》，黃國聲主編：《陳澧集》（一），上海古籍出版社2008年版，第10頁。

《東塾讀書記》一書的刊刻經歷，可謂曲折甚矣，令人感慨。

二、《東塾讀書記》的命名曲折

考陳澧與人信札和《東塾讀書記》資料性筆記《東塾遺稿》，可知《東塾讀書記》書名有過幾番更改。本文欲稍作梳理。

《東塾遺稿》有《學思錄序》云：「余少時志為文章之士，稍長，為近儒訓詁、考據之學，三十以後，讀宋儒書，因進而求之《論語》、《孟子》及漢儒之書。近年五十，乃肆力於群經子史文章，稍有所得，著為一書。《論語》曰：『學而不思則罔，思而不學則殆。』乃題其書，曰《學思錄》云。」〔註13〕可見《東塾讀書記》初名《學思錄》，書名自《論語·為政》篇「學而不思則罔，思而不學則殆」出。

《東塾遺稿》某條又云：「《學思錄》或改名《論學》，程易田有《論學小記》，今不宜同之耳。」〔註14〕可知從《學思錄》到《東塾讀書記》之間，陳澧還曾打算以《論學》名之，但因考慮不宜與程瑤田《論學小記》同名，故棄之。此條筆記還可見，陳澧自謂治學似程瑤田，而程瑤田《論學小記》實論心、性、氣、理之書，偏向義理一路，頗可留意。亦可知陳澧還曾考慮，改《學思錄》之名為《論學》，因不欲與程瑤田《論學小記》雷同，終未改之。

《東塾遺稿》另有《讀書記序》、《東塾讀書記序》二條，內容基本相似，措辭略異。《東塾讀書記序》云：「澧性好讀書，於天下事惟知此而已。讀書有所得則記之，有所論則記之，積久成編，其有益於天下之讀書乎？不得而知也。敬慕亭林先生《日知錄》，然此所記惟讀書一事，不敢竊比也。有及於讀書之外，謂之餘記。東塾者，余家東偏有一書塾，澧數十年讀書處也。」〔註15〕可知陳澧《東塾讀書記》書名「東塾」二字，指家東偏書塾，為數十年讀書之所。

那麼，將書名由《學思錄》改為《東塾讀書記》，是否還有其他考慮呢？考《東塾遺稿》，發現如下一條：「《宋元學案》葉適水心《習學記言》：『由後

〔註13〕陳澧著：《學思錄序目》，黃國聲主編：《陳澧集》（二），上海古籍出版社2008年版，第767頁。

〔註14〕陳澧著：《學思自記》，黃國聲主編：《陳澧集》（二），上海古籍出版社2008年版，第756頁。

〔註15〕陳澧著：《學思錄序目》，黃國聲主編：《陳澧集》（二），上海古籍出版社2008年版，第767、768頁。

世言之，祖習訓故，淺陋相承者，學而不思之類也。穿穴性命，空虛自喜者，思而不學之類也。士不越此二途。」〔註16〕因讀《宋元學案》，見南宋葉適《習學記言》論「學而不思」、「思而不學」為治學藩籬二途，因此不願再以「學思」二字名其書。

　　概言之，陳澧對《東塾讀書記》書名可謂幾番細緻思量，歷經《學思錄》、《論學》、《東塾讀書記》三種考慮。因《論語·為政》「學而不思則罔，思而不學則殆」，將書命名《學思錄》；因不欲與程瑤田《論學小記》同，故仍名以《學思錄》，棄《論學》之名；又不欲拾葉適《習學記言》論「學而不思」、「思而不學」的牙慧，故棄《學思錄》之名；終以數十年讀書之東偏書塾名以《東塾讀書記》。書名三番考量與更改，可見陳澧一向治學、著書之縝密、謹嚴，更可見他對此部著作寄予的深情、厚望。從命名本身而言，書名《東塾讀書記》確優於《學思錄》、《論學》二名，東塾是陳澧數十年讀書之所，「東塾」之名蘊含著更多深情，體現了陳澧晚年數十年傾心於此書的一往情深。

三、《東塾讀書記》的寫作緣起和主旨

　　錢穆《中國近二百年學術史》指出，東塾論學之意，「欲挽漢學末流弊病，勿使放濫益遠，成所謂零碎纖屑、無關要緊之經學」〔註17〕。錢穆對陳澧《東塾讀書記》寫作緣起的分析可謂精闢、中肯。吳琦幸著《王元化晚年談話論》，回憶老師王元化論陳澧，謂陳澧之學重在箴砭世風、學風，至今尤值得充分注意〔註18〕。王元化的看法與錢穆《中國近三百年學術史》的看法一脈相承。李緒柏《陳澧和漢宋調和》一文從調和漢宋角度論析《東塾讀書記》的寫作緣起〔註19〕。本文認為，李緒柏調和漢宋說與錢穆挽漢學末流弊病說是有聯繫的。調和漢宋之學是挽漢學末流弊病的手段，歸根結底來說，錢穆挽漢學末流弊病之說是《東塾讀書記》寫作緣起更為確切的表達。

　　那麼，在陳澧所處時代，世風、學風之弊有何種具體表現？本文欲從《東塾遺稿》相關論說一探究竟。《東塾遺稿》有如下諸語：

〔註16〕陳澧著：《東塾讀書論學劄記》，黃國聲主編：《陳澧集》（二），上海古籍出版社 2008 年版，第 394 頁。

〔註17〕錢穆著：《中國近三百年學術史》，商務印書館 1997 年版，第 681 頁。

〔註18〕吳琦幸著：《王元化晚年談話錄》，上海人民出版社 2013 年版，第 103～114 頁。

〔註19〕李緒柏：《陳澧與漢宋調和》，《南開學報》2005 年第 6 期。

漢學、宋學迭相攻擊。

今時學術之弊：說經不求義理；好求新義；好詆宋儒，不讀宋儒書；說文字太繁碎；不讀史。〔註20〕

今人只講訓詁考據而不求義理，遂至於終年讀許多書而做人辦事全無長進，此真與不讀書等耳。此風氣急宜挽回。

今人多零碎經學而未嘗看注疏一部者。

近人經學無關緊要，零碎纖屑。

天下之亂由於做官者不知讀書，讀書者不知做官。讀書做官本非兩途，無如做官者專為苟且之政，而與事理相背；讀書者專為無用之學，而與官事不相通，此天下所以亂也。

近人有詆漢學而以程、朱為言者，試問程、朱之學，能不讀程、朱之書而考證之乎？務科舉而荒陋，因懶惰而空疏，而以程、朱藉口，程、朱豈荒陋空疏者，試問其曾讀程、朱之書否？則無可置喙矣。然人多懶惰而安於空疏，將來此等議論盛行，讀書種子絕矣。大可憂也。

今人詆考據之學。

士子懶讀書，足以亂天下。懶讀書而求科第，遂競為清代錄舊。自嘉慶己卯科至今五十年，清代錄舊而中者不可勝數，其人遂為達官，安得天下不亂乎？

今之人只是一懶字。一懶字足以禍天下，壞聖學。懶而求榮，此今之大病。必使懶者辱，勤者榮，則可以醫之矣。頑不知道，窳不供事，皆懶也。〔註21〕

由此可知，陳澧認為，近時學風之弊主要表現在以下方面：第一，漢學、宋學迭相攻擊。具體表現是，治漢學者好詆宋儒，只講訓詁、考據而不求義理，治宋學者以程、朱為言詆考據之漢學；第二，治漢學者說文字太繁碎，無關緊要，零碎纖屑；第三，不讀史。若以世風而言，有如下之弊：第一，做官者不知讀書，專為苟且之政，讀書者不知做官，專為不用之學，做人辦事全

〔註20〕陳澧著：《學思錄序目》，黃國聲主編：《陳澧集》（二），上海古籍出版社 2008 年版，第 768、770 頁。

〔註21〕陳澧著：《東塾讀書論學箚記》，黃國聲主編：《陳澧集》（二），上海古籍出版社 2008 年版，第 358、363、378、374、383、384 頁。

無長進；第二，士人懶讀書，不願自首至尾看一部注疏；第三，因懶讀書而求科第，競為錄舊，錄舊而中者不可勝數，遂為達官，以致天下亂；第四，今人只是一懶字，頑不知道，竟不供事，皆懶也。懶而求榮，今之大病。

　　概而論之，陳澧其時，學風之弊在於漢學、宋學相爭。陳澧一方面肯定乾嘉漢學實出於唐人之上，本朝諸儒後於唐儒千餘年，說經解字時時勝於唐儒，且有勝於漢儒者，真經學之極盛；另一方面，箴砭近時漢學末流多為零碎纖屑之經學，予詆漢學者以口實。歸根結底而言，學術紛爭局面，實由士人不讀書而起，治漢學者不曾通讀一部注疏，詆漢學者又不曾讀程、朱之書，僅以程、朱之學為藉口，以攻詆漢學。若再深究之，學風之弊則在世風之大病──懶而求榮。治漢學者非為真治漢學，乃借漢學之名以自飾，號為假漢學；詆漢學者非真治程、朱理學，亦借宋學之名以詆漢學，以入學者之林；欲入仕途者求科第，又懶讀書，競為錄舊；做官者又不知讀書，禍亂天下。由此可見，漢宋紛爭，其背後深層之弊，正在陳澧「懶而求榮」一語。治漢學者懶讀一部注疏，治宋學者懶讀程、朱之書，求科舉、為官者懶讀書。歸根結底，即在世風之不讀書。

　　基於以上分析，本文認為，陳澧的基本看法是，漢宋之爭起於不讀書，治漢學者零碎纖屑起於不肯通讀一部注疏，治宋學者空疏無學起於不讀程、朱之書，天下大亂起於為官者不讀書。一言以概之，陳澧《東塾讀書記》的寫作緣起歸根結底在於，痛心疾首於世風之不讀書。正因對不讀書世風的痛心疾首，陳澧才能懷著極大毅力，在生命最後二十餘年，面對戰火流離、風雲詭譎之世局，面對身體之衰老、病痛，面對愛子早夭、友朋離世之悲，造次必於是，顛沛必於是，風雨如晦，雞鳴不已，堅守書齋，讀書著述，以《東塾讀書記》通論諸經歷史，縱論古今學術。陳澧用《東塾讀書記》的著述，以學術的方式，對世界作出冷靜、客觀亦不失溫度的深刻思想回應。

　　《東塾讀書記》的主旨，自然與其寫作緣起緊密相關。若以《東塾遺稿》所述概而論之，《東塾讀書記》主旨最要者如下：第一，引導初學者讀書，勸經生讀一部注疏，專習一經以治身心；第二，消融漢學、宋學門戶之見，以考據求微言大義於漢儒、宋儒；第三，治學分德行、言語、文學、政事四科，不必使人人兼有，然其餘三科必兼德行。於梅舫《學海堂與漢宋學之浙粵遞嬗》一書論「四科說」與陳澧構築新經學之抱負，對陳澧四科論與兼存漢宋學術意圖之間的關係進行了精闢透析，認為兼合義理、考據、辭章之經學乃四科

之總會和根源〔註22〕。概言之，言語一科即辭章，文學一科即考據，義理皆不出德行、政事二科。於梅舫的看法是，陳澧將經學看作孔門四科總會和根源，亦即兼採漢宋之學以治經，以使人有所成。

若從具體層面而言，據《東塾遺稿》相關論述，可知《東塾讀書記》具體而微之主旨還有：尊孟子、鄭君、朱子之學，排名法，排陸、王之學；尊陶公、胡瑗、江永，發明昌黎之學；發明狂狷之說、性善論、《論語·學而》、《禮記·學記》；拈出費氏《易》；拈出以淺持博；明王肅為司馬氏之黨，辨戴震《孟子字義疏證》等。《東塾讀書記》細微之旨此處不能盡述，有待下文按《東塾讀書記》卷次具體論而析之。

第二節　《東塾讀書記》的卷次排列

按陳澧原本的學術構思，如目錄所列，《東塾讀書記》設二十五卷，前十二卷主要是諸經論凡十一卷，餘一卷論諸子書。後十三卷通論古今學術，從西漢、東漢、三國、晉、南北朝隋、唐五代、宋、遼金元、直至明和國朝，外加通論一卷，並特論鄭學、朱子書各一卷。直至陳澧逝世，《東塾讀書記》僅完成前十二卷和鄭學、三國、朱子書三卷，凡十五卷。與弟子廖廷相的一封信中，陳澧云：「拙著《讀書記》無暇細改，急急付刻大半，欲明年即刻成耳。」〔註23〕《東塾讀書記》廖廷相跋云：「所著《東塾讀書記》得十二卷又三卷，已刻成。」〔註24〕陳澧信中所言《東塾讀書記》付刻部分，當指此十二卷又三卷。汪宗衍《陳東塾先生著述考略》錄《東塾讀書記》自刻本，即指此本。現所見《東塾讀書記》多為十六卷本，於十五卷本基礎上，多《西漢》一卷。黃國聲主編《陳澧集》《東塾讀書記》鍾旭元、魏達純點校說明認為，《西漢》卷「立意行文均似劄記草稿，不若其他卷之考訂精詳、論斷駢出」〔註25〕，因作附錄處理。

〔註22〕於梅舫著：《學海堂與漢宋學之淅粵遞嬗》，社會科學文獻出版社 2016 年版，第 175 頁。

〔註23〕陳澧著：《與廖澤群書》，黃國聲主編：《陳澧集》（一），上海古籍出版社 2008 年版，第 479 頁。

〔註24〕陳澧著：《東塾讀書記》，黃國聲主編：《陳澧集》（二），上海古籍出版社 2008 年版，第 11 頁。

〔註25〕陳澧著，黃國聲主編：《陳澧集》（二），上海古籍出版社 2008 年版，《東塾讀書記》點校說明，第 4 頁。

王惠榮《陳澧思想研究》「《東塾讀書記》的著述緣由與論學宗旨」部分論及此書卷次安排和體現的主要經學思想〔註26〕。關於此書卷次安排，王惠榮主要觀點如下：第一，《東塾讀書記》將《孝經》置於諸經論之首，首先因為其文雖不多，立身治國之道，盡在其中。其次，與陳澧崇尚後漢有關，漢制使天下誦《孝經》，選吏舉孝廉；第二，《論語》卷次僅次於《孝經》，《孟子》緊隨其後，表明陳澧尊崇孔、孟，在思想深處，以孔、孟地位高於周公等其他先聖之上，故列《論語》、《孟子》於《禮》、《易》、《樂》之前。關於《東塾讀書記》體現的主要經學思想，王惠榮從以下諸方面論之：一、通經致用；二、并崇鄭、朱；三、注重注疏，治經不墨守師說，擇善而從；四、偏向古文經學；五、批惠贊王。

本文將先對歷代經書排列次序和變化稍作回顧、梳理，在此基礎上，再論陳澧《東塾讀書記》諸經卷次的排列順序。

一、歷代經書的排列順序

《史記·儒林列傳》云：「今上（漢武帝）即位，趙綰、王臧之屬明儒學，而上亦鄉之，於是招方正賢良文學之士。自是之後，言《詩》於魯則申培公，於齊則轅固生，於燕則韓太傅。言《尚書》自濟南伏生。言《禮》自魯高堂生。言《易》自菑川田生。言《春秋》於齊魯自胡毋生，於趙自董仲舒。」〔註27〕《史記·儒林列傳》述漢武帝立五經博士一事，按《詩》、《書》、《禮》、《易》、《春秋》五經博士所立時間先後，依次述之。《漢書·儒林傳》云：「漢興，言《易》自淄川田生；言《書》自濟南伏生；言《詩》，於魯則申培公，於齊則轅固生，燕則韓太傅；言《禮》，則魯高堂生；言《春秋》，於齊則胡毋生，於趙則董仲舒。」〔註28〕《漢書·儒林傳》按《易》、《書》、《詩》、《禮》、《春秋》的順序排列五經，與《史記·儒林傳》排列順序不同。據《漢書·藝文志》所云「今刪其要，以備篇籍」，《藝文志》所述乃刪劉歆《七略》而成。故《漢書·儒林傳》五經順序與劉歆《七略》所列五經順序同。不過，後來唐孔穎達《五經正義》仍依劉歆《七略》所列五經順序和《漢書·藝文

〔註26〕王惠榮著：《陳澧思想研究》，中國社會科學出版社 2008 年版，第 70～98 頁。

〔註27〕司馬遷撰，裴駰集解，司馬貞索引，張守節正義：《史記》，中華書局 1982 年版，第 3118 頁，卷一百二十一《儒林列傳》第六十一。

〔註28〕班固撰，顏師古注：《漢書》，中華書局 1962 年版，第 3593 頁，卷八十八《儒林傳》第五十八。

志》五經順序，次第為《周易正義》、《尚書正義》、《毛詩正義》、《禮記正義》、《春秋左傳正義》。

　　許道勳、徐洪興《中國經學史》論七經有以下看法：第一，漢代以孝治天下，《論語》、《孝經》升格為經，與五經並稱為七經；第二，兩漢史料屢見皇室、貴族、士大夫少習《論語》、《孝經》，及長再受五經〔註29〕。由此可知，七經之稱，習見以五經前加《論語》、《孝經》。許道勳、徐洪興《中國經學史》又論九經取士，值得注意的是，唐科舉明經科取士，《易》、《書》、《詩》之外，《周禮》、《儀禮》、《禮記》三《禮》，《左傳》、《公羊》、《穀梁》三《傳》，合稱九經；漢代尊為經的《論語》、《孝經》，雖不在九經之列，仍屬明經科須兼通者〔註30〕。

　　十三經之名，南宋周密《癸辛雜識》「賈廖刊書」已見〔註31〕。《癸辛雜識》「賈廖刊書」述賈師憲、廖群玉刊書事，云：「又有《三禮節》、《左傳節》、《諸史要略》及建寧所開《文選》諸書，其後又欲開手節《十三經注疏》、姚氏注《戰國策》、《注坡詩》，皆未及入梓，而國事異矣。」〔註32〕可知南宋末已有十三經之名。不過《癸辛雜識》載「賈廖刊書」條僅有十三經總名，未見十三經具體名稱，且所記手節《十三經注疏》因南宋末國事異，未及刊刻。清嘉慶二十年（1815），南昌府學重刻宋板《十三經注疏》，阮元作《重刻宋板十三經注疏·題記》。阮刻《十三經注疏》以《易》、《書》、《詩》、《周禮》、《儀禮》、《禮記》、《左傳》、《公羊》、《穀梁》、《孝經》、《論語》、《孟子》、《爾雅》為序。阮刻《十三經注疏》依宋版而刻，可知宋時十三經順序即如是排列，前九經依唐明經科取士之九經順序，後依次列《孝經》、《論語》、《孟子》、《爾雅》四經。

　　概言之，以上所述可見如下三點：第一，《史記·儒林列傳》五經順序確定了至今民間習見《詩》、《書》、《禮》、《易》、《春秋》的五經排列順序；第二，劉歆《七略》所列五經順序《易》、《書》、《詩》、《禮》、《春秋》的順序影響了後來官方七經、九經、十三經排列順序。不過，七經在五經前加《論語》、

〔註29〕許道勳、徐洪興著：《中國經學史》，上海人民出版社2006年版，第65、66頁。
〔註30〕許道勳、徐洪興著：《中國經學史》，上海人民出版社2006年版，第67、68頁。
〔註31〕李致忠：《十三經注疏版刻略考》，《文獻》2008年第4期。
〔註32〕周密撰，吳啟明點校：《癸辛雜識》，中華書局1988年版，第85頁。

《孝經》，九經將《禮》擴為《周禮》、《儀禮》、《禮記》三《禮》，將《春秋》擴為《左傳》、《公羊》、《穀梁》三《傳》；第三，十三經前九經依唐明經科九經順序，於九經後加《孝經》、《論語》、《孟子》、《爾雅》四經。

二、《東塾讀書記》諸經卷次的排列

陳澧《東塾讀書記》撰著時間歷經咸豐、同治、光緒三朝，其時《十三經注疏》阮刻本已刊。陳澧未依《十三經注疏》順序。如王惠榮所言，陳澧將列於《十三經注疏》最末《孝經》、《論語》、《孟子》三卷提至最前，其餘九經順延其後。本文基本同意王惠榮對陳澧《東塾讀書記》首論《孝經》、《論語》、《孟子》三經的原因。

除此之外，還有以下兩點值得留意。第一，《東塾讀書記》合論《春秋三傳》。本文認為，在論析過程中，陳澧常將《左傳》、《公羊》、《穀梁》三傳或其中二傳比而較之，故從內容來看，實際上已形成三傳合論的面貌。陳澧順應此部分內容對形式的要求，作三傳合論的卷次安排。第二，《東塾讀書記》將《爾雅》入《小學》一卷，與《說文解字》、《急就篇》、《音學五書》等古音古韻書合而論之。《小學》一卷的命名，體現了陳澧特重小學的經學觀。《東塾遺稿》多處可見他以淺持博、引導初學的經學教育觀。如《東塾遺稿》某條述著書宗旨云，「余之著書」，「維正學，救流弊，曉初學，有益有用」〔註33〕。曉初學正是陳澧特重小學之意，故《東塾讀書記》特論小學，將《爾雅》入《小學》一卷論之。

關於《東塾讀書記》的具體內容，本文稍後將特列一章，按《東塾讀書記》卷次順序，依次細緻、詳實析而論之。

〔註33〕陳澧著：《學思錄序目》，黃國聲主編：《陳澧集》（二），上海古籍出版社 2008 年版，第 768 頁。

第四章 《東塾讀書記》諸經論

　　綜而觀之，《東塾讀書記》十六卷刻本以《孝經》、《論語》、《孟子》、《易》、《書》、《詩》等十三經為主要內容，分別論析十三經的重要內容、解經方法、歷代注疏和經學歷史上有關諸經的重要問題，另列《諸子書》卷論先秦諸子，《鄭學》卷論東漢鄭玄之學，《朱子書》卷論南宋朱子之學，《三國》卷、附錄《西漢》卷分別論析三國、西漢學術。

　　《東塾讀書記》原計劃寫二十五卷，陳澧生前刻成十五卷。在世最後一年，陳澧病益劇，將未成稿命名《東塾雜俎》，囑後人及門人編錄。《東塾雜俎》實為《東塾讀書記》重要組成部分，論西漢、東漢直至清朝歷代學術，是《東塾讀書記》刻本諸經論之外，通論古今學術的關鍵部分。日寇侵華期間，《東塾雜俎》由陳澧長孫陳慶穌編錄完成，作為《敬躋堂叢書》之一，於 1943 年由北京古學院刊刻成書。

　　由此可見，《東塾讀書記》原書完整內容實由《東塾讀書記》和《東塾雜俎》共同組成。《東塾讀書記》十六卷刻本，以諸經論為主，兼及《諸子書》、《三國》、《鄭學》、《朱子書》、《西漢》卷。《東塾雜俎》歷述西漢、東漢、晉、南北朝隋、唐、北宋、南宋、遼金元、明、清各朝學術，為《東塾讀書記》原書通論古今學術的重要部分。綜觀《東塾讀書記》，可見獨特價值在於，不論諸經論或通論古今歷代學術部分，皆為晚清、近代對幾千年經學歷史及諸經問題第一次系統性回顧和總結。陳澧是同時代或稍後人中，第一位以如此明確的經學史觀念，從事經學史總結性著述的晚清學者。陳澧《東塾讀書記》在中國經學歷史框架的構思、描述方式的選擇、重要文獻的發掘、重要觀點的表述諸多方面，深刻影響了後來以及今人諸部重要經學史著述的寫作。

　　後世學者一般以皮錫瑞《經學歷史》為中國第一部經學史著作。皮錫瑞生於道光三十年（1850），光緒三十四年（1908）離世，比陳澧小四十歲，晚陳澧二十六年離世。據皮錫瑞孫皮名舉《皮鹿門先生傳略》，皮錫瑞光緒五年（1880）始治經，晚年復撰《經學歷史》、《經學通論》二書〔註1〕。可知陳澧離世前二年，皮錫瑞經學研究方始。《經學歷史》是皮錫瑞晚年著述，從寫作時間而言，陳澧《東塾讀書記》寫成時間顯早於皮錫瑞《經學歷史》。李緒柏《〈東塾雜俎〉敘錄》一文認為，《東塾雜俎》成書比皮錫瑞經學歷史早二十餘年，《東塾雜俎》應為中國經學通史開創之作，陳澧實為中國經學史的先驅〔註2〕。李緒柏以《東塾讀書記》未刻稿本《東塾雜俎》為第一部經學史，是從通論歷代學術的狹義角度而言。若將通論諸經部分看作經學史重要組成部分之一，從廣義角度而言，《東塾讀書記》諸經論和《東塾雜俎》歷代學術通論，實應作為一個整體，看作中國經學史的開創之作。陳澧《東塾讀書記》原書寫作意圖亦即如此，先論諸經，再通論歷代學術。今人的經學史著作，受陳澧《東塾讀書記》影響，一般包括諸經論、歷代學術通論二部分內容。如許道勳、徐洪興《中國經學史》即如此，不過先論歷代經學，再述諸經。

　　本文認為，李緒柏《〈東塾雜俎〉敘錄》提出的觀點相當中肯，也十分重要。因未及對《東塾讀書記》、《東塾雜俎》展開細緻入微的審視和研究工作，未及從細節層面對觀點進行支撐，十餘年前李緒柏《〈東塾雜俎〉敘錄》所提出《東塾雜俎》是中國經學史第一部著作的觀點，至今鮮有人知；僅以《東塾讀書記》通論古今學術所列卷次目錄為依據，亦實難使人信服。

　　基於對《東塾讀書記》和《東塾雜俎》依卷次細緻研讀、整理和思考，本文認為，李緒柏的看法實不誣。從陳澧《東塾讀書記》、《東塾雜俎》，即原計劃完成的《東塾讀書記》全部內容來看，《東塾讀書記》十五卷或十六卷刻本，實為諸經通論，未成稿《東塾雜俎》，實為歷代學術通論。合而觀之，《東塾讀書記》全書即最早一部完整的中國經學史。從文獻的挖掘和使用來看，皮錫瑞《經學歷史》頗多關鍵引證文獻、史料，皆先見於陳澧《東塾雜俎》。不論從寫作時間，或著述價值而言，合《東塾讀書記》、《東塾雜俎》二部分而成的陳澧《東塾讀書記》全書，理當視為中國經學史的開創之作，洵無愧色。

〔註1〕皮錫瑞著，周予同注釋：《經學歷史》，中華書局 2012 年版，附錄一《皮鹿門先生傳略》，第 257、258 頁。
〔註2〕李緒柏：《〈東塾雜俎〉敘錄》，《學術研究》2006 年第 2 期。

接下來，本文將依《東塾讀書記》卷次順序，對每卷內容條分縷析，詳而述之，以彰此書作為中國經學史開創之作的獨特價值。

第一節 道之根源，六藝之總會——《孝經》卷

《史記·儒林列傳》、《漢書·儒林傳》皆記西漢武帝立《易》、《書》、《詩》、《禮》、《春秋》五經博士事。《孝經》其時還不屬儒家五經。《漢書·藝文志》著錄今文本《孝經》一篇十八章、古文本《孝經古孔氏》一篇二十二章。兩漢史料屢見皇室、貴族、士大夫少習《孝經》、《論語》，後《孝經》與《論語》一起升格，成為包含五經在內的七經之一。

陳澧《東塾讀書記》諸經論部分，按卷分論十三經。但《東塾讀書記》諸經卷次排列，與一般十三經排列順序有異。顯著特點之一，即以《孝經》居十三經之首。接下來本文對《東塾讀書記》《孝經》卷析而論之，以窺陳澧對《孝經》的看法，對《孝經》在經學史上價值和意義的認識。

一、何以《孝經》為首

關於《東塾讀書記》諸經的排列順序，王惠榮《陳澧思想研究》有所論述，從歷史淵源、現實二方面析論陳澧《東塾讀書記》拔置《孝經》於十三經之首的原因，具體來看，有以下三點：第一，鄭玄《六藝論》云：「孔子以六藝題目不同，指意殊別，恐道離散，後世莫知根源，故作《孝經》以總會之。」陳澧引鄭玄此語，以明《孝經》是道之根源，六藝之總會，如《隋書·經籍志》云「明其枝流雖分，本萌於孝者也」；第二，《後漢書》荀爽本傳云：「漢制使天下誦《孝經》。」陳澧崇尚後漢，故將《孝經》拔置十三經首；第三，陳澧推重《孝經》，根本原因在於，立身治國之道盡在《孝經》、《論語》中〔註3〕。

據陳澧考索，《續漢書·百官志》對東漢以《孝經》考士有如下記載：「司隸校尉假佐二十五人，《孝經》師主監試經。諸州與司隸同。」咸豐年間，有旨令歲科試增《孝經論》。陳澧對之表示贊同，認為正合東漢之旨，希冀當時督學及府廳州縣官試士，皆以歲科增試《孝經論》為重，使天下皆誦《孝經》。《文學遺產》《讀〈經典釋文序錄〉》一文，談及南朝齊王儉《七志》曰，《七志》以《孝經》居六經之首，反映南朝政治風尚之一斑：其時

〔註3〕王惠榮著：《陳澧思想研究》，中國社會科學出版社 2008 年版，第 76～78 頁。

統治階級內部廝殺劇烈，無孝道可言；著力標榜《孝經》，正說明當時社會缺乏孝道觀念〔註4〕。以此觀點關照《東塾讀書記》以《孝經》為首，可見除王惠榮析論三點原因之外，陳澧所處時代孝道之淪喪，應當也是他特重《孝經》的重要現實原因之一。概言之，《東塾讀書記》特重《孝經》的根本原因，除《孝道》是道之根源、六藝之總會，立身治國之道盡在其中，還在於晚清道咸現實世風孝道之衰微。基於此，咸豐年間有旨令歲科試增《孝經論》，以朝廷力量加強《孝經》對民眾的教化作用。

除此之外，陳澧還注意到司馬光《再乞資蔭人試經義劄子》重《孝經》之語。司馬光認為，若從習業難易程度和人之材力高下慮之，中材以下，使之盡通《詩》、《書》、禮、樂，或有所不及；但使之習《孝經》、《論語》，盡期年之功，則無不精熟。

陳澧又云，《孝經》之大義，在天子、諸侯、卿大夫、士皆保其天下國家，祖考基緒不絕，子孫爵祿不替，庶人謹身節用，為下不亂，惟一「孝」字可以臻此天下世世太平安樂之境；《孝經》《開宗明義》章「至德要道，以順天下」正與《論語》「孝悌則不犯上作亂」之意同。陳澧對《孝經》大義的理解，用今天的眼光來看，或許不免令人產生階級固化論的嫌疑。但本文認為，今人不宜用超越時代的標準苛論古人。陳澧所處晚清時代，自上而下，依然等級森嚴。從個人角度視之，為下不亂，固然難免對個人有所侷限；但若從全局眼光視之，人人孝悌，不犯上作亂，實有助於社會的整體安定。若拋開社會階級論，僅從道德倫理角度視之，人人孝悌守禮，不以言行無理衝犯長者、尊者，就理應具有超越時代的永恆意義。雖然孝的具體內涵會隨著時代不斷變化，但孝這一觀念於人類社會而言，卻有持續存在的價值和意義。晚清至「五四」西風東漸，直至今天，仍有不少人忽視中西方社會差異，過度嚮往西方平等、自由，置中國傳統文化孝悌之道於不顧，輕者以至個人行止無方，重者以至社會亂象頻生。因此，陳澧對《孝經》的推尊，於今人而言，不無警醒和啟迪。

二、《孝經》作者

《孝經》作者為何人，眾說紛紜，迄今無定論。歷史上曾出現過近十種說法，如《漢書·藝文志》首見孔子說，《史記·仲尼弟子列傳》首見曾子說，

〔註4〕樂聞：《讀〈經典釋文序錄〉》，《文學遺產》2007 年第 2 期。

北宋司馬光《古文孝經指解序》提出七十子之徒說，《四庫全書總目》亦主此說，南宋王應麟《困學紀聞》主子思說，清姚際恒《古今偽書考》主漢儒說〔註5〕。

朱子《孝經刊誤》主曾子門人說，認為《孝經》記孔子、曾子問答之言，是曾子門人所記。因以曾子門人為《孝經》作者，故疑《庶人章》以下是雜引傳記，非經文。陳澧的看法與司馬光和《四庫全書總目》一致，以《孝經》與《禮記》為近，且戰國魏國開國君魏文侯有《孝經傳》，從時間上推測，可證《孝經》為七十子之遺書。陳澧認為此種見解考據最確，故無疑義。陳澧從文義和文法方面將《孝經》「仲尼居，曾子侍」諸語與《禮記》「仲尼燕居，子張、子夏、言遊侍」比而較之，以證《孝經》為七十子所作。鄭玄以《孝經》為孔子作，陳澧認為，原因在於七十子述孔子之言、筆之於書，只可謂述，不可謂作，故鄭玄云《孝經》為孔子作。

關於《孝經》作者，後有學者綜述前人觀點以成文，特引《東塾讀書記》《孝經》卷，據陳澧詳考《孟子》七篇多處與《孝經》相發明者，謂陳澧以孟子為《孝經》作者〔註6〕。蓋未及詳究《東塾讀書記》《孝經》卷末數條，猝下斷語以致誤。

三、《孝經》鄭注考

《孝經》鄭注作者問題是經學史聚訟紛紜的公案。唐玄宗注、北宋邢昺疏《孝經正義》引鄭玄《六藝論》自言注《孝經》。南朝宋陸澄首發難端，疑《孝經》非鄭玄所注。陸德明《經典釋文‧敘錄》繼疑之，孔穎達疏解《禮記‧王制》案語疑《孝經》注多與鄭義乖違。劉知幾奏「十二驗」稱《孝經》非玄所注，議行孔廢鄭。南宋王應麟《困學紀聞》並疑鄭、孔，稱鄭小同注《孝經》新說。直至清代乾嘉漢學復興，陳鱣、袁鈞、嚴可均、錢侗、侯康、鄭珍等皆以詳實考據內證鄭玄注《孝經》〔註7〕。

晚清樸儒陳澧亦用心搜集《孝經》鄭注屬鄭玄所注的確鑿證據。他平允議曰，諸書所引《孝經》鄭注雖多，大多無法確鑿肯定為鄭玄所注，惟《禮記‧郊特牲》正義引王肅難鄭，可確定為鄭玄注。鄭注謂社乃后土，又謂句龍

〔註5〕肖永明、羅山：《近年來〈孝經〉研究綜述》，《雲夢學刊》2009年第3期。
〔註6〕肖永明、羅山：《近年來〈孝經〉研究綜述》，《雲夢學刊》2009年第3期。
〔註7〕吳仰湘：《清儒對鄭玄注〈孝經〉的辯護》，《中國哲學史》2017年第3期。

為后土。王肅駁之，謂鄭注既云社為后土，又云句龍為后土，則社乃句龍；鄭注又以社為五土之神，句龍配之，則社非句龍；可見鄭注自相違反。陳澧所議焦點並不在斷鄭注、王肅之是非，而在強調王肅所難可證確為鄭注，極為留意鄭注的考據和輯佚。

《禮記‧郊特牲》正義此條王肅難鄭的材料，阮元《孝經注疏校勘記》引之。但阮元的看法是，鄭氏曾注此經，或成於後人之手未可知，並不確定王肅所難鄭注是鄭玄所注。阮元子福承家學，作《孝經義疏補》，謂鄭注是鄭玄孫小同所作〔註8〕。陳澧從阮元《孝經注疏校勘記》發現王肅難鄭的材料，並作出了與阮氏不同的結論。

四、《孝經刊誤》與朱子《孝經》觀

成書於淳熙十三年的朱子《孝經刊誤》，是隋唐至南宋以來醞釀漸濃疑經風氣的典型著作。朱子《孝經刊誤》的出現，打破了自唐玄宗《孝經注》行世以來《孝經》研究的沈寂，且對元至清末疑經勢力的持續發展產生重要影響〔註9〕。

處在晚清世道衰微時局，站在傳統立場，陳澧如何看待朱子《孝經刊誤》及其《孝經》觀呢？

第一，強調朱子重讀《孝經》。朱子《甲寅上封事》云：「臣所讀者，不過《孝經》、《語》、《孟》之書。」《示俗文》又云：「奉勸民間逐日持誦，依此經解說，早晚思維，常切遵守，不須更念佛號、佛經，無益於身，枉費力也。」陳澧認為，前一則材料是朱子上告君之語，後一則材料是朱子下教民之語，二則材料皆重《孝經》立身治國之效，可見朱子對《孝經》特為重視；故學者切不可以朱子有《孝經刊誤》之作，輕率以朱子不尊信《孝經》。

第二，駁朱子《孝經刊誤》。朱子將《孝經》分作經、傳二部，以今通行本《孝經》「開宗明義」、「天子」、「諸侯」、「卿大夫」、「士」、「庶人」六章「仲尼居」至「未之有也」為經文，其下則雜引傳記以釋經文，即前為經，後為傳。陳澧指出，朱子所疑主要有四，一疑章首「子曰」二字；二疑章末引《詩》、《書》；三疑《三才章》「天之經也，地之義也」云云是子大叔述子產之言。

〔註8〕張付東：《陳澧〈孝經〉學初探》，《順德職業技術學院學報》2012年第3期。
〔註9〕朱明勳：《論朱熹〈孝經刊誤〉的影響》，《安徽大學學報（哲學社會科學版）》2004年第2期。

《左傳・昭公二十五年》傳曰：子大叔見趙簡子，簡子問揖讓、周旋之禮焉。對曰：「是儀也，非禮也。」簡子曰：「敢問何謂禮？」對曰「吉也聞諸先大夫子產曰：『夫禮，天之經也，地之義也，民之行也』」〔註 10〕云云。可見《孝經》「天之經也，地之義也」諸語本於《左傳》；又疑《聖治章》「嚴父莫大於配天」，是特謂周公，而非天下之通訓。於朱子的第一個疑問，陳澧以《中庸》章首用「子曰」二字者駁之；於第二個疑問，以《孟子》每章末引《詩》、《書》者尤多駁之；於《三才章》子大叔述子產之言，陳澧以《論語》孔子告顏淵、仲弓之言皆見於《左傳》駁之；於《聖治章》「嚴父莫大於配天」，陳澧引《孟子》「孝子之至，莫大於尊親；尊親之至，莫大乎以天下養」證之不必疑。

五、陶淵明《五孝傳》的真偽

北齊陽休之編《陶潛集》十卷本，較梁昭明本增益《五孝傳》、《四八目》二種〔註 11〕。清乾隆時紀昀等作《四庫全書總目》，始黜陽休之陶集十卷本，仍用昭明八卷本。《四庫全書總目》以《五孝傳》、《四八目》決非潛作，故黜偽存真刪除之。其後頗有人信之，如郭紹虞《陶集考辨》認為此二種原非陶氏所選，《四庫全書總目》辨之甚明；逯欽立《陶淵明集校注・例言》證《四八目》是後人妄加的偽作〔註 12〕。

陳澧議曰，陶淵明《五孝傳》雖有人疑後人依託，澧謂不必疑也，十分肯定《五孝傳》非後人偽託。宋刻遞修本《陶淵明集》十卷本卷七載《天子孝傳贊》、《諸侯孝傳贊》、《卿大夫孝傳贊》、《士孝傳贊》、《庶人孝傳贊》凡五首；《天子孝傳贊》述虞舜、夏禹、殷高宗、周文王孝事；《諸侯孝傳贊》述周公旦、魯孝公、河間惠王孝事；《卿大夫孝傳贊》述孔子、孟莊子、潁考叔孝事；《士孝傳贊》述高紫、樂正子春、孔奮、黃香孝事；《庶人孝傳贊》述江革、廉范、汝郁、殷陶孝事；此即《五孝傳》。陳澧認為，《五孝傳》為陶公於家庭鄉里，以《孝經》為教，與司馬光《家範》錄《孝經》《紀孝行章》「居則致其敬，養則致其樂，病則致其憂，喪則致其哀，祭則致其嚴」五句，各引經史以證之相類，皆稱引故實證《孝經》之言，以教於家庭鄉里。

〔註 10〕李夢生撰：《左傳譯注》，上海古籍出版社 2004 年版，第 1147 頁。
〔註 11〕郭紹虞著：《陶集考辨》，《照隅室古典文學論集》，上海古籍出版社 2009 年版，第 266 頁。
〔註 12〕龔斌：《陶集〈五孝傳〉〈四八目〉真偽考辨》，《蘇州教育學院學報》2017 年第 1 期。

　　總體而言，陳澧《東塾讀書記》將《孝經》拔置於諸經之首，特別推重《孝經》，既受鄭玄《六藝論》影響，又與他對東漢的推崇有關，更與晚清世風、孝道衰微時局密不可分。通過詳考《孝經》與《禮記》的關係，陳澧確鑿認定《孝經》作者七十子之徒說；又從《禮記正義》引王肅難鄭處考索《孝經》鄭注。除此之外，駁朱子《孝經刊誤》四疑，強調朱子亦重《孝經》，又肯定陶淵明《五孝傳》非偽託。

第二節　《論語》卷

　　王惠榮《陳澧思想研究》「陳澧的學術思想」章對《東塾讀書記》《論語》卷稍有論析，一是將「不明《論語》無以明五經」看作陳澧經學思想的重要指導思想之一，二是將「學」、「仁」、「孔門四科」諸問題看作陳澧《論語》論焦點。王惠榮認為，此卷重在以「效」訓「學」；拈出德行、言語、政事、文學孔門四科，強調諸賢各為一科，聖人之學方全，四科不可相詆；又以「離經辨志」作為擇科的重要方法〔註 13〕。概觀之，王惠榮側重從宏觀層面對陳澧經學思想進行整體透析。於梅舫《學海堂與漢宋學之浙粵遞嬗》「四科說與陳澧構築新經學之抱負」以《東塾讀書記》《論語》卷為主要文獻來源，挖掘陳澧對四科之說的主張和看法，其觀點如下：第一，揭出孔門四科之說，強調四科之人不可偏廢、交爭，是聖學整體之一脈，不可以一端倡率天下；第二，比較陳澧與曾國藩四科論之異同，指出陳澧不作主次緩急之分，意在求兼存，弭爭端，而曾國藩特重義理；第三，陳澧論學真趣在以「文學」總會四科，與皇侃、韓愈、司馬光、二程、朱熹諸人以「文學」為四科之末顯然有別；第三，釐清假漢學與真漢學，認為惠、戴之學尚不能直探漢人之學，以真漢學歸集於鄭玄之學，此即陳澧構築新經學的深刻旨趣與抱負〔註 14〕。總體而言，於梅舫側重闡發《東塾讀書記》《論語》卷四科之說。

　　細觀之，《東塾讀書記》《論語》卷體現了陳澧對諸多經學史重要問題的觀點和看法，前輩學者仍未及挖掘、整理和論述。因此，本文欲在前人研究成果基礎上，繼續深入、細緻探尋陳澧《東塾讀書記》《論語》卷諸多其他內

〔註13〕王惠榮著：《陳澧思想研究》，中國社會科學出版社 2008 年版，第 79～81 頁。
〔註14〕於梅舫著：《學海堂與漢宋學之浙粵遞嬗》，社會科學文獻出版社 2016 年版，第 175～212 頁。

涵和思想意義。

一、《學而》章

王惠榮所論已明陳澧釋「學」為「效」。細觀陳澧所論，還可見如下曲折。

其一，如何效。陳澧引清儒陸隴其《松陽講義》云，「學而時習之」，注只云「學之為言效」，未言如何效，則可為異學所借；如陸象山、王陽明皆借《大學》八條目作自己宗旨。陸隴其從防陸、王心學角度，為如何學、如何效討個著實。首先主張細緻體認《大學》格物、致知、誠意、正心、修身、齊家、治國、平天下八條目，以明「學」、「效」的方法和根本目的；又以《中庸》所言「博學」、「審問」、「慎思」、「明辨」、「篤行」的態度輔之，以「學」、「效」人倫事物之理、本於天命之性。

陸隴其是清初理學儒臣，崇朱子，闢心學。他所強調的「學」和「效」，側重於從《大學》、《中庸》尋找著實處。陳澧也崇朱子學，闢心學，不過因其樸學立場，看法異於陸隴其。一方面肯定陸隴其求「學」字著實之功，另一方面又主張返本、返約，從《論語》尋「學」之著實。陳澧從《論語》章次安排角度思考，「學而時習之」為首，「弟子入則孝，出則弟」次之，續曰「則以學文」；又次以「賢賢易色」、「事父母」、「事君」、「與朋友交」諸語，曰「雖曰未學，吾必謂之學」；又次以「君子不重」，曰「學則不固」；又次以「君子食無求飽」，曰「可謂好學」。陳澧主張從《論語》二十章逐一究此「學」字，如此求之方可謂著實；且可見《論語》「學」之字義皆與「學而時習之」同，皆為讀書，為效。

陳澧於《論語》關鍵字句，以樸學訓詁、考據方式對之細加闡釋。「時習」二字，普遍解為「時常溫習」。陳澧不滿足於尋常習見的理解，繼續深究，先從《禮記·學記》、《魯語》諸古傳記追溯其原始意義，又求之後世之書，引司馬光《涑水記聞》、王應麟《辭學指南》諸語，綜觀以明「學而時習」之意在於讀書必立定課程，朝讀此書，則朝朝讀之不移於夕，夕習此業，則夕夕習此業不移於朝，有一定之時刻，有一定之功課。陳澧認為，今塾師教童子猶如此，蓋聖人之學千古未變。

經陳澧一番古今窮究，可見今人對「時習」二字理解存在偏差。一般習見只以「時常」釋「時」，不知《禮節·學記》「時教必有正業」、《魯語》「士朝受業，晝而講貫，夕而習復，夜而計過」諸語所明一定時刻習一定課程之

意。陳澧溯古書，求後世書，窮究考索，故使「習」之古義復明。

二、「一以貫之」說

《論語・里仁》載孔子曰「吾道一以貫之」，曾子曰「唯」，門人問孔子言「何謂」，曾子曰：「夫子之道，忠恕而已矣。」〔註15〕《衛靈公》又載孔子語子貢曰：「女以予為多學而識之者與？」又曰：「非也，予一以貫之。」〔註16〕《禮記・中庸》載孔子言曰：「忠恕違道不遠。」〔註17〕據《里仁》，曾子以「忠恕」二字概夫子之道，然夫子未予評析。據《衛靈公》，夫子未具體解釋何謂「一以貫之」。《禮記・中庸》載夫子之言，又與《論語・里仁》並不一致。因文獻記載的分歧，孔子「一以貫之」的含義成為千百年聚訟紛紜的懸案。

首先試圖解決「忠恕」為二、「一以貫之」之道為一矛盾的是王弼，釋《論語・里仁》章，以「統」釋「貫」，「忠」釋為「情之盡」，「恕」釋為「反情以同物者」，最終拋開「忠」、歸於「恕」以詮釋「一以貫之」之道，並未解決「忠恕」二者與「一以貫之」之道的矛盾。韓愈、李翱強調「忠」、「恕」一貫，密不可分。二程吸收韓愈、李翱將「忠」、「恕」「一貫」視之的思路，以「忠」為體，以「恕」為用，用「體用」範疇解決了韓愈、李翱未解決的忠恕如何具體一貫的問題〔註18〕。

對於《論語》「一以貫之」的問題，陳澧稱許朱子之說，惟以朱子之說為平實。《朱子語類》以一條繩索喻「一」，散錢喻「貫」之物事，謂須是積得許多散錢，將那一條索來一串穿，便是「一貫」；陸氏之學，只是尋這一條索，卻不知道都無散錢可穿。

於曾子所言「忠恕」即「一以貫之」之道與「忠恕違道不遠」的矛盾，陳澧採取的是暫時擱置的態度。他注意到王應麟《困學紀聞》云「孔門受道，唯顏、曾、子貢」一語。陳澧認為，夫子與曾子、子貢言「一以貫之」之道，未告顏子，但顏子自言「夫子博我以文，約我以禮」，可見此即顏子所受夫子一貫之道；且博文約禮之道，非夫子與顏子單傳密授，諸弟子所共聞。由此可見，其一，王應麟所謂唯顏、曾、子貢受道之說頗可商榷；其二，非唯忠恕，

〔註15〕金良年撰：《論語譯注》，上海古籍出版社 2004 年版，第 35 頁。
〔註16〕金良年撰：《論語譯注》，上海古籍出版社 2004 年版，第 183 頁。
〔註17〕楊天宇撰：《禮記譯注》，上海古籍出版社 2004 年版，第 695 頁。
〔註18〕羅祥相：《釋「忠恕」與「一貫」》，《孔子研究》2012 年第 5 期。

博文約禮亦一以貫之之道。王弼、韓愈、李翱直至二程,皆將解決問題的焦點放在「一」字上,欲尋出孔子所謂「一以貫之」之「一」為何。陳澧另闢蹊徑,從孔子因材施教的角度闡釋,從「一」的局囿中掙脫。

顧炎武《日知錄》說「予一以貫之」之理,舉《詩》三百「一言以蔽之曰:思無邪」之例。陳澧議曰,《詩》三百者,多學也,博也,一言以蔽之者,一貫也,約也;思無邪者,忠恕也,禮也。可見,陳澧不僅掙脫「一」的局囿,還將一以貫之與孔子說《詩》一言以蔽之聯繫起來,再將所貫之物事看作博,一貫當作約,故將思無邪、忠恕、禮三者聯繫視之,挖掘出三者的內在聯繫,正在一以貫之之理。由此可見,陳澧「一以貫之」說可謂精闢的新見。

三、「與點」章

《論語・先進》「子路、曾晳、冉有、公西華侍坐」章歷來是經學史闡釋的焦點。孔子問四人之志,子路以千乘之國對,冉有以方六七十、五六十之地對,公西華以小相對,曾晳以暮春舞雩對,孔子喟然歎曰:「吾與點也!」

據《論語》載,子路、冉有平素請益、行事多與政事相關,以四科之政事一科自立於諸弟子;公西華的興趣也主要表現在政事方面〔註19〕。入世佐君王、知不可為而為之,一向被看作孔子入世之志;孔子問各人之志,顯然極易將人導向治世之志的理解。與人們的期待恰恰相反,孔子喟然贊同曾晳暮春舞雩之志。閱讀期待與文本現實形成的強烈反差,使「與點」章自漢代直至今日皆為《論語》闡釋的焦點問題。何晏《論語集解》採東漢包咸說,將曾晳之志理解為怡人的春遊活動;王充《論衡・明雩》不贊同春游說,解孔子與點意在以雩祭調和陰陽;《禮記・樂令》孔穎達疏論及《論語》「舞雩,詠而歸」,以祭祀求雨解曾晳之志;韓愈、李翱《論語筆解》認為孔子與點志在內聖,不在功業;北宋二程將曾晳看作得道聖賢,其志與孔子同,已有堯舜氣象;南宋朱熹認為曾晳已達到理學家仁者與萬物渾然一體的天人境界,以子路、冉有、公西華治世之志為規規之末,氣象不侔〔註20〕。

陳澧議《論語》「與點」章,有如下四點看法:其一,引何晏《論語集解》採漢儒「善點獨知時」之說,肯定漢儒之說平實,認為曾晳獨知衰亂之時,志

〔註19〕任鵬:《從「吾與點也」到「顏淵問仁」──〈論語・先進〉「侍坐」章小議》,《原道》2008年。

〔註20〕武道房:《經學史視野中曾點之志的多維解讀──兼評〈論語・先進〉「侍坐」闡釋史之得失》,《中國哲學史》2009年第3期。

在隱逸，故夫子喟然而歎；其二，批評南朝梁皇侃疏採李充說為晉人清談，非聖門之學，非說經之體；其三，不認同朱注「三子規規於事為之末」及所採程子「子路等所見者小」之評，引王復禮之言，認為三子以抱負對，正遵師命，程、朱之說未安；其四，引《朱子語錄》箴砭說「與點」之習氣，認為《論語》自首「學而時習之」至尾「堯曰」都是做工夫處，不可將許多氣力消耗在「與點」章，轉見支離。

總體而言，於「與點」章，陳澧贊同漢儒「善點獨知時」之說的平實，批評皇侃採晉人清談之說，以程、朱規規於末、所見者小之說為未安，對近二千年來說《論語》者紛然解「與點」章、支離解經風氣表示批評。

至清代，乾嘉漢學家對「風乎舞雩」的理解普遍贊成漢儒鄭玄等「求雨祭祀」解，並從細微處切入，探求、考證暮春的具體月份，甚至考證曾皙之志所詠之歌的具體篇目；如宋翔鳳《論語發微》不認可王充夏曆二月說，又依《毛詩》解，推斷曾皙所詠即《詩經·絲衣》；劉寶楠《論語正義》引《禮記·樂令》以雩正祀在夏曆五月，進一步考證出「冠者」即巫祝，「童子」即雩舞童子，又將「與點」理解為孔門勤恤愛民的體現〔註21〕。

若將陳澧對「與點」章的看法置於清代漢學背景觀之，可見他一方面站在漢學立場肯定漢儒之解的平實，另一方面又十分警惕漢學、考據學陷入瑣碎的傾向。宋翔鳳、劉寶楠諸人對《論語》「與點」章暮春時間的考索，對冠者、童子身份的落實，既是乾嘉漢學訓詁發達的表現，也是乾嘉漢學逐漸陷入瑣碎支離的表徵。正如陳澧引《朱子語類》所云，《論語》中有太多比「與點」章更值得探究的地方，不可拘於說「與點」章的風氣，隨波逐流，因小失大，人人將工夫消耗於其中。

除此之外，陳澧獨贊漢儒解「與點」章「知時」說的原因也值得特別留意。本文認為，既與他一向對漢儒的尊崇有關，也與他所處之晚清時局、所經歷之人生道路息息相關。漢儒認為孔子贊同曾皙，原因在於認同曾皙衰亂之時志在隱逸的理想。這種見解恰與陳澧所處晚清衰世相合。陳澧二十三歲中舉，可謂年輕得志。其後六應會試不中，無奈參加大挑，選授河源縣學訓導。又因其時河源政事混亂，盜賊蜂起，二月即告病歸，從此不再出仕。面對晚清衰亂之世，陳澧最終無奈做出隱逸的人生選擇。漢儒對孔子「與點」原

〔註21〕武道房：《經學史視野中曾點之志的多維解讀——兼評〈論語·先進〉「侍坐」闡釋史之得失》，《中國哲學史》2009 年第 3 期。

因的闡釋，恰與陳澧的人生選擇暗合。此種暗合，又無意紓解了陳澧追求入世之途、多年鬱積在心的心酸、淒涼與不甘。

四、「子見子南」章

陳澧特別留意《論語》之難解者，如《子見南子》章。《雍也》云：「子見南子，子路不說，夫子矢之曰：『予所否者，天厭之！天厭之！』」

王元化先生《「子見南子」與前人注疏》云，此章是千古疑案，孔子被尊為至聖先師，衛夫人南子以淫行穢聞名，孔子為何去見南子，是注疏家說不清的問題；孔子的行為，子路的不悅，孔子的發誓，矢詞的內容，處處使人費解。王元化先生指出，注疏家難免先信而後考之弊，此類詮釋有以下幾種：第一種，考證孔子未見南子或南子不是衛夫人，如《孔叢子》載子高引《衛靈公》篇推斷孔子未見南子，焦竑《焦氏筆乘》等考證南子不是衛夫人而是南蒯，此二說皆無所立足，遂漸湮沒；第二種，考證孔子見南子合於禮，《孔叢子》述平原君語，主張此說，清儒錢坫《論語後錄》引之，朱子、閻若璩亦主合於禮說，毛奇齡《四書改錯》則力駁朱子說，從根本上推翻了此說；第三種，考證孔子見南子的行為準則，何晏《集解》等舊注多以孔子見南子為行治道，清儒劉寶楠《論語正義》沿其說，以孔子見南子為詘身行道，且南子雖淫亂，卻有知人之明，於孔子特致敬〔註22〕。

陳澧的看法很明確，既認為此章真可疑，又果斷指出當闕疑，如孔安國雖疑之而不復為之說，是其篤實，不可強解。陳澧《東塾讀書記》多處表明，凡讀書當敢於闕所疑，所謂不食馬肝，未為不知味。一般而言，學者多言治學當善質疑，陳澧當闕疑之說，是對善質疑說的重要補充，意在表明於當闕疑處應該果斷闕疑，而非鑽牛角，以免將精力消耗在細枝末節處。

五、後世《論語》注疏、集解、集注

東漢鄭玄《論語注》，是最早的《論語》注本，原書早已亡佚，僅在何晏《論語集解》等注疏裏有零星保留。

陳澧《東塾讀書記》《論語》卷主要論析三國曹魏何晏《論語集解》、南朝梁皇侃疏、宋邢昺疏和朱熹《論語集注》等。有分而論之者，有比而較之者。

〔註22〕王元化：《「子見南子」與前人注疏》，《學術月刊》1992年第9期。

（一）何晏《論語集解》

何晏《論語集解》彙集了東漢以前研究者對《論語》的研究成果，其徵引文獻十之八九今已不存〔註23〕。陳澧對何晏集解有如下之評。

其一，稱許何晏《集解》絕無剿說。何晏《集解》序云：「今集諸家之善，記其姓名，有不安者，頗為改易。」陳澧對何晏《論語集解》首肯之處正在於「記其姓名」，無剿說，與西晉杜預《春秋左傳集解》形成鮮明對比。杜預《集解》取漢賈逵、服虔注不記姓名，實為掠美。

其二，肯定何氏簡擇剪裁，殊費心力。如「晉文公譎而不正，齊桓公正而不譎」，何氏上句採鄭玄注，下句採馬融注；「君子懷德」三句採孔安國注，一句採包咸注；「克己復禮為仁」前二字採馬注，後四字採孔注；「古之狂也肆，今之狂也蕩，古之矜也廉」，「肆」字採包說，「蕩」字採孔說，「廉」字採馬說。與此同時，又與包咸注簡而精處相較，批評何注偶有太簡處。如《公冶長》「晏平仲」章，僅注「晏平仲」三字，《陽貨》「唯女子與小人」章無注。

其三，何注始有玄虛之語。如《述而》「子曰：志於道」，注云「道不可體」；《先進》「回也其庶乎，屢空」注「空」曰「虛中」。自是以後，玄談競起，孫綽、李充、繆協、郭象、顧歡等人皆以玄虛之語解《論語》，且皆被南朝梁皇侃採；皇侃玄虛之說尤甚多，甚至謂原壤為方外聖人，孔子為方內聖人。陳澧對何晏《集解》開玄談注經之風氣持批評態度，與此同時，肯定宋邢昺疏於皇疏採玄虛謬語皆刪棄之，有廓清之功。

（二）皇侃《論語義疏》

皇侃為《論語集解》所作之疏，是宋以前最流行的《論語》注疏本。陳澧對皇侃疏從以下幾方面做出評價。

其一，批評皇疏用佛氏語說經。最突出之處，乃《先進》子曰「未知生，焉知死」句。皇疏以周孔之教為外教，云其唯說現在，不明過去、未來。陳澧認為此疏尤非儒者之語，殊乖說經之體。可見陳澧一向堅決闢佛的態度。

其二，肯定皇疏有最精確者。如《衛靈公》「由，知德者鮮矣」句。《集解》採王肅說，糾合前文在陳絕糧「子路慍見」解之，以此語為孔子因絕糧子路問「君子亦有窮」，暗含譏子路之意。皇疏不採王肅說，認為此語謂知德之

〔註23〕金良年撰：《論語譯注》，上海古籍出版社 2004 年版，《前言》第 4 頁。

人難得，非譏絕糧之問。陳澧認為，王肅說非是，皇疏解知德者為知德之人，文義最明，若如王肅說，則意為子路知德鮮，從語法結構來看，「者」字無所指；朱熹《集注》從王肅說，非也。

其三，今世所傳皇疏不盡真。陳澧從兩方面疑之。第一點，從語音考之。如《述而》「子行三軍，則誰與」，今本皇疏讀「與」上聲，與陸德明《經典釋文》讀陽平不合。陳澧據此推斷，蓋皇疏殘缺，後人妄補之。第二點，皇侃深於禮學，而皇疏略於禮制，頗可疑。如《八佾》「子曰：『禘自既灌而往者，吾不欲觀之矣。』」孔子感歎魯國禘祭失禮，故不欲觀之。孔安國注曰，禘袷之禮，為序昭穆。據孔注，理解為魯國宗廟祖宗神位排列失序，故孔子不欲觀之。皇疏曰：「五年之中，別作二大祭，一名禘，一名袷」，既未明言三年一袷、五年一禘或三年一禘、五年一袷，僅曰「先儒論之不同，今不具說」，語焉不詳。陳澧因而疑皇疏真假。

陳澧從語音角度對皇疏的懷疑，可謂視角敏銳、考索精嚴；從禮制角度的懷疑，也有一定的道理，但並未確鑿，故其質疑僅用問句，更可見嚴謹。據今人考索，皇侃所處南朝梁時代，改變兩晉以來傳統，實行與漢代以來歷代相沿「三年一袷、五年一禘」傳統制度不同的「三年一禘、五年一袷」制度〔註24〕。皇疏對禘袷之禮語焉不詳，也與其所處時代的禮制變動有關係。

（三）邢昺《論語注疏》

北宋邢昺《論語注疏》基本在皇疏基礎上成書，後取代皇疏成為十三經標準注疏本。

對於邢疏，陳澧首先肯定其頗詳明處，可與孔、賈之疏媲美。於《為政》「子張問：十世可知也？」則指出邢疏不敢破何注之說，無定識。何氏《集解》引孔注曰「其或繼周者，雖百世可知」，故云其變有常，百世可預知。邢疏延何注之意引申之，謂非但順知既往，兼亦預知將來。

陳澧果斷指出，順知既往之說是，預知將來之說非。孔子言夏、殷禮，杞、宋不足徵，一、二世已如此，至十世恐不可知。故子張問之。孔注「雖百世可知」，謂此後百世尚可考夏、殷之禮。至今周禮尚存，夏、殷禮亦有可考者，可見「百世可知」不誣。邢疏云非但順知既往，亦兼預知將來，不

〔註24〕郭善兵：《漢唐皇帝宗廟制度研究》，謝維揚指導，華東師範大學中國古代史專業博士學位論文，2005年。

敢破何注之說，是其無定識。對預知百世將來的否定，可見陳澧考禮的嚴謹科學態度。

（四）朱熹《論語集注》

陳澧對朱熹《論語集注》從以下幾點進行論析。

其一，既以朱注「仁者，愛之理，心之德也」為朱注之大義，又詳明指出：《論語》言「仁」者五十八章，有不可以「愛」解之者，不可以「心德」解之者，若欲解五十八章之「仁」字皆密合，求之聖門之書，惟《禮記・中庸》「肫肫其仁」可解；此語最善形容「仁」字，可據以增成朱子注愛之禮、心之德之說；凡《論語》「仁」字以「愛」、「心德」解之稍覺未密合者，以「肫懇」之意增成之，則無不合者。陳澧意在說明，朱注大義「仁者，愛之理，心之德」實未能遍解《論語》「仁字」，不如聖門《禮記・中庸》「肫肫」之解隨處密合。

其二，朱子解《顏淵》章「克己復禮」為「勝私欲」，解「為仁由己」為「在我」，兩「己」字不同解，戴震《孟子字義疏證》已駁之。陳澧認為朱注實有未安，不如馬注解「克己」為「約身」。若如馬注，則二己字同解，且「約身」之解比朱子「勝私欲」之解更貼切。

其三，朱子《集注》多本於何氏《集解》，不稱「某氏曰」者，因多所刪改之故。因朱注不稱「某氏曰」，世俗讀朱注者，皆不讀何氏《集解》，遂不知朱注多出於何氏《集解》。正因陳澧細讀何氏《集解》和朱注，故能比而較之，詳考朱注出於何氏《集解》處。對於朱注不稱「某氏曰」，陳澧溫和評之，本著尊重朱子的態度為之解釋，同時客觀指出朱子採前人注前後不相應者稍未精細。但從嚴謹的角度言之，可見朱注實際上不如陳澧著述遵循引用法。陳澧引前人說，每必詳言出處，若稍有異處，亦明言本於誰，絕不隱之，可謂引書之典範。由此亦可見，陳澧所本之漢學與朱子所本之理學，在著述方式上的差異。

其四，朱注善為駢偶之文。如《述而》「志於道，據於德，依於仁，游於藝」一章，朱注云「志道，則心存於正而不他；據德，則道得於心而不失，依仁，則德性常用而物慾不行；遊藝，則小物不遺而動息有養」諸語，駢偶平仄，精工諧協，日光玉潔之文，可見朱注修辭之功。此亦可見陳澧駢散觀之一隅。與阮元主張嚴格文筆之分不同，陳澧並不排斥以駢入散，古文觀較為通達。

除分別論析何注、皇疏、邢疏、朱注，陳澧還綜觀各注疏，指出何注、皇疏、邢疏、朱注皆非者，以粵秀書院陳鍾麟先生之解駁之。

六、精熟《論語》的重要性

陳澧引伊川、朱子、黃震諸語，以明精熟《論語》於治學修身之關鍵。《伊川語錄》載程頤答人問學者如何可以有所得，曰將《論語》諸弟子問處作己問，將聖人答處作今日耳聞，自然有得，強調用切己的方式讀論語。朱子云，昔有人見龜山先生楊時請教，先生令讀《論語》，復問《論語》切要是何語，先生云皆切要，熟讀可也。朱子受學李侗，李侗為羅從彥學生，羅從彥求學於二程高弟楊時〔註25〕，故二程四傳而得集理學大成之朱子，即朱子為楊時三傳弟子。朱子特別尊崇師祖楊時此說，以熟讀《論語》授弟子。黃震又云，晦庵先生終身讀《論語》，古今終身讀《論語》者，惟此一人，強調朱子重《論語》。

伊川、朱子、黃震之言，可見精熟《論語》於終身治學修身的關鍵意義。自民國私塾教育終結，學校教育不再普遍提倡讀經，學子們對《論語》雖皆知皆聞，但僅知片羽隻言，通篇精讀熟讀者甚少。二程、朱子諸人對《論語》的極其重視，不可謂不令今人深警。《論語》聖人與諸弟子的問答，包含著深厚的文化，閃耀著人生的智慧，但這些文化和智慧卻已蒙塵多年，令人深惜。

第三節　對孟子性善論的篤守——《孟子》卷

陳澧對《孟子》一書尤為重視。《東塾讀書記》卷首言及平生治學經歷，云「中年讀朱子書，讀諸經注疏子史，日有課程。尤好讀《孟子》，以為《孟子》所謂性善者，人性皆有善，荀、楊輩皆未知也」〔註26〕。《東塾讀書記》卷三特論《孟子》，篤守孟子性善論。自孟子提出性善論，贊成者和駁難者均不乏其人，性善論既從未被駁倒，駁性善論者亦從未絕。作為孟子性善論的篤守者，陳澧如何堅決維護和證明性善論？如何駁難性善論質疑者？本文試圖從引文徵引和論證邏輯的角度，考察陳澧《東塾讀書記》論孟子性善論的邏輯理路，並兼及《東塾讀書記》《孟子》卷對《孟子》世風與人品等其他方

〔註25〕何乃川：《朱熹與南劍三先生》，《廈門大學學報（哲學社會科學版）》1989 年第 2 期。
〔註26〕陳澧著，黃國聲主編：《陳澧集》（二），上海古籍出版社 2008 年版，第 10 頁。

面的闡發。

一、《孟子》卷的引文徵引

《東塾讀書記》《孟子》卷最大的特點是旁徵博引。從孟子性善論篤信者之言到孟子性善論質疑者之言，皆信手拈來，徵引自如。《孟子》卷所徵引性善論篤信者之言如下：

> 趙岐《孟子章句》：「人無有不善」注云「人皆有善性」，「孟子道性善」注云「人生皆有善性」，「親親，仁也」，「敬長，義也」注云「人，仁義之性，少而皆有之」，「公都子」章指云「天之生人，皆有善性」。

> 偽孫奭《孟子注疏》：「然則人人皆有善矣」。

> 黃百家《宋元學案》卷一案語：「如果性惡，安有欲為善之心乎？」

> 劉敞《公是先生弟子記》：「永叔問曰：『人之性必善，然則孔子所謂上智與下愚可乎：』劉子曰：『可，智愚非善惡也。』」

> 《詩》：「民之秉彝，好是懿德。」

> 許叔重《說文》：「性，人之陽氣。性善者也」，「情，人之陰氣，有欲者。」

> 《角弓》鄭玄箋：「人之心皆有仁義。」

> 《尚書‧皋陶謨》孔穎達疏：「父義，母慈，兄友，弟恭，子孝。五者，人之常性，自然而有，但人性有多少耳」，《禮記‧中庸》孔穎達疏：「降聖以下，愚人以上，所稟或多或少」。

> 袁宏《後漢紀》「夫仁義者，人心之所有也。濃薄不同，故有至與不至焉」。

> 《宋史‧文苑傳》「章望之，字民表，宗孟軻言性善，排荀卿、楊雄、韓愈、李翱之說，著《救性》七篇」。

> 焦里堂《性善解》五篇。

《東塾讀書記》《孟子》卷所徵引孟子性善論質疑者之言如下：

> 荀子《性惡篇》：「人之欲為善者，為性惡也」。

> 楊子雲《修身篇》：「人之性也善惡混」。

> 韓愈《原性篇》：「性之品，有上中下三」，「下焉者，惡而已矣」。

董仲舒《春秋繁露》《深察名號》篇:「孟子下質於禽獸之所為,故曰性已善。吾上質於聖人之所善,故謂性未善」,《實性》篇:「性有善質,而未能為善也」。

王充《論衡》《本性》篇:「周人世碩以為性有善有惡,在所養焉,作《養書》一篇。宓子賤、漆雕開、公孫尼子之徒,亦論情性,與世子相出入,皆言性有善有惡。孟子作『性善』之篇,以為人性皆善,未為實也」,「孟軻言人性善者,中人以上者也。孫卿言人性惡者,中人以下者也。楊雄言人性善惡混者,中人也」。

皇甫湜《孟子荀子言性論》:「孟子、荀子,皆一偏之論」。

杜牧《二子言性辨》:「荀言人之性惡,比於二子,荀得多矣」。

司馬光《疑孟》:「孟子云:『人無有不善』,此孟子之言失也。丹朱、商均,日所見者堯、舜也,不能移其惡,豈人之性無不善乎?」《性辨》:「孟子以為仁義禮智,皆出乎性者也,然不知暴慢貪惑,亦出乎性也」。

王安石《原性》:「孟子以惻隱之心人皆有之,因以謂人之性無不仁。如其說,必也怨毒忿戾之心人皆無之,然後可以言人之性無不善,而人果無之乎?」

蘇轍《孟子解》:「有惻隱之心而已乎?蓋亦有忍人之心矣。有羞惡之心而已乎?蓋亦有無恥之心矣。有辭讓之心而已乎?蓋亦有爭奪之心矣。有是非之心而已乎?蓋亦有蔽惑之心矣。今孟子則別之曰:此四者性也,彼四者非性也,以告於人,而欲其信之難矣!」

《二程遺書》:「論性不論氣,不備;論氣不論性,不明」。

朱子《語類》卷四:「孟子之論,盡是說性善。至有不善,說陷溺,是說其初無不善,後來方有不善耳。若如此,卻似『論性不論氣』,有些不備」,《答林德久書》「孟子不論氣之病,《集注》言之詳矣」。

蘇軾《易傳》:「昔者孟子以為性善,以為至矣。讀《易》而後知其未至也。孟子之於性,蓋見其繼者而已」。

黃東發《黃氏日鈔》:「謂性為皆善,則自己而人,自古而今,自聖賢而眾庶,皆不能不少殊。推禹、湯、文、武之聖,亦未見其盡與堯、舜為一」。

　　胡康侯：「孟子道性善云者，歎美之辭也，不與惡對」。其子仁
仲作《知言》，「性也者，天地鬼神之奧也，善不足以言之」。
　　楊晉庵：「氣質之外無性，盈宇宙只是渾淪元氣，生人物萬殊，
都是此氣為之。此氣自有條理，便謂之理。得氣清者，理自昭著；
得氣濁者，理自昏暗。蓋氣分陰陽，中含五行，不得不雜糅，不得
不偏勝，此人性所以不皆善也」。

　　考察陳澧《東塾讀書記》《孟子》卷論辯性善論的引文，可見有如下特點：
第一，引文廣博，以時間而言，漢、唐、宋至清代學者的言論皆有，以學派而
言，漢學、宋學學者的觀點皆有；第二，引《說文》對「性」字的解釋，頗重
從文字學角度論證孟子性善論；第三，頗重《詩》、《書》注疏；第四，頗重偽
孫奭《孟子注疏》，多次引用，並再三申明「不可以其偽而忽之」；第五，尤值
得注意的是，其徵引性善論質疑者的引文多於徵引性善論篤信者的引文。

　　接下來，本文將從開篇立論、正面論證、反面駁論諸方面考察《東塾讀
書記》《孟子》卷論孟子性善論的論證邏輯。

二、論孟子性善論的論證邏輯

（一）開篇立論

　　《孟子》卷開篇闡釋孟子性善論的含義，「孟子所謂性善者，謂人人之性
皆有善也，非謂人人之性，皆純乎善也」，並引《孟子》云「惻隱之心，人皆
有之；羞惡之心，人皆有之；恭敬之心，人皆有之；是非之心，人皆有之；父
母之心，人皆有之」，「非獨賢者有是心也，人皆有之」，「今人乍見孺子將入
於井，皆有怵惕惻隱之心」，「人皆有不忍人之心」，「人皆有所不忍，人皆有
所不為」，認為「孟子言人性皆有善，明白如此」。又引《孟子》「雖存乎人者，
豈無仁義之心哉」，「無惻隱之心，非人也；無羞惡之心，非人也；無辭讓之
心，非人也；無是非之心，非人也」，認為「其言人性無無善者，又明白如此」。
孟子以「不忍」論性善，雖不合形式邏輯的要求，卻恰與論證邏輯的要求不
悖〔註27〕，主要通過真實的生命體驗啟發人們對於自身本心仁體的體悟，並
與康德先天綜合判斷的先驗前提相合〔註28〕。陳澧《東塾讀書記》《孟子》卷
開篇即抓住了孟子性善論關鍵的先驗前提，揭示了性善論在哲學層面所具有

〔註27〕吳堅：《論證邏輯芻議》，《中山大學學報（社會科學版）》2003 年第 1 期。
〔註28〕楊澤波：《性善論立論之謎》，《孔子研究》1993 年第 2 期。

的合理性。

（二）正面引用性善論篤信者之言

陳澧《東塾讀書記》《孟子》卷廣徵博引趙岐《孟子章句》、偽孫奭《孟子注疏》、《宋元學案》黃百家案語、劉敞《公是先生弟子記》、《詩經》原文和鄭玄箋、《說文》、《尚書》孔穎達疏、袁宏《後漢紀》、《宋史‧文苑傳》多種文獻中肯定孟子性善論的言論，以此作為論證孟子性善論的有力證據。對《宋元學案》卷十七黃百家相關案語和劉敞《公是先生弟子記》的引用頗有意味。《宋元學案》卷十七先引楊晉庵對孟子性善論先抑後揚的肯定，「楊晉庵東明曰：『氣質之外無性，盈宇宙只是渾淪元氣，生人物萬殊，都是此氣為之。此氣自有條理，便謂之理。得氣清者，理自昭著；得氣濁者，理自昏暗。蓋氣分陰陽，中含五行，不得不雜糅，不得不偏勝，此人性所以不皆善也』。然『雖雜糅，而本質自在；縱偏勝，而善根自存，此人所以無不善也』」，又謂「先遺獻謂晉庵之言，一洗理氣為二之謬，而其間有未瑩者，則以不皆善者之認為性也」。楊晉庵的意思有兩層，一是氣質之外無性，氣分陰陽，雜糅偏勝，二是善根自存，人所以無不善，實際仍從根本上肯定了性善論。黃梨洲的意思也有兩層，一是肯定楊晉庵「一洗理氣為二之謬」，二是批評楊晉庵「以不皆善者之認為性」，即否定性的存在，主張「氣質之外無性」。此處陳澧的總結是，「澧謂楊氏此說，深明孟子『性善』之旨。梨洲以為未瑩，實梨洲未瑩耳」。陳澧的結論一箭三雕，既肯定了楊晉庵對性善論「人所以無不善」的認識，又肯定了黃梨洲對楊晉庵先抑後揚贊同性善論的認識，同時指出黃梨洲對性的否定和對性善論認識的不透徹。對劉敞《公是先生弟子記》的引用也頗有意味，「劉原父云：永叔問曰：『人之性必善，然則孔子所謂上智與下愚可乎？』劉子曰：『可，智愚非善惡也。』」陳澧接著說，「智愚與善惡，判然不同，而永叔不能分，宜為原父所折也」，既肯定了劉敞對智愚與善惡概念的明辨，又指出歐陽修混淆了智愚與善惡之分，才會疑惑於下愚之人能否為善，因此被劉敞所折。小注又云，「愚與明對，善與惡對，下愚不移，是其極昏暗，不能使之明，非極惡無善也」，進一步釐清了區分智愚與善惡兩組概念的必要性。

（三）反駁公都子引告子語

為了論證性善論，《孟子》一書採用問答體，借公都子之言駁孟子性善論。

因此，《孟子·告子上》論述性善論時，首先辯駁公都子的質疑。《孟子·告子上》公都子引告子言，「性無善無不善」，「有性善，有性不善，是故以堯為君而有象，以瞽瞍為父而有舜，以紂為兄之子，且以為君，而有微子啟、王子比干」，質疑人性皆善。陳澧引孟子答語「乃若其情，則可以為善矣，乃所謂善也」，並進一步闡釋孟子答語的意思，「彼性雖不善而仍有善，何以見之？以其情可以為善，可知其性仍有善，是乃我所謂性善也。如象之性，誠惡矣，乃若見舜而忸怩，則其情可以為善。可見象之性仍有善，是乃孟子所謂性善也」。關於告子的身份，顧炎武《日知錄》卷七「孟子弟子」引趙岐《孟子章句》云，「告子名不害，兼治儒墨之道者，嘗學於孟子」〔註29〕，可備一說。「以堯舜為君而有象」所說的舜象傳說最早見於《尚書·堯典》，《史記·五帝本紀》亦載之，「舜父瞽瞍頑，母囂，弟象傲，皆欲殺舜」，「以舜為已死」，「舜往見之，象愕不懌」。陳澧本「舜往見之，象愕不懌」諸語，謂象「見舜而忸怩」，推知「象之性仍有善」，並總結「蓋聖人之性，純乎善；常人之性，皆有善；惡人之性，仍有善而不純乎惡」。陳澧在孟子對公都子回答的基礎上，補充分析象「見舜而忸怩」的心理，從而作出「惡人之性，仍有善而不純乎惡」的合理推論，進一步駁斥了《孟子》中公都子對性善論的質疑。

（四）直接反駁其他孟子性善論者之言

陳澧《東塾讀書記》的引文，其徵引性善論質疑者的引文多於徵引性善論篤信者的引文。由此可窺陳澧意在駁斥他人對孟子性善論的質疑。

在徵引性善論質疑者的引文時，有一部分為直接駁斥性善論質疑者之言。對荀子《性惡》篇、楊子雲《修身》篇、董仲舒《春秋繁露》、司馬光《疑孟》、王安石《原性》、蘇轍《孟子解》等諸篇的直接駁斥即此類。駁荀子《性惡》篇「人之欲為善者，為性惡也」，「塗之人可以為禹」，「塗之人者，皆內可以知父子之義，外可以知君臣之正」時，除直截了當云「荀子之說最不可通」，又引用戴東原《孟子字義疏證》「此於性善之說，不惟不相悖，而且若相發明」〔註30〕。對戴東原之言的引用，增強了陳澧對荀子《性惡》篇駁論的力度。對《二程遺書》、朱子對孟子性善說論性不論氣的質疑，則引《論語》「性相近也」朱子之注「此所謂性，兼氣質而言者也」，指出「孔子言性兼氣質，孟子

〔註29〕顧炎武著，陳垣校注：《日知錄校注》，安徽大學出版社2007年版，第429頁。
〔註30〕戴震撰，湯志鈞校點：《戴震集》，上海古籍出版社1980年版，第299頁。

言性，豈必不兼氣質乎」，從而消解了程子、朱子的質疑，反詰孟子所謂善「豈不圓備」。對黃東發、胡康侯等的質疑，也採取直接駁斥或邊駁邊引的方式予以論辯。

（五）瓦解敵論論據

除了直接反駁性善論質疑者之言，陳澧《東塾讀書記》《孟子》卷還注重對性善論質疑者所引之言進行反駁。《孟子》卷徵引性善論質疑者的引文多於徵引性善論篤信者的引文的原因即在此。陳澧意在駁論，從敵論論據著手進行反駁，瓦解敵論的論據。

為駁王充《論衡》《本性》篇「以為人性皆善，未為實也」，陳澧駁《論衡》所引周人世碩、宓子賤、漆雕開、公孫尼子之徒的言論，云「世碩等但言人性有善有惡，非謂人性無善也。此不可執以難孟子也」，同時指出，「其言中人以上以下，則韓昌黎性三品之說，與之暗合也」，一箭雙雕順帶駁斥了韓愈對性善論的質疑。更妙之處在於，陳澧繼而再引方望溪《原人篇》，乘勝追擊，證中人以下皆有善。

（六）以子之矛攻子之盾

在駁論的過程中，以子之矛攻子之盾，是陳澧《東塾讀書記》《孟子》卷運用極為純熟自然的論證方式，也是其最有力度的論證方式之一。駁荀子《性惡》篇，駁朱子云「孟子不論氣之病」等均採取了此種策略。如駁韓愈《原性》篇，「韓昌黎云：『性之品，有上中下三』，『下焉者，惡而已矣。』又云：『下之性，畏威而寡罪。』夫畏威而寡罪，猶得謂之惡乎？孟子曰『其情可以為善』。畏威而寡罪，即可以為善之情也，不能異於孟子也」，即從韓愈《原性》篇內部尋找支持孟子性善論的依據，質疑敵論的論證邏輯並倒戈一擊，從而瓦解敵論的立論之基。

總體而言，陳澧《東塾讀書記》《孟子》卷對孟子性善論的維護和論辯充分符合論證邏輯，充滿論證力度。在廣泛徵引漢、唐、宋至清代學者支持孟子性善論言論的同時，還旁徵博引歷代以來質疑孟子性善論的言論，時而給予直接駁斥，時而瓦解敵論的論據，質疑敵論的論證邏輯，以子之矛攻子之盾，對孟子性善論質疑者施以致命一擊。在正面論證或反面駁論過程中，還常常引中有引，層層駁斥，產生一箭雙雕的效果。對《孟子》原典恰如其分的徵引和運用，對孟子性善論篤信者和質疑者相關言論的自如徵引，皆可見陳

澧《東塾讀書記》卷首所云「尤好讀《孟子》，以為《孟子》謂性善者，人性皆有善」之言實不誣。

三、對《孟子》一書其他方面的闡發

除了維護和篤守孟子性善論，《東塾讀書記》《孟子》卷還對《孟子》一書其他重要方面進行了深刻闡發。如引朱子、陸象山語說明《孟子‧告子》篇的至關重要，強調孟子道性善，又言「擴充」。還引《史記‧孟子列傳》、趙岐《題辭》諸語，指出孟子尤長於《詩》、《書》，對《孟子》引《詩》、《書》之處進行詳細統計和羅列，同時指出「《孟子》引孔子之言凡二十九」，「孟子稱述曾子者最多」，「亦引其（公明儀）語，蓋最敬其人也」，對孔孟之間的關係頗有獨見。

除此之外，《東塾讀書記》《孟子》卷論述《孟子》時特重世風與人品。針對趙岐《孟子章句》「孟子反覆差次伯夷、伊尹、柳下惠之德，數章陳之，蓋其留意者也」之言，指出「蓋天下風俗之壞，總不出頑、懦、鄙、薄四者，惟廉、立、寬、敦可以救之」。又特指出《孟子‧盡心下》「取《論語》『狂簡』、『狂狷』、『鄉原』三章，合而論之，乃七篇之大義」。引王應麟《困學紀聞》「孟子學伊尹者也」，陳後山《徐州學記》「行始於伊尹、更夷、叔、柳下惠至孔子而大成」，指出「古今賢哲之行，大約不外『清』、『和』、『任』三者」。引昭明太子《陶淵明集序》諸語，指出「求之三代以後，則陶淵明，伯夷也」，引范蔚宗《後漢書》陳寔傳贊諸語，指出「陳太丘，柳下惠也」，引杜子美詩，指出「諸葛武侯，伊尹也」。出於對人品的重視，陳澧還特別強調，「宋儒持論好高，是其狂也；立身多介，是其獧也。其過中失正，而或陷於異端者有之矣，未得聖人之裁之耳，固無愧於聖門也。近人詆宋儒者，未之思也」，充分肯定宋儒在人品上的可取之處。

概而述之，從引文徵引方面而言，陳澧《東塾讀書記》《孟子》卷所徵引的引文，涵蓋了自漢、唐、宋至清代以來論孟子性善論的各種頗具代表性的不同觀點，可視為孟子性善論的認識簡史。從論辯邏輯方面而言，陳澧《東塾讀書記》《孟子》卷對孟子性善論進行論證的過程，對敵論論題、論據和論辯邏輯的反駁，可視為論證邏輯論辯的典型例子。除此之外，作為樸學學者，陳澧《東塾讀書記》《孟子》卷在論辯過程中對歷代文獻史料的準確引用，對《說文》、偽孫奭《孟子注疏》的採納，體現了清代樸學學者善於考據、敢於

偽中求是、實事求是的治學特色。《東塾讀書記》《孟子》卷對《孟子》書中世風與人品的闡發和議論，還充分體現了陳澧以學術經世的方式對晚清現實世風的關懷與針砭。

第四節　《易》卷

《東塾讀書記》卷四論《易》。王惠榮《陳澧思想研究》「陳澧經學思想之透析」部分，有「批惠贊王」一條，即以《東塾讀書記》卷四《易》為主要依據。王惠榮指出，陳澧批惠贊王，即在於對惠棟《易》學觀點和治經方法的批評，對王弼《易》學的肯定；深究之，即對孟、京、虞氏《易》的批評，對費氏家法的肯定〔註31〕。王惠榮所論，評述中肯，從批惠贊王的角度，透析了陳澧《易》學觀的概貌。

細觀《東塾讀書記》卷四《易》，仍有頗多尚有價值的內容，前人未及深究。本文析而論之，以全面、深入透析陳澧的《易》學觀。

一、《易》之作者與重卦之人

呂紹綱《周易闡微》從以下諸方面概述《易》經：第一，《易》經結構與眾不同，由經、傳合而成之；第二，《易》由八卦生六十四卦，每卦由卦名、卦畫、卦辭、爻辭、彖傳、象傳組成。以乾卦為例，第一個「乾」字是卦名，卦名之後由六個「一」符合組成卦畫；「乾：元亨，利貞」即卦辭；卦辭之後即爻辭，凡六爻，一卦之中六個位次，自下而上，依次稱初、二、三、四、五、上，陽爻用九表示，陰爻用六表示，乾卦六爻皆陽，固六爻稱初九、九二、九三、九四、九五、上九，乾卦「初九，潛龍勿用」、「九二，見龍在田」、「九三，君子終日乾乾，夕惕若，厲，无咎」、「九四，或躍在淵，无咎」、「九五，飛龍在天，利見大人」、「上九，亢龍有悔」即六爻之爻辭。乾、坤二卦爻辭後還別有《文言》一篇；第三，六十四卦後，另有《繫辭傳》、《說卦傳》、《序卦傳》、《雜卦傳》四種，故《易傳》凡《彖傳》、《象傳》、《文言傳》、《繫辭傳》、《說卦傳》、《序卦傳》、《雜卦傳》七種，《彖傳》、《象傳》、《繫辭傳》各分上下，故《易傳》凡十篇，人稱「十翼」。〔註32〕

〔註31〕王惠榮著：《陳澧思想研究》，中國社會科學出版社2008年版，第93～98頁。
〔註32〕呂紹綱著：《周易闡微》，上海古籍出版社2005年版，第1～9頁。

後世治《易》者，首先面對的問題，即《易》之作者。《繫辭傳》云：「《易》之興也，其當殷之末世，周之盛德邪？當文王與紂之事邪？」〔註33〕孔穎達疏從以下二方面論之：其一，鄭玄據此言，以《易》是文王所作，其二，《易》之爻辭，有箕子之「明夷」諸語，故先代大儒鄭眾、賈逵等，或以為《彖辭》為文王所作，《象辭》為周公所作。

陳澧的看法是，孔子言《易》之興，但揣度其世與事，未明言文王所作，孔子所未言，後儒當闕疑，不必紛競。與此同時，批評惠棟必以為文王作之說，謂惠棟以「箕子」為「其子」，紆曲附會，更可不必。

《繫辭傳》曰：「聖人設卦觀象，繫辭焉而明吉凶，剛柔相推而生變化」〔註34〕，又曰：「古者包犧氏之王天下也，仰則觀象於天，俯則觀法於地，觀鳥獸之文，與地之宜：；近取諸身，遠取諸物，於是始作八卦，以通神明之德，以類萬物之情。」〔註35〕考《繫辭傳》諸語，可知以伏羲為作八卦之人。語焉不詳處在於，何人重八卦為六十四卦。

陳澧對重卦者何人持審慎態度。孔穎達論重卦之人，認同王弼的觀點，以伏羲為重卦之人，又引孔安國《書序》云：「伏羲氏之王天下也，始畫八卦，造書契。」陳澧從以下三方面駁孔穎達之說：其一，八卦為數少，可口授卦名，六十四卦若無文字以標題卦名，難以識別；其二，自古無伏羲造書契之說，孔穎達獨據偽孔說，其意亦以六十四卦不可無文字標識；其三，偽孔傳但言伏羲始畫八卦，未言畫六十四卦。簡言之，陳澧考據文獻，駁孔穎達之說，自謂重卦之人「不可知矣」〔註36〕，以《三國志》高貴鄉公所云「後聖重之為六十四卦」一語最審慎，雖不可詳考重卦者何人，必在倉頡造文字之後。

二、費氏家法為治《易》準的

《漢書·儒林傳》謂費直「以《彖》、《象》、《繫辭》十篇《文言》解說上下經。」〔註37〕陳澧認為，「此千古治《易》之準的也」〔註38〕，又以費氏以

〔註33〕王弼撰，樓宇烈校釋：《周易注校釋》，中華書局 2012 年版，第 256 頁。

〔註34〕王弼撰，樓宇烈校釋：《周易注校釋》，中華書局 2012 年版，第 233 頁。

〔註35〕王弼撰，樓宇烈校釋：《周易注校釋》，中華書局 2012 年版，第 247 頁。

〔註36〕陳澧著，黃國聲主編：《陳澧集》（二），上海古籍出版社 2008 年版，第 68 頁。

〔註37〕班固撰，顏師古注：《漢書》，中華書局 1962 年版，第 3602 頁，卷八十八《儒林傳》第五十八。

〔註38〕陳澧著，黃國聲主編：《陳澧集》（二），上海古籍出版社 2008 年版，第 70 頁。

十篇解說上下經之文，為義疏之祖。除此之外，以鄭玄、荀爽、王弼皆傳費氏《易》學，此後諸儒之說，凡據十篇以解經者，皆得費氏家法，其自為說者，皆非費氏家法。概言之，贊費氏家法，是陳澧基本的《易》學觀，以此觀點為基礎，生發出以下具體看法：

第一，稱許丁寬治《易》訓故舉大誼。

《漢書·儒林傳》謂丁寬「作《易說》三萬言，訓故舉大誼而已」〔註39〕，陳澧認為，獨云丁寬「訓故舉大誼」，乃班固特筆，以譏漢時以陰陽災變說《易》者。陳澧認為，自商瞿至丁寬六世，皆此先師家法。

據《儒林傳》，「初梁項生從田何受《易》，時寬為項生從者，讀《易》精敏，材過項生，遂事何」，學成東歸，「授同郡碭田王孫，王孫授施仇、孟喜、梁丘賀。繇是《易》有施、孟、梁丘之學」〔註40〕。猶值得注意的是，後世述《易》之傳承，多自田王孫述及施仇、孟喜、梁丘賀，陳澧獨重丁寬，以丁寬為《易》學傳承關鍵人物，以《儒林傳》觀之，若無丁寬，田王孫無以傳《易》，施、孟、梁丘之學更無以成。由此可見，陳澧對丁寬的強調，可謂獨中肯綮。

第二，卦氣、納甲皆《易》之外道。

陳澧詳引焦循《易圖略》之說，表明以下看法：其一，卦氣值日之說，見《易緯稽覽圖》，以《易》說曆、以曆說《易》，皆為牽附；其二，《漢書·儒林傳》謂孟喜「得《易》家候陰陽災變書，詐言師田生且死時，枕喜膝，獨傳喜」，所得陰陽災變之說，即六日七分之學，且託之田生；其三，《藝文志》列《孟氏京房》十一篇、《災異孟氏京房》六十六篇，與京房並稱，皆所傳卦氣六日七分之學，非章句中之說；其三，虞翻自稱傳孟氏《易》，又持七日來復說；其四，趙宋儒者，辟卦氣而用先天；其五，近人知先天為非，復理納甲、卦氣之說。

簡言之，焦循《易圖略》認為，卦氣、納甲皆《易》之外道，孟喜、京房所傳陰陽災變、卦氣六日七分之學，皆非章句中之說，其後虞翻《易》學、宋儒先天《易》學以及清儒以納甲、卦氣說《易》者，皆不可信。陳澧對焦循的

〔註39〕班固撰，顏師古注：《漢書》，中華書局 1962 年版，第 3598 頁，卷八十八《儒林傳》第五十八。

〔註40〕班固撰，顏師古注：《漢書》，中華書局 1962 年版，第 3597、3598 頁，卷八十八《儒林傳》第五十八。

觀點深表認同。

第三，爻辰之說不足信。

清儒張惠言云：「乾、坤六爻，上繫二十八宿，依氣而應，謂之爻辰。」陳澧認為，雖鄭玄以爻辰說《易》，然爻辰之說實不足信。錢大昕《鄭荀易義序》謂鄭玄初習京氏《易》，後從馬融授費氏《易》，爻辰之法殆從費氏《周易分野》一書出。陳澧不認同錢大昕的觀點，認為費氏惟以《彖》、《象》、《文言》、《繫辭》解說上下經，並無分野之說，不過後學附會之，又謂李鼎祚《周易集解》不採爻辰之說，是其有識。

第四，《參同契》可置之不論。

陳澧指出，虞翻嘗注《參同契》，遂取其說以注《易》，《參同契》言丹法，儒者實可置之不論。與此同時，雖以虞翻《易》注多不可通，仍平允析論虞翻《易》說有通者，有不通者。月三日生明為震象，十七日生魄為巽象，十五日望為乾象，三十日晦為坤象，此可通也；以八日為兌象，廿三日為艮象，不可通；晦夕朔旦為坎，日中則離，則尤不可通。陳澧又指出，虞翻說《易》最紊其例者，為无妄、大畜二卦，還批評虞翻所言卦象，尤多纖巧牽合處。

三、稱許王弼治《易》真費氏家法

陳澧論《易》，一方面認可費直以《彖》、《象》、《文言》、《繫辭》十篇解《易》，另一方面批評孟喜、京房直至虞翻等，以陰陽災異、卦氣、納甲諸說附會、牽合。

由此認為，王弼解《易》，依《文言》、《繫辭》十篇，此真費氏家法。

朱彝尊《王弼論》曰：「王輔嗣之注，獨冠古今」，「漢儒言《易》，或流入陰陽災異之說，弼始暢以義理」，「惟因范甯一言，詆其罪深桀紂，出辭太激，學者過信之，讀其書者，先橫『高談理數，祖尚清虛』八字於胸中，謂其以《老》、《莊》解《易》」，「宋之大儒，何嘗不以《老》、《莊》言《易》，然則弼之罪亦何至深於桀紂邪？」〔註41〕錢大昕《何晏論》曰：「昔范甯之論王輔嗣、何平叔也，以為二人之罪深於桀、紂，《晉書》既載其文，又以『崇儒抑俗』稱之。烏呼，甯之論過矣！史家稱之，抑又過矣」，「若輔嗣之《易》，平叔之《論語》，當時重之，更數千載不廢」，「魏、晉說經之家，未能或之先

〔註41〕朱彝尊著，王利民、胡愚、張祝平、吳蓓、馬國棟校點：《曝書亭全集》，吉林文史出版社 2009 年版，第 599 頁。

也。」〔註42〕將王弼之《易》、何晏之《論語》並而稱許，亦為王弼、何晏辯誣。陳澧認為，朱彝尊、錢大昕之說皆公允之論。

趙師秀詩云：「輔嗣《易》行無漢學。」陳澧駁之曰：「講漢《易》者尤推尊虞仲翔，謂仲翔傳孟氏《易》，乃漢學也。然輔嗣傳費氏《易》，獨非漢學耶」，「在乎學者分別觀之也」，又謂「百年以來，惠氏之學行，又無輔嗣之學矣」〔註43〕。

概言之，因惠棟推尊虞翻，以至虞氏《易》流行，王弼《易》說不行，陳澧稱許王弼傳費氏家法、亦為漢學，實則微譏惠棟《易》學一統天下的局面。

與此同時，雖李鼎祚《周易集解》多採虞氏說，但仍以諸家輔之，於虞氏異見不阿好曲從，陳澧由此謂其仍有卓識。

四、批評案文責卦之說

朱子《易象說》批評案文責卦之說，曰：「是以漢儒求之《說卦》而不得，則遂相與創為互體、變卦、五行、納甲、飛伏之法，參互以求，而幸其偶合。然其不可通者，終不可通，唯其一二之適然，而無待於巧說者，為若可信。然上無所關於義理之本原，下無所資於人事之訓誡，則又何必苦心極力，以求於此，而必欲得之哉！」

陳澧詳引朱子《易象說》諸語，深表認同。朱子此說，闡明了互體、變卦、五行、納甲、飛伏之法滋生之原因，在乎強求於案文責卦，其不可通者，則自立巧說以通之，實無關於《易》本原之義理，無資於人事之訓誡。由此可知，案文責卦不可。

對案文責卦的批評，若深究之，即為對《易》象學的審慎態度。《陳澧》對《易》象的看法，可從如下諸點觀之：

其一，批評荀爽、虞翻穿鑿附會，《傳》中取象，象外生象。顧炎武《日知錄》云：「聖人設卦觀象而繫之辭」，「夫子作《傳》，《傳》中更無別象」，「荀爽、虞翻之徒，穿鑿附會，象外生象」，「十翼之中，無語不求其象，而《易》之大旨荒矣」〔註44〕。陳澧對顧炎武此說極為認同，可見對荀爽、虞翻穿鑿《易》象的批評態度；

〔註42〕錢大昕著，陳文和點校：《潛研堂文集》，陳文和主編：《嘉定錢大昕全集》（九），江蘇古籍出版社1997年版，第28頁。

〔註43〕陳澧著，黃國聲主編：《陳澧集》（二），上海古籍出版社2008年版，第77頁。

〔註44〕顧炎武著，陳垣校注：《日知錄校注》，安徽大學出版社2007年版，第8頁。

其二，《說卦》諸象為古者占卜之雜象。《說卦》《乾》為馬、為羊、為天、為圜，為君云云，朱子《周易本義》謂此章「廣八卦之象，其間多不可曉者。求之於經，亦不盡合也」〔註45〕。《黃氏日鈔》曰：「愚恐此是古者占卜之雜象」，「占得某象者，即知為某卦」，謂《說卦》所述某卦諸多之象，為古者占卜之雜象。陳澧認為，《黃氏日鈔》之說深得《說卦》述象之旨，雜列各卦諸象，恐為古者占卜之雜象；

其三，象學不易明。黃澤《易學濫觴》云：「象學不易明，探索四十餘年，及其悟也，則如天開其愚，神啟其秘」，「學《易》當明象，但象不易明」，「自王氏以來，凡學者皆疑於《乾》馬《坤》牛，而不知象之寓象，未有《序卦》之大而要者。《乾》馬《坤》牛，所繫尚小」。陳澧認為，說《易》而明象以自任者，莫如黃澤，其用力勞且久，而猶不能強通《說卦》諸象，遂謂「象不可明」，所繫尚小。

概言之，陳澧認同朱子《易象說》對案文責卦的批評，對《易》象學持審慎態度，批評荀爽、虞翻穿鑿附會以說象，以《說卦》諸象為古者占卜之雜象，認為象學不易明，且所繫尚小，不必強通之。

呂紹綱《周易闡微》序曰，象數派《易》學興於漢代，為增強《周易》神秘色彩，漢人「按文責卦，定馬於乾」，一味追求象數，另立納甲、卦氣、爻辰、互體之說，將《易》學引入歧途；宋人陳摶、邵雍製作河圖、洛書和先天八卦圖、後天八卦圖，將象數派《易》學推向高峰，清儒又回頭治漢《易》；於今人而言，象數派《易》學不是不可以研究，但要將它們本身作為對象，如通過圖書之學研究邵雍的思想，若採取象數派方法研究《周易》，反會距《周易》愈遠〔註46〕。呂紹綱的看法與陳澧相當一致。可見陳澧對《易》象學的見解確為通人之論。從陳澧對前代文獻的採擷而言，亦可見他對朱子、黃震、黃澤等前儒《易》學觀的汲取。

五、治《易》當尚辭

批評《易》象學的同時，陳澧主張治《易》當尚辭。《繫辭傳》曰：「《易》有聖人之道四焉，以言辭者尚其辭，以動者尚其變，以製器者尚其象，以卜

〔註45〕朱熹撰，蘇勇校注：《周易本義》，北京大學出版社1992年版，第173頁。
〔註46〕呂紹綱著：《周易闡微》，上海古籍出版社2005年版，《1990年版序》，第2、3頁。

筮者尚其占。」〔註47〕陳澧認為，王弼之注，尚辭者也，聖人之道有四，儒者之書不能責以備聖人之道，尚辭固可以見聖人之情。又引《朱子語類》，謂《論語》舉恒卦「不恒其德，或承之羞」之語，肯定孔子說《易》亦尚辭。

翁方綱《答趙寅永書》云：「今日讀《易》，惟應玩辭以求聖人教人『寡過』之旨，至於窮神知化，聖人所謂『過此以往，未知或知』，後之學者，焉得而仰窺之？」陳澧認為，翁覃溪不以經學名，而此說可為說《易》者箴砭。《繫辭》曰：「精義入神，以致用也；利用安身，以崇德也。」〔註48〕此四句為「人理之極」，「至於窮神知化，惟德之盛者能之。學者不得仰窺，不必馳心於虛眇也」〔註49〕。

由此可知，陳澧治《易》持極為謹嚴的態度，主張治《易》當尚辭，從辭說窺聖人寡過之旨，以利用安身以崇德。

總體而言，陳澧論《易》，以批惠贊王為表象，深究之，可見對費氏《易》的稱許，對孟喜、京房陰陽災異說的批評，以及荀爽、虞翻穿鑿附會說《易》象的批評。對宋儒先天《易》學，清儒復漢虞氏《易》，近人復理納甲、卦氣之說，皆持批駁態度。陳澧稱許王弼《易》說，主張以聖人《彖》、《象》、《文言》、《繫辭》等十翼說《易》，認為此即費氏家法。其餘穿鑿牽附之說，皆非費氏家法，如卦氣、納甲皆《易》之外道，爻辰之說不足信，《參同契》可置之不論。若從文獻汲取角度而言，可見陳澧《易》學觀深受朱子、黃震、黃澤、顧炎武、焦循等前儒影響，主張以聖人十翼為基礎，探尋聖人寡過崇德之道，不必馳心於虛眇。

李鏡池先生《周易探源》序曰，《周易》是一部占筮書，編纂時所採用占筮記錄材料更為古遠，由於時代古遠，後世經師無從理解，又喜借之講述自己的思想，《周易》本來面目原難以看清楚，反又有人給它畫花臉，戴面具，因此，後世《易》說雖多，不見得有多少合於本義〔註50〕。李鏡池先生用通俗易懂的語言探源《周易》，對象數、圖書《易》說亦持批評態度，謂後世《易》說雖多，不過給《易》畫花臉，戴面具，使它的本義更為撲朔迷離。陳澧論《易》，與李鏡池先生的看法有頗多合轍之處。李鏡池先生《周易探源》諸篇

〔註47〕王弼撰，樓宇烈校釋：《周易注校釋》，中華書局 2012 年版，第 241 頁。
〔註48〕王弼撰，樓宇烈校釋：《周易注校釋》，中華書局 2012 年版，第 249 頁。
〔註49〕陳澧著，黃國聲主編：《陳澧集》（二），上海古籍出版社 2008 年版，第 86 頁。
〔註50〕李鏡池著：《周易探源》，中華書局 1978 年版，《序》第 1 頁。

大多寫於上世紀六十年代初，是以馬克思主義哲學為指導思想而作。陳澧《東塾讀書記》論《易》，秉持樸儒質實的治學精神，以紮實的文獻考據為基礎，得出科學、平允的結論，可謂尤難能可貴。

第五節 《尚書》卷

《東塾讀書記》《尚書》卷對《堯典》、《舜典》、《皋陶謨》、《禹貢》、《洪範》、《西伯戡黎》諸篇歷來眾說紛紜的諸多關鍵問題別有獨見，予人深啟。

一、「別有《舜典》已亡」之說

《東塾讀書記》《尚書》卷開篇論述「別有《舜典》已亡」之說「尚可疑也」。陳澧引清趙翼《陔餘叢考》云：「月正元日」之後，「皆是堯崩後之事，且前此不稱帝，此後皆稱『帝曰』，明是《舜典》原文」。陳澧強調，《尚書》《堯典》篇「月正元日」之後，皆稱舜為帝，且「皆是堯崩後之事」，「明是《舜典》原文」，《堯典》「月正元日」之後即為《舜典》。又引《陔餘叢考》述《堯典》篇末云：「其末『陟方乃死』，更是總結舜之始終，與堯何涉，而可謂之《堯典》乎」，指出《堯典》篇末「陟方乃死」諸語「總結舜之始終」，與堯無關，更可證《堯典》後半即為《舜典》。考清嘉慶二十年阮元《尚書注疏》刻本可知：一、《堯典》「月正元日」之前，皆直稱舜為「舜」，「月正元日」之後，皆稱舜為「帝」；二、《堯典》篇末「三載考績，三考，黜陟幽明，庶績咸熙。分北三苗。舜生三十徵庸，三十在位，五十載，陟方乃死」，確為總結舜帝之始終。陳澧引趙翼《陔餘叢考》諸語所言不誣。陳澧認為，趙翼《陔餘叢考》駁「別有《舜典》已亡」之論可謂「最精審」。

除引用趙翼《陔餘從考》駁「別有《舜典》已亡」，陳澧還將王鳴盛《尚書後案》相關論述作為旁證。陳澧引《尚書後案》云，「堯殂落、舜即真後，直至『陟方』，皆在《堯典》，古史義例不可知」，強調王鳴盛所云古史義例「不可知」，恰可證今之《舜典》存於《堯典》，此亦即古史義例不同於今。陳澧又引閻若璩《尚書古文疏證》，「孟子諸所言舜事，皆《堯典》及《逸書》所載。則可證其未嘗見古文《舜典》矣」，用孟子未見古文《舜典》以證別本《舜典》之不存。又引陳亦韓《經咫》云，「本無別出《舜典》，《大學》引書，通謂之《帝典》而已。虞夏之書，不若後世史家立有定體，二帝必釐為兩紀也」，強調虞夏之書尚無定體，《堯典》、《舜典》合一而未釐。再引劉逢祿《書序述聞》

云,「《大學》引作《帝典》者,蓋《堯典》、《舜典》,異序同篇,猶之《顧命》、《康王之誥》,伏生本合為一篇,則亦一篇而兩序也」。《漢書·儒林傳》云,「秦時禁《書》,伏生壁藏之,其後大兵起,流亡。漢定,伏生求其《書》,亡數十篇,獨得二十九篇」〔註51〕。《後漢書》卷二十七《杜林傳》云,「林前於西州得漆書《古文尚書》一卷,常寶愛之,雖遭難困,握持不離身」〔註52〕。杜林將當時通行的今文二十九篇改寫成古文,將《盤庚》、《泰誓》各析為三篇,從《顧命》中析出《康王之誥》一篇〔註53〕。《康王之誥》被杜林從《顧命》析出之前,即劉逢祿所云「《顧命》、《康王之誥》,伏生本合為一篇」。陳澧認為,「陳說通矣,劉說以《康王之誥》為比,尤通。若云《舜典》亡失,豈可云《康王之誥》亦亡失乎」,肯定陳說的同時,尤其認可劉逢祿以《顧命》析出《康王之誥》而無人云別有《康王之誥》亡失作類比,進一步論證「本無別出《舜典》」。

在論證「別有《舜典》已亡」之說「尚可疑」時,陳澧博引清代學者趙翼、閻若璩、陳亦韓和劉逢祿的相關論述,雖少自為說,然徵引得當,論證得力,體現出他一貫賅博精覈的治學風格。

二、《堯典》「命羲和」章與曆算之法

陳澧《東塾讀書記》《尚書》卷特論《堯典》「命羲和」一事。

《尚書·堯典》云:「乃命羲和,欽若昊天,曆象日月星辰,敬授民時。分命羲仲,宅嵎夷,曰暘谷。寅賓出日,平秩東作。日中,星鳥,以殷仲春。厥民析,鳥獸孳尾。申命羲叔,宅南交。平秩南訛,敬致。日永,星火,以正仲夏。厥民因,鳥獸希革。分命和仲,宅西,曰昧谷。寅餞納日,平秩西成。宵中,星虛,以殷仲秋。厥民夷,鳥獸毛毨。申命和叔,宅朔方,曰幽都。平在朔易。日短,星昴,以正仲冬。厥民隩,鳥獸氄毛。帝曰:『咨!汝羲暨和。期三百有六旬有六日,以閏月定四時,成歲。』允釐百工,庶績咸熙。」〔註54〕

〔註51〕班固撰,顏師古注:《漢書》,中華書局1962年版,第3603頁,卷八十八《儒林傳》第五十八。

〔註52〕范曄撰,李賢等注:《後漢書》,中華書局1965年版,第937頁,卷二十七《宣張二王杜郭吳承鄭趙列傳》第十七。

〔註53〕蔣鵬翔主編,阮元校刻:《阮刻尚書注疏》,浙江大學出版社2014年版,「阮刻尚書注疏出版說明」,第4頁。

〔註54〕蔣鵬翔主編,阮元校刻:《阮刻尚書注疏》,浙江大學出版社2014年版,第79～82頁。

陳澧將《堯典》此段與「克明俊德，以親九族。九族既睦，平章百姓。百姓昭
明，協和萬邦。黎民於變時雍」諸語比而較之，認為「『克明俊德』以下三十
字」「記帝堯數十年所行之政，簡括極矣」，「至『命羲和』一事，則詳述之，
且以『釐百工』，熙數績，歸於此事」，「蓋自黃帝迎日推策，至是而曆算之法
始備，故詳述之」。陳澧指出，自黃帝迎日推策，至《尚書・堯典》「命羲和」
所云，「曆算之法始備」，《堯典》詳述「命羲和」之原因，即在「若無曆日，
則事皆紛亂矣，故以治曆為要務」。此處陳澧特為注云，「治曆專為授時釐工，
非以矜奇鬥巧也。兩漢三統、四分諸法，雖疏闊，當時固可以授時釐工矣。明
代此學衰弊，西洋人乃以此自炫。阮文達公《割圜密率捷法序》云：『中土之
書，明明布列，步天之士，藹藹周行，是所望也。』此提倡中土曆算之學，其
意深矣」。此段小注的意思有以下四層：第一，《尚書・堯典》所云治曆，專為
「授時釐工」，非為「矜奇鬥巧」；第二，兩漢三統、四分諸法雖疏闊，但仍可
用以「授時釐工」；第三，明代曆算之學衰弊，西洋人得以其曆算之學自炫於
中國；第四，特贊阮文達公倡中土曆算之學，認為其有深意寓之。

陳澧曾著《三統術詳說》四卷和《弧三角平視法》一卷，且特重之，二書
凡五卷後來皆刻入「東塾遺書」九卷〔註55〕。從《東塾讀書記》《尚書》卷論
「命羲和」可窺，他對曆算之重視既受《堯典》啟發，亦關乎阮元的提倡。據
《明史》卷三十一可知：明代以前的曆法，「黃帝迄秦，曆凡六改。漢凡四改。
魏迄隋，十五改。唐迄五代，十五改。宋十七改。金迄元，五改」；而明代使
用的《大統曆》是在元代郭守敬編制《授時曆》的基礎上刪定而成，從明初到
明末，前後「承用二百七十餘年，未嘗改憲」；因年代久遠，誤差很多，使得
欽天監官推驗天象屢屢失誤，以致西方傳教士得以積極輸入西方曆算。〔註56〕
陳澧「明代此學衰弊，西洋人乃以此自炫」之論與《明史》所論相合。陳澧
《堯典》「命羲和」之論可窺：第一，對《堯典》「命羲和」經文所反映的上古
時期曆算之完備深感自豪；第二，對明代曆算學之衰弊深以為憾；第三，聯
繫晚清中國遭西方列強侵略瓜分的史實，其現實感慨可謂深矣。陳澧特引阮
元《割圜密率捷法序》對曆算學之提倡，深感恢復《尚書・堯典》治曆傳統的

〔註55〕陳建華、曹淳亮主編《廣州大典》（6）第一輯・廣雅叢書第六冊影印收錄民
　　　　國九年徐紹棨彙編重印廣雅書局刻本，廣州出版社 2008 年版。
〔註56〕宋軍令：《西方傳教士與明末立法改革》，《南都學壇（人文社會科學學報）》
　　　　2006 年第 2 期。

迫切和緊要。

結合其著述《三統術詳說》和《弧三角平視法》,《東塾讀書記》《尚書》卷論《堯典》「命羲和」可窺陳澧對晚清中國天文曆算科學落後和統治者對科學尚未重視的隱憂。

三、《堯典》與舉孝廉制度

陳澧《東塾讀書記》《尚書》卷特別指出,「『明明揚側陋』,而虞舜以孝聞」,「此選舉之典最古者」,「後世之舉孝廉,肇於此」,「漢之舉孝廉,合於古帝王之道,此漢制之獨高於千古者」。《尚書‧堯典》云:「(舜帝)曰:『明明揚側陋』。師錫帝曰:『有鰥在下,曰虞舜。』帝曰:『俞!予聞,如何?』岳曰:『瞽子,父頑,母嚚,象傲;克諧以孝,烝烝乂,不格奸。』」《尚書‧堯典》此段講述虞舜以孝聞於堯帝之事。陳澧認為此是「選舉之典最古者」,後世舉孝廉之制「肇於此」,肯定漢代舉孝廉之制「合於古帝王之道」,「獨高於千古」。

陳澧生前手定《東塾集》有《推廣拔貢議》一文,認為「取士之法有二:薦舉也,考試也」,「今之拔貢」,實古之「薦舉」,「舉人、進士文理不通者,多矣」,「而文理不通之拔貢實少」,「薦舉之法善矣」,其原因在於拔貢「非如鄉試、會試以一日之短長而去取之」,「非如鄉試、會試可謝以糊名易書,而文字之真偽、素行之善否皆不得而知」,同時提出「仿鄉試之例,三年一拔,其數以州縣之大小為差」〔註57〕。除與其六次會試落第的切身經歷相關,陳澧《推廣拔貢議》的主張亦受《堯典》虞舜以孝聞於堯帝的啟發。

四、倡《舜典》、《皋陶謨》世風,闡「以詩入樂」定法

陳澧《東塾讀書記》《尚書》卷論《舜典》、《皋陶謨》,則特重「古之大學所以教人之法」。《舜典》云:「夔!命汝典樂,教胄子,直而溫,寬而栗,剛而無虐,簡而無傲」,《皋陶謨》云:「皋陶曰:『都!亦行有九德,亦言其人有德。』乃言曰:『載采采。』禹曰:『何?』皋陶曰:『寬而栗,柔而立,愿而恭,亂而敬,擾而毅,直而溫,簡而廉,剛而塞,強而義』」。陳澧指出《皋陶謨》所言「直而溫」、「寬而栗」及「剛」、「簡」二字,「與舜命夔同」,「此舜、禹、皋、夔所講,尤後世學者所當講也」,小注又引《孟子》「聞伯夷之風者,

---

〔註57〕陳澧著,黃國聲主編:《陳澧集》(一),上海古籍出版社2008年版,第82頁。

頑夫廉，懦夫有立志」，「聞柳下惠之風者，鄙夫寬，薄夫敦」，指出「廉、立、寬三字，皆在九德之內」，可見陳澧針砭晚清現實，特倡廉、立、寬之世風。《東塾讀書記》《尚書》卷論偽《旅獒》，亦可窺陳澧對晚清國事的針砭和憤恨。對於偽《旅獒》，陳澧「別有感慨繫之」於「不寶遠物，則遠人格」，云「不知『不寶遠物，則遠人不格』矣，是乃中國之福也。彼徒以『遠人格』為美談，乃大惑也。《論語》云：『遠人不服，則修文德以來之。』遠人謂顓頊，豈謂荒遠之國乎」，深寓對鴉片誤國之憤恨。

　　陳澧論《舜典》，還認為帝命夔「教冑子以『詩言志』，此學問之最古者」，「孔子教小子學詩，即大舜之教」。對於《舜典》「詩言志，歌永言，聲依永，律和聲」，「八音克諧」諸語，陳澧作出如下闡述：「讀詩與讀書不同，必長言以歌之也。聲者，宮商角徵羽也。既歌之，則有抑揚高下；依其抑揚高下，記其某字為宮，某字為商，又定某聲用某律，則成樂章之譜，可以八音之器奏之。此以詩入樂之法，亦千古之定法矣。」陳澧精通聲律，曾著《聲律通考》，他對《舜典》「詩言志」諸語的理解鞭闢入裏，既強調讀詩必長言以歌，還闡明「以詩入樂」之「定法」。

五、《禹貢》論地理

　　陳澧論《尚書》還特重《禹貢》一章。陳澧指出，「《禹貢》九州，自冀之外，八州皆先舉山川為界，後又有導山導水諸條，為地理之學者，當奉以為法。《漢書·地理志》言推表山川，正是此法」。引段茂堂《戴東原年譜》云：「國朝言地理者，於古為盛。有顧景范、顧寧人、胡胐明、閻百詩、黃子鴻、趙東潛、錢曉徵，而先生乃皆出乎其上。蓋從來以郡國為主而求其山川。先生則以山川為主而求其郡縣」。段茂堂《戴東原年譜》此段有如下四層意思：其一，國朝學術言地理者，於古為盛；其二，顧祖輿、顧炎武、胡渭、閻若璩、黃儀、趙一清、錢大昕諸人皆治輿地之學；其三，戴東原皆出乎國朝治地理諸人之上；其四，戴東原獨出於上的原因在於，以山川為主而求其郡縣。陳澧贊同段茂堂對戴東原輿地之學的肯定和評價，且申之曰：「澧謂山水二者，又以水為主。蓋二水之間，即知為山脊；明乎水道，即明山勢矣。山水條理既明，然後考某水、某山之東西南北為某國、某郡，則若網在綱矣。」考陳澧輿地學《漢書地理志水道圖說》、《水經注西南諸水考》諸著述，可知陳澧踐行了自己的理論主張。如《漢書地理志水道圖說》，以水道為綱，兼述郡與國，

讀來可使漢時疆域與地勢劃然於心。考《東塾讀書記》《尚書》卷論《禹貢》，可窺陳澧以水為綱考輿地的治學方法既受《尚書·禹貢》啟發，亦受戴東原影響。

對於胡渭黑水說之誤，陳澧指出其原因在於「未得見康熙、乾隆地圖故也」，且云「《禹貢》鄭注謂『今中國無黑水』，《漢書·地理志》亦不治黑水，惟益州郡滇池下云『有黑水祠』。蓋漢地至今瀾滄江而止」，「非漢時中國地，但於滇池為祠望祀之耳」，從空間和疆域角度闡明《禹貢》鄭注謂「今中國無黑水」、《漢書·地理志》不治黑水的原因。陳澧還指出「《漢書·地理志》有功於《禹貢》者多矣」，又云「說《禹貢》，必據《漢書·地理志》，然亦未可泥也」，「班孟堅距大禹之時，遠於今日距班孟堅之時」，又從時間角度客觀闡明據《漢書·地理志》說《禹貢》的侷限性。

六、《洪範》龜文說

《尚書·洪範》引箕子言曰：「我聞在昔，鯀堙洪水，汩陳其五行。帝乃震怒，不畀洪範九疇，彝倫攸斁。鯀則殛死，禹乃嗣興，天乃錫禹洪範九疇，彝倫攸敘。」陳澧《東塾讀書記》《尚書》卷論及《洪範》曰：「洪範九疇，天帝不錫鯀而錫禹。此事奇怪，而載在《尚書》」。對於洪範九疇「不錫鯀而錫禹」，陳澧認為「箕子上據鯀與禹千年矣，天帝之錫不錫，乃在昔傳聞之語也。《洪範》之文，奇古奧博，千年以來，奉為秘寶，以為出自天帝。箕子告武王，述其所聞如此」，從時間方面加以釋疑，指出時間久遠，事實堙沒，箕子僅能述其所聞。

《洪範》「天乃錫禹洪範九疇，彝倫攸敘」偽孔傳曰：「天與禹，洛出書。神龜負文而出，列於背，有數至於九。禹遂因而第之，以成九類常道，所以次敘」〔註58〕。對於偽孔傳洛書龜文說，陳澧果斷下定語曰：「至以為龜文，則尤當存而不論」，「二劉輩乃或以為龜背有三十八字，或以為惟有二十字，徒為臆度，徒為辯論而已，孰從而見之乎」，指出劉向、劉歆父子皆未見龜文，只為辯論，「徒為臆度」。又引《漢書·五行志》云「董仲舒治《公羊春秋》，始推陰陽，劉向治《穀梁春秋》，傳以《洪範》，與仲舒錯。至向子歆治《左氏傳》，其《春秋》意已乖矣」。陳澧認為，「此漢儒術數之學，其源雖出於《洪

〔註58〕蔣鵬翔主編，阮元校刻：《阮刻尚書注疏》，浙江大學出版社 2014 年版，第661 頁。

範》，然既為術數之學，則治經者存而不論可矣」。

其實《尚書正義》孔穎達疏亦引《漢書·五行志》。孔穎達正義曰：「《易·繫辭》云：河出圖，洛出書，聖人則之九類，各有文字，即是書也。而云天乃錫禹，知此天與禹者，即是洛書也。《漢書·五行志》劉歆以為伏羲繼天而王，河出圖則而畫之，八卦是也，禹治洪水錫洛書，法而陳之，《洪範》是也。先達共為此說。龜負洛書，經無其事。中候及諸緯多說黃帝、堯、舜、禹、湯、文、武受圖書之事，皆云龍負圖，龜負書。緯候之書不知誰作。通人討敷，謂緯起哀、平，雖復前漢之末，始有此書。以前學者必相傳此說。」〔註59〕孔穎達秉持疏不破注的原則，僅引《漢書·五行志》諸語疏通偽孔傳之言，敘述漢之學者篤信其言，相傳其說。在如何看待洛書龜文說的問題上，陳澧與孔穎達截然不同，以「尤當存而不論」旗幟鮮明亮出觀點，批評劉向、劉歆只為辯論，徒為臆度；既客觀承認河圖、洛書此類術數之學源出《尚書·洪範》，又堅決指出「既為術數之學」，「治經者存而不論可矣」。陳澧還特舉《宋書·五行志》述五胡亂晉之事，認為僅進行客觀事理分析，五胡之亂「晉之百姓早知之矣」，「何待儒者講《洪範》、講《春秋》，推求五行而後知之乎」，由此可見陳澧對漢儒讖緯之學存而不論、審慎科學的態度。

七、《西伯戡黎》的義理

對於《尚書》《西伯戡黎》篇，陳澧專論「不虞天性」。「阮文達公著《性命古訓》，引《西伯戡黎》『不虞天性』鄭注云：『不度天性』，又引《詔告》『節性惟日其邁』，文達解之云：『度性與節性同意。言節度之也』。又云：『性中有味色、聲嗅、安佚之欲，是以必當節之』」，「此講性字而考據《尚書》，真古訓也」。尤值得注意陳澧此處的申而論之，「澧謂性所以當節者，不但以性中有味色、聲嗅、安佚之欲，即性中之仁、義、禮、智亦當節之。仁、義、禮、智，亦有太過太偏者也」。陳澧論《西伯戡黎》可見如下四點：其一，他充分肯定阮元《性命古訓》名副其實，據《尚書》考「性」字，確可稱「真古訓」；其二，他認為不但聲色之欲應當節制，仁義禮智這類理性也應節制，以防其太過太偏；其三，陳澧論《西伯戡黎》可謂既重訓詁，亦重義理，既從古書考字義源頭，又論「仁、義、禮、智亦當節之」的義理；其四，對阮元《性命古訓》

〔註59〕蔣鵬翔主編，阮元校刻：《阮刻尚書注疏》，浙江大學出版社 2014 年版，第662 頁。

的徵引，可窺陳澧考據、義理兼重與揚州學派阮元的關係，同時可窺漢宋兼採學術風氣至少始於揚州學派阮元或更早。

關於訓詁考據之功，陳澧《東塾讀書記》《尚書》卷還引阮文達《孝經郊祀宗祀說》云：「周公營洛邑，郊祀后稷，宗祀文王，乃周初最大之事，至文達乃明之。訓詁考據之功，斯為最大者矣！」以此說明訓詁考據於義理之大功。

述及義理，陳澧又引崔述《豐鎬考信錄》云：「六經中道政事者，莫過於《尚書》。《尚書》自《堯典》、《禹貢》、《皋陶謨》以外，言治法者，無如此三篇（《洪範》、《立政》、《無逸》）」，「學者於此三篇熟玩而有得焉，於以輔聖天子致太平之治，綽有餘裕矣」。陳澧指出，「崔氏讀經而有心於治法，非復迂儒之業，良足尚也」，稱讚崔述「讀經而有心於治法」。又云「聖人刪定《尚書》，存盛治之文以為法，存衰弊之文以為鑒，學者皆當熟玩也，凡讀經皆當如是也」，可窺陳澧讀經致用之旨。

八、《尚書》偽孔傳

對於偽孔傳，陳澧並未一概否定。《東塾讀書記》《尚書》卷引段茂堂《古文尚書撰異序》云：「當作偽時，杜林之漆書《古文尚書》、衛宏之《古文尚書訓旨》、賈逵之《古文尚書訓》、馬融之《古文尚書傳》、鄭君之《古文尚書注解》皆存，天下皆曉。然知此等為孔安國遞傳之本，作偽者安有點竄塗改三十一篇字句，變其面目，令與衛、賈、馬、鄭不類，以啟天下之疑，而動天下之兵也？蓋偽孔傳本與馬、鄭本之不同，梗概已見於《釋文》、《正義》，不當於《釋文》、《正義》外，斷其妄竄」。段茂堂《古文尚書撰異序》此段有三層意思：第一，偽孔傳本作偽之時，並非肆意點竄塗改，令與衛宏《古文尚書訓旨》、賈逵《古文尚書訓》、馬融《古文尚書傳》、鄭玄《古文尚書注解》不類；第二，偽孔傳本與馬、鄭本不同之處，梗概已見於《經典釋文》和《尚書正義》；第三，不應當於《經典釋文》、《上述正義》之外，斷其妄竄。陳澧引段茂堂之言而是之。又引焦里堂《禹貢鄭注釋》云：「鄭本略存於偽孔本中矣。」陳澧認為，段氏和焦氏二說，「可以箴砭江艮庭改易經字之病。江氏好改經字，乃惠定宇之派」，批評惠定宇、江艮庭所屬吳派經師泥古而好改經字的粗疏陋習。述近儒說《尚書》考索古籍時，陳澧既充分肯定南宋蔡仲默《尚書集傳》「甚有精當者」，又指出「江艮庭《集注》多與之同」，「如為暗合，則於蔡

傳竟不寓目，輕蔑太甚矣；如覽其書取其說，而沒其名，則尤不可也」，批評江艮庭據他說為已有之鄙陋，同時肯定近儒孔廣森《公羊通義》「引宋人之說甚多，最無門戶之見」。

對於偽孔傳的價值，陳澧引用焦里堂《尚書補疏序》，「置其為假託之孔安國，而論其為魏晉間人之傳，則未嘗不與何晏、杜預、郭璞、范甯等先後同時。晏、預、璞、范之傳注可存而論，則此傳亦何不可存而論」。陳澧認為，焦氏所言「置孔傳之假託，而但以為魏晉間人之傳」，確為「通人之論也」，還指出「若不偽稱孔安國而自為書，如鄭箋之易毛，則誠善矣」，認為偽孔傳若自為書而不偽稱孔安國，其書確可稱善。

關於東晉梅賾進獻的孔傳本《古文尚書》，閻若璩《尚書古文疏證》已將之證偽。但陳澧認為，偽孔傳雖已被證偽，但並非價值不存。陳寅恪先生曾指出，古文《尚書》，絕非一人可杜撰，殆根據秦火後所傳零星斷簡典籍，取有關《尚書》部分編纂而成，探索偽《書》來源，研究其所用資料之可靠性，方能慎下結論，不可武斷其全為杜撰。〔註60〕劉起釪《尚書學史》認為，這部偽孔傳《古文尚書》「總結和承襲了漢代經學的全部成就，益以魏和西晉以來各種經說，著重把古文家所推崇的聖道王功貫串在全書經文和傳注中，同時加進了自己時代所需要的東西」，「不像西漢今文經學漫無邊際的神秘而空疏的雜說，也不像東漢古文家如衛、賈等人故意和今文家立異而造作的古《尚書》說，而能對每章每句都加以梳理、條析，用簡潔的文字做到每句都有解釋，幾乎達到當時『今譯』的地步」，「在《尚書》學上是一個超越以前一切著述的最優異的成就」。〔註61〕陳澧對偽孔傳的充分肯定和極為通達的態度，與後來陳寅恪、劉起釪的看法相當一致。

除此之外，陳澧以詳實訓詁為依據，考證近儒所疑偽孔傳為王肅所作不足信，並審慎辨析鄭義、偽孔的不同處，認為「有偽孔勝於鄭者」，「偽孔讀鄭注，於其義未安者則易之，此其所以不可廢也」。陳澧還詳考偽孔傳、孔疏個別字義訓詁的差異，從而發現「孔傳之偽，孔疏亦似知之」，「似知偽孔在鄭之後而取鄭說」，「似知偽孔傳在杜子春、鄭康成之後，而不取其說」，「似知偽孔傳在班、賈之後也」。陳澧詳實新穎的見解，對於考證偽孔傳成書時間極

<hr>

〔註60〕蔣鵬翔主編，阮元校刻：《阮刻尚書注疏》，浙江大學出版社 2014 年版，「阮刻尚書注疏出版說明」，第 6 頁。
〔註61〕劉起釪著：《尚書學史》，中華書局 1989 年版，第 197、198 頁。

具參考價值。

概而述之,陳澧《東塾讀書記》《尚書》卷語簡意精,對《尚書》學史眾說紛紜的關鍵問題多有獨見。陳澧《尚書》論博引群書,證「別有《舜典》已亡」之說「尚可疑」。特論《堯典》「命羲和」,認為「至是而曆算之法始備」。於《堯典》「虞舜以孝聞」之事特為詳述,肯定漢代舉孝廉之制獨高千古。論《舜典》、《皋陶謨》倡九德與世風,闡「以詩入樂」的「定法」。論《禹貢》倡以山川求郡縣之法,認為輿地之學山水既明,則郡國疆域與區劃若網在綱。論《洪範》對漢儒讖緯之學存而不論,審慎科學。論《西伯戡黎》考「性」之義理,重訓詁考據之功。對偽孔傳的價值給予充分肯定,其通達態度可視為陳寅恪等學者後來對《尚書》偽孔傳公允科學態度之先導。

在《東塾讀書記》《尚書》卷末,陳澧還對後人的《尚書》研究提出殷切希望,「江、王、段、孫四家之書善矣。既有四家之書,則可刪合為一書」,「孔疏、蔡傳以下至江、王、段、孫及諸家說《尚書》之語,採擇融貫而為義疏。其為義疏之體,先訓釋經意於前,而詳說文字名物禮制於後,如是則盡善矣。吾老矣,不能為也,書此以待後人」。陳澧之言對後人沿續中國傳統考據訓詁路子繼續推進《尚書》研究實有啟發。「吾老矣,不能為也,書此以待後人」諸語,還可窺陳澧以學術為天下公器的氣度與良知,對後學的殷殷期盼,尤感人至深。

第六節 《詩經》卷

《東塾讀書記》卷六《詩》考索《詩》序,考論毛傳、鄭箋且比而較之,於《韓詩外傳》、王肅《毛詩注》、陸機《草木鳥獸蟲魚疏》、朱子《詩集傳》、段玉裁《毛詩故訓傳定本》等皆特為留意。

一、考索《詩》序

陳澧《東塾讀書記》《詩》卷開篇考索《詩序》。對《詩序》的探究與闡微,一直是《詩》學史關注的焦點。陳澧亦不例外。陳澧據《經典釋文》引沈重言,「案鄭《詩譜》意,大序是子夏作,小序是子夏、毛公合作。卜商意有不盡,毛更足成之。」沈重據《詩譜》意指出大序是子夏作,小序是子夏、毛公合作,子夏意有不盡之處,毛公補綴足成之。陳澧在此加小注云,「孔疏所載《詩譜》,不言序為誰作。沈重之說,不知所據。」

考鄭玄《詩譜》，確如陳澧所言，未言序為誰作。於沈重之說，陳澧先實事求是指出「不知所據」，再引賈公彥疏以旁證之。賈氏《儀禮‧鄉飲酒禮》疏以《南陔》「孝子相戒以養也」，「是子夏序文」，「有其義而亡其辭」，「是毛公續序」。陳澧認為，賈公彥疏「與沈重足成之說同」，「今讀小序，顯有續作之跡」。又以《載馳》和《有女同車》序為例，指出兩序均「前已說其事」，又各綴一段「復說其事」，上文簡略，後則詳，「顯然是續」。

除以賈公彥疏旁證沈重大序子夏作、小序子夏、毛公合作之論，陳澧對《詩》序進行了以下更為周詳細緻的考索：其一、引《常棣》序，又引孔疏鄭志答張逸云「此序子夏所為，親受聖人」，指出鄭玄「非以小序皆子夏、毛公合作」，「是鄭以此序三句，皆子夏所為」，以明《常棣》序子夏親受聖人，毛公未續。其二，引《詩譜》「漢興之初，師移其第」，又據《十月之交》孔疏「箋云《詁訓傳》時移其篇第，因改之」、「所云師者，即毛公」諸語，指出「鄭君以序皆毛公所定，雖首句亦有非子夏之舊者」，即《十月之交》諸篇由毛公「移其篇第」「因改之」，首句亦「非子夏之舊」。又引阮元《十月之交四篇屬幽王說》「以鄭說為非」，實事求是另備一說。其三，引《絲衣》序及鄭志答張逸語，指出鄭玄以「高子曰零星之尸」「非毛公所著，乃後人著之」，「故箋絕不言『零星之尸』而亦不駁之」。又指出孔疏誤讀「非毛公後人著之」七字為一句，「遂謂子夏之後、毛公之前，有人著之」，秉持嚴謹態度，斷定孔疏句讀之誤。除此之外，引《鍾鼓》序及毛傳，「此是毛公續序誤入於傳文之首」，指出後人將毛公續序綴於傳文之誤。又考《酌》序「養」字毛傳、鄭箋之異，「此序實未易明」，於《酌》序客觀存疑。總之，除在一般情況下認同沈重大序子夏作、小序子夏、毛公合作之論，於《詩》序何人所著，陳澧客觀考索了以下三種情形：毛公未續，親受聖人；非子夏之舊，毛公改而定；非毛公所著，後人著之。陳澧對《詩》序的考索，對《詩》序寫作的複雜情形進行了一定程度的還原。

除此之外，陳澧細考《周南》、《召南》命名之意，以明孔疏未明之義。考孔穎達《毛詩注疏》，《詩譜序》云「其時詩風有周南、召南，雅有《鹿鳴》、《文王》之屬。及成王、周公致大平，制禮、作樂，而有頌聲興焉，盛之至也。本之由此，風雅而來，故皆錄之，謂之詩之正經」，孔疏「此解周詩，並

錄風雅之意。以周南、召南之風,是王化之基本」〔註62〕云云。如陳澧所云,鄭玄《詩譜序》未言及《周南》、《召南》命名之義,孔穎達疏亦未解之。陳澧申而論之云:「周、召者,周公、召公埰地之名。周南、召南者,二公所主之地,所謂自陝以東,周公主之;自陝以西,召公主之。周南、召南,地皆甚廣。但舉二埰地之名,而其餘之地則以『南』字包括之者,周、召皆在北。周南之地,其化自周而南,故以周南為名;召南之地,其化自召而南,故以召南為名。序所云『南』,言化自北而南,其意如此也。周南之地所採之詩,謂之《周南》;召南之地所採之詩,謂之《召南》」。今天的人們若從文學角度讀《詩》,已很難從《詩・國風》「周南」、「召南」、「邶」、「鄘」、「衛」、「王」、「鄭」至「陳」、「檜」、「曹」、「豳」按地以分的編排察覺「周南」、「召南」命名的特別之處。秉持細緻、周詳、嚴謹的治學風格,又因在輿地方面的興趣和擅長,陳澧敏銳覺察到《周南》、《召南》命名的特別,且詳考之,給予了《周南》、《召南》命名之由言簡意賅的解釋,既沿孔疏「王化之基本」諸語,又詳而闡之,以「其化自周而南」、「其化自召而南」自圓其說,言之成理。

對《小雅》《六月》序,陳澧則尤為留意。考《毛詩注疏》,《六月》序云:「六月,宣王北伐也。《鹿鳴》廢,則和樂缺矣;《四牡》廢,則君臣缺矣;《皇皇者華》廢,則忠信缺矣;《常棣》廢,則兄弟缺矣;《伐木》廢,則朋友缺矣;《天保》廢,則福祿缺矣;《采薇》廢,則征伐缺矣;《出車》廢,則功力缺矣;《杕杜》廢,則師眾缺矣;《魚麗》廢,則法度缺矣;《南陔》廢,則孝友缺矣;《白華》廢,則廉恥缺矣;《華黍》廢,則蓄積缺矣;《由庚》廢,則陰陽失其道理矣;《南有嘉魚》廢,則賢者不安、下不得其所矣;《崇丘》廢,則萬物不遂矣;《南山有臺》廢,則為國之基墜矣;《由儀》廢,則萬物失其道理矣;《蓼蕭》廢,則恩澤乖矣;《湛露》廢,則萬國離矣;《彤弓》廢,則諸夏衰矣;《菁菁者莪》廢,則無禮儀矣。小雅盡廢,則四夷交侵,中國微矣。」〔註63〕於此長序,陳澧特為留意,云《六月》序凡二十二篇,「每一篇廢,則一事缺」,其末「《小雅》盡廢,則四夷交侵,中國微矣」諸語,「令人驚心動魄,乃知《詩》教所關係者如此。孔疏云:『明《小雅》不可不崇,以示法也。』

〔註62〕孔穎達等撰:《毛詩正義》,阮元校刻:《十三經注疏》(清嘉慶刊本)(一),中華書局 2009 年版,第 555 頁。
〔註63〕孔穎達等撰:《毛詩正義》,阮元校刻:《十三經注疏》(清嘉慶刊本)(一),中華書局 2009 年版,第 907 頁。

此語深悉此序之意矣」。據《六月》鄭箋云,「《六月》言周室微而復興,美宣王之北伐也」。面對晚清風雨飄搖、世風淪喪的現實,《六月》序給予陳澧驚心動魄之感,他深感於「小雅盡廢」,「四夷交侵」,「中國微矣」,他深盼於晚清中國能再有宣王出以至「微而復興」矣,可惜此願終其一生未能親見,愈見其驚心動魄之感所蘊無盡悲愴與淒涼,亦可窺他以學術方式表達深切現實隱憂的惓惓深情。

二、毛傳與段玉裁《毛詩故訓傳定本》

陳澧認為,段玉裁《毛詩故訓傳定本》雖名「定本」,「則未盡善」。

於段氏未盡善之處,陳澧詳而考之以下三點。其一,段氏於每篇傳首有「興也」二字者,皆增經文二句於其上,以無經文,則「興也」二字無所承。段氏《定本》增經文處「其餘不必增者尤多」。陳澧認為,「處處皆增,大異於其舊」,破壞了毛公之筆舊貌,實無必要。其二,段氏《定本》「未知傳例」,不知「毛傳連以一字訓一字者,惟於最後一訓用『也』字。其上雖累至數十字,皆不用『也』字。陳澧指出,今考「也」字不合傳例之處,其下皆有鄭箋,此由昔人因箋綴傳下,傳無「也」字,則文勢不斷,故增「也」字隔絕之,此已不當增而增者。段氏《定本》「又於舊所未增者而亦增之」,破壞了從毛傳始古已有之的傳例之體,且造成虛詞的疊綴。又引《論語》朱注,特別指出朱子用古法之處,「俗學知此者稀矣」,感慨傳例古法少有人傳。其三,段氏《定本》小箋《葛覃》「濩」、《關雎》「思服」二處義例參錯。陳澧指出,毛傳一字訓一字,有加「之」字者,如「服,思之也」、「濩,煮之也」之類,其所訓皆用韻之字。詩意本說「思」,因用韻,遂用「服」字以代「思」;詩意本說「煮」,因用韻,遂用「濩」字以代「煮」,即為了叶韻目的而用代字。考段氏《毛詩故訓傳定本》,可見《葛覃》小箋「濩,煮之也」云「此謂濩即鑊之假借也。鑊所以煮物,故煮之亦曰鑊」,陳澧指出,「此讀『煮之也』三字為一句,是也」;段氏《定本》《關雎》小箋則先於「服,思之也」上增「思服」二字,又讀「服思之也」四字為一句,陳澧認為,段氏不當增而增之誤以致句讀之誤,句讀之誤又致「義例參錯」。

陳澧對段玉裁《毛詩故訓傳定本》的批評,全在傳例之體。經文的不必增而增,虛字「也」不必要的疊綴,叶韻字的義例參錯,看似微不足道,實則造成自毛傳始自古以來傳例之體的淆亂。其危害在於,使後人愈發不懂古人

傳例的規範，愈發造成與古人箋傳注疏的隔膜，從而導致經文愈發難讀。陳澧站在古文經師的立場，維護毛傳傳例之體，實則守護近二千年古文經傳一脈相承的傳統。陳澧手定《東塾集》有《與王峻之書》，言及著述之體云：「若夫著述之體，切宜留意，宜潔淨，宜平實，簡而明，簡而不漏，詳而不支不煩，學古而不贗古，有法而不囿於法，此則學人之著述」〔註64〕。對傳例之體的堅守，可見陳澧對著述之體的極為重視，亦可窺其對二千餘年經傳傳統的護守與深情。

三、考索毛傳訓詁

陳澧從以下方面考索毛傳。

第一，從毛傳訓詁與《爾雅》同者看毛傳與《爾雅》的關係。《關雎》「雎鳩」毛傳訓為「王雎」，孔疏云「《釋鳥》文」；「洲」毛傳訓為「水中可居者曰洲」，孔疏云「《釋水》文」。孔意以為「毛公取《爾雅》之文以為傳」，陳澧不以為然。引陸機《草木鳥獸蟲魚疏》「荀卿授魯國毛亨，亨作《訓詁傳》」而考「毛亨乃周秦間人」，又引張揖《上廣雅表》「今俗所傳三篇《爾雅》，或言叔孫通所補，或言沛郡梁文所考」諸語，推論「然則《爾雅》不盡在毛傳之前，安知非《爾雅》取毛傳之文乎」，從《爾雅》著述時間旁證「《爾雅》取毛傳之文」，而非「毛公取《爾雅》之文」。

第二，贊「毛傳簡而精」，進而論析毛傳訓字「精而奧者」和「甚簡奧者」。結合《說文》，以《葛覃》毛傳訓「施于中谷」之「施」為「移也」，「葛藟之形狀如繪」，論析毛傳訓字「精而奧」。以《載芟》「載獲濟濟」毛傳訓為「難也」，乍讀不可解，再讀鄭箋「難者，穗眾難進也」，後明「禾穗粗大稠密，獲者難入其中」，形容豐年景象，「令人解頤」，論析毛傳訓字「甚簡奧」。從一字之訓感受毛傳的精奧和簡妙，可見陳澧對毛傳訓詁體察的細緻入微。

第三，陳澧特別強調，「毛傳說《詩》之大義，既著於續序中矣，其在傳內者亦不少」。以《關雎》和《鹿鳴》毛傳為例，指出「如此類者，不可以其易解而忽之」。舉《苕之華》傳語「治日少而亂日多」，認為「此語甚悲，有無窮之感慨」；舉《鳧鷖》傳「太平則萬物眾多」，認為毛傳此語反而言之，可謂「深警」；又舉《召旻》傳云「皋皋，頑不知道也。訿訿，窳不供事也」，肯定

〔註64〕陳澧著，黃國聲主編：《陳澧集》（一），上海古籍出版社 2008 年版，第 179 頁。

毛傳訓詁之語「有足以警世者」，「此於衰世之人，形容盡致」，亦可窺陳澧激憤的現實感慨。對毛傳大義的強調和重視，可見陳澧既重訓詁，亦重義理，融通漢宋的治學風格。陳澧曾著《漢儒通義》，謂「漢儒義理之說，醇實精博」，「聖賢之微言大義，往往而在，不可忽」〔註65〕。《東塾讀書記》論《詩》可見其訓詁、義理無所偏尚的一貫之旨，亦可窺其重視義理的深層原因，莫不在於身處晚清衰世的由衷之感。

第四，舉《葛覃》和《靜女》傳語，強調「毛傳多載禮制」。如引《靜女》傳「古者，后夫人必有女史彤管之法，史不記過，其罪殺之。后妃群妾，以禮御於君所。女史書其日月，授之以環以進退之」云云，陳澧認為，「如此者，皆《禮記》之類也」。北宋歐陽修、蘇轍始疑毛詩序、傳，至鄭樵《詩辨妄》整體駁斥毛詩《小序》，再至朱熹打破經學藩籬，將《關雎》、《靜女》為代表的刺詩視為淫詩〔註66〕。今天的人們更多以文學眼光賞讀《詩經》，毛傳對禮制的記載亦已不被重視。陳澧對毛傳載禮制的強調，無疑有反撥之功，提醒後人不應忽略毛傳的文獻價值，《詩》於毛傳尚可徵，毛傳實為二千年後的今人得以更為接近《詩》世界的鎖鑰。

對《詩》傳出現的時間，陳澧亦留意考證。據《荀子》「《國風》之好色也，其傳曰盈其欲而不愆其止。其誠可比於金石，其聲可內於宗廟」諸語，陳澧認為，「周時《國風》已有傳矣」，《韓詩外傳》亦屢稱「傳曰」，《史記·三代世表》褚先生曰「《詩》傳曰『湯之先為契，無父而生』」，「此皆不知何時之傳也」。陳澧雖亦不可詳考毛傳之前《詩》傳具體情形，但對先於毛傳之《詩》傳的考索，給後人留下頗為可貴的啟發。

四、《韓詩外傳》

陳澧對《韓詩外傳》特為留意。《韓詩外傳》元至正十五年錢惟善序云：「斷章取義，有合於孔門商賜言《詩》之旨。」錢惟善認為，《韓詩外傳》有合於子夏「巧笑倩兮」、子貢「如切如磋」以詩引申、以言他事之旨。陳澧則指出，孟子云「憂心悄悄，慍于群小，孔子也」「亦《外傳》之體」，《禮記·

〔註65〕陳澧著，黃國聲主編：《陳澧集》（五），上海古籍出版社 2008 年版，第 115 頁。

〔註66〕莫礪鋒：《從經學走向文學——朱熹「淫詩」說的實質》，《文學評論》2001 年第 2 期。

坊記》、《中庸》、《表記》、《緇衣》、《大學》「引《詩》者尤多似《外傳》」。陳澧強調,「蓋孔門學《詩》者皆如此」,引《詩》皆似《外傳》,借《詩》言事,斷章取義,以《詩》表己意。對於孔門學《詩》形成外傳之體的原因,陳澧作了如下分析:「其於《詩》義,洽熟於心,凡讀古書,論古人古事,皆與《詩》義相觸發,非後儒所能及」。陳澧認為,孔門能以《外傳》之體言詩,其根源在於《詩》義洽熟於心,凡讀書論事,皆能於《詩》信手拈來,觸類旁通,恰如其分借《詩》達己意。陳澧強調,西漢經學惟毛詩、韓氏《外傳》傳至今日,一為內傳,一為外傳,「讀者得知古人內傳、外傳之體,乃天之未喪斯文」,批評杭世駿對《外傳》「倗背經旨,鋪列雜說,是謂畔經」之評實為「不知內、外傳之體」,肯定皮錫瑞「韓氏之書,抑百家,崇吾道」諸語「乃能讀韓氏書」。

自明王世貞批評《韓詩外傳》「浮沉不切,牽合可笑」、「馳騁勝而說詩之旨微」,清四庫館臣亦力推此說,諸多學者非議《外傳》〔註67〕。陳澧對《韓詩外傳》的重視,予人深啟,提醒後人不應只將《韓詩外傳》視為斷章取義的無稽之談,而應留意重視其獨特的外傳之體和所深蘊的義理。對經今文家皮錫瑞善讀韓氏書的認可,亦可窺陳澧身為古文經師、以是為是、客觀公允、獨擯門戶的治學精神。

五、毛傳與鄭箋

陳澧《東塾讀書記》《詩》卷考論鄭玄《詩譜序》及鄭箋頗詳。

其一,強調大序「國史明乎得失之跡」,小序「美某王某公、刺某王某公」,充分肯定鄭玄《詩譜》「大有功於世」,認可毛傳、鄭譜及箋以美刺言詩的價值。自北宋疑毛序之風突起,至朱子以「淫」詩說代「刺」詩說,直至今日,對《詩經》美刺說的懷疑可謂矯枉過正,人們總是力圖回到原典讀《詩經》,力避對《詩經》政治化的解讀。這種矯枉過正的後果,顯然與專主毛詩美刺說殊途同歸,因一種有限度的彰顯帶來另一種無可避免的遮蔽,且加劇了人們與《詩》所處時代社會制度與文化之間的隔膜程度。陳澧於晚清之際,看到了這種有限度的彰顯及所帶來的遮蔽的弊端,重新肯定毛詩、鄭譜以美刺言詩的價值,對今天的人們不無深警。在發揚和強調《詩》的文學、審美價值

〔註67〕房瑞麗:《〈韓詩外傳〉傳〈詩〉論》,《文學遺產》2008 年第 3 期。

的同時，是否應該完全拋棄《詩》與那個時代相適應而必然具有的政治價值，這是今天我們讀《詩》時值得重新思考的問題。

其二，引《桑扈》、《小宛》、《雨無正》，謂鄭箋有「感傷時事之語」。如《小雅·桑扈》「不戢不難，受福不那」箋云「王者位至尊，天所子也，然而不自斂以先王之法，不自難以亡國之戒，則其受福祿亦不多也」，陳澧案云「此蓋歎息痛恨於桓、靈也」，認為鄭玄箋語深蘊對東漢末年社會現實的激憤之情。對鄭箋感時傷世之語的闡發，亦可窺陳澧對晚清社會現實的激憤尤深。鄭玄借詩箋澆心中塊壘，陳澧借論鄭箋亦澆心中塊壘，可謂忽忽相隔二千年，憑《詩》相逢兩知己，頗令人感慨。

其三，認為鄭箋宗毛為主，如有不同，即下己意。鄭玄《六藝論》云：「注《詩》宗毛為主，毛義若隱略，則更表明；如有不同，即下己意，使可識別也。」陳澧認為，此語「字字精要」。「為主者，凡經學必有所主。所主之外，或可以為輔，非必入主出奴」，「表明者，使其深者必達，晦者易曉，古人所賴有後儒者，惟在於此。若更為深晦之語，則著書何為哉」，陳澧強調以下三點：經學必有所主，所主之外可以為輔；後儒著書惟在於表明前賢之意，使深者必達，晦者易曉；若後儒更為深晦之語，著書何為。陳澧對鄭箋的特為推崇、鄭玄箋語的價值亦在於此。陳澧還指出，鄭箋「如有不同者，以毛義為非也，然而不敢言其非；下己意使可識別者，易毛義也，然而不敢言易毛，尊敬先儒也」，認為「讀者當字字奉以為法」。對鄭箋的態度，可謂陳澧一貫堅持「博學知服」治學精神的體現。

除此之外，陳澧還指出「鄭君專於禮學，故多以禮說《詩》」。陳澧亦客觀指出鄭箋偶因拘於說禮、無端破字，以致望文生義之誤，於鄭箋絕不護短。對毛傳鄭箋訓詁似異實同及大不同者，陳澧亦特為留意。以《關雎》為例，毛傳云「后妃有關雎之德，是幽閒貞專之善女，宜為君子之好匹」，鄭箋云「后妃之德和諧，則幽閒處深宮貞專之善女，能為君子和好眾妾之怨者」，陳澧指出，孔疏乃謂「毛以為后妃思得淑女」，是「強毛從鄭」，既強調毛傳與鄭箋之異，亦批評孔疏強毛從鄭。對於《關雎》美刺之旨，後有學者利用傳統文獻、出土文獻的雙重證據，再次肯定毛序有關論述確合先秦舊說，且合孔子《詩》學倫理精神〔註68〕。對其詩旨暫置不論，陳澧對《關雎》毛傳、鄭箋及孔疏取捨的思考，在思維方式上亦頗予人深啟。

〔註68〕姚小鷗：《〈詩經·關雎〉篇與〈關雎序〉》，《文藝研究》2001 年第 6 期。

六、王肅《毛詩注》

陳澧指出,「王肅之說,有是者,有非者,當分別觀之」。以《葛覃》、《考槃》為例,肯定王肅對毛傳「述之不謬」,「能得其意」,認為「宜孔疏取之」。與此同時,對《大雅·綿》王肅謬說力駁之,對王肅非述毛者亦明言之。

對王肅《毛詩注》,陳澧取博採廣聞、公允客觀的態度。王肅《毛詩注》唐宋已亡佚,既與唐《詩經正義》被推崇、宋理學的興盛有關,亦因王氏賭氣爭勝、與鄭箋有意立異〔註69〕。王氏《毛詩注》今僅存於馬國翰《玉函山房輯佚書》。對王肅佚書《毛詩注》客觀公允的評價,既可窺陳澧實事求是的治學態度,亦可窺其珍視和保護中古《詩經》文獻的用心及苦心。

七、陸機《草木鳥獸蟲魚疏》

對陸機《草木鳥獸蟲魚疏》,陳澧亦特為留意。

《秦風·晨風》「山有苞櫟,隰有六駁」,陸疏云「駁馬,梓榆也。其樹皮青白駁犖,遙視似駁馬,故謂之駁馬」,陸機認為「駁馬」「不宜云獸」。孔疏云:「此言非無理也,但箋傳不然。」孔疏意以箋傳以「駁」為獸。陳澧則指出,「陸疏誠有理矣,然尚有可疑」,認為陸疏云「駁」「不宜云獸」誠有理,而毛傳、鄭箋之意為何尚應存疑。陳澧引毛傳,又引鄭箋,云:「竊疑箋亦以駁為木名,其無易傳之語者,更疑傳本有樹皮似駁馬之語,其後脫之;鄭所見之本,則未脫耳。不然,則此箋不可通矣。」陳澧竊疑毛傳原本訓「駁」為木名,鄭箋亦沿毛傳,以木名訓「駁」,而今存毛傳僅見「駁如馬,倨牙食虎豹」一語,鄭箋云「山之櫟,隰之駁,皆其所宜有也」,若毛傳以「駁」為馬,鄭箋「豈得云隰所宜有」。

陳澧據此推論,毛傳「本有樹皮似駁馬之語,其後脫之;鄭所見之本,則未脫耳」。此種推論可謂大膽之獨斷,亦不可謂無所依據,可見陳澧遇毛傳、鄭箋似合非通之處獨能敏銳留意,亦能破孔疏藩籬,審慎推斷,措辭謹嚴;且僅云「尚有可疑」,既有獨斷,亦不妄下定論。

八、朱子《詩集傳》

於朱子《詩集傳》,陳澧評價尤高,引王應麟云:「賈逵撰《齊魯韓與毛

〔註69〕郝桂敏:《王肅〈詩經〉文獻失傳時間及原因考述》,《社會科學輯刊》2010 年第 6 期。

氏異同》，崔靈恩採三家本為《集注》。今唯毛傳、鄭箋孤行，獨朱文公《集傳》閎意眇指，卓然千載之上。」陳澧認為，「賈逵、崔靈恩之書，為朱子《集傳》開其先」，既認識到賈逵、崔靈恩之書對朱子《詩集傳》的啟發之功，亦強調「近儒攻擊朱子者，豈未見王伯厚之說」，充分肯定朱子《詩集傳》「閎意眇指」，「卓然千載」，並對近儒的門戶之見提出批評。陳澧還指出，「毛傳簡約，鄭箋多紆曲。朱傳解經，務使文從字順。此經有毛傳、鄭箋，必當有朱傳」。錢基博《後東塾讀書記》卷六《詩》亦引陳澧此語〔註70〕，充分肯定陳澧對朱子《詩集傳》價值的強調。

對於朱傳優於鄭箋者，陳澧亦特為表出。《鹿鳴》「周行」注朱子不從傳、箋而自為說，陳澧引阮文達公語申之，認為朱子所未及，阮文達公明言之。又特引戴東原《詩經補注》《卷耳》注從朱子之說、不從序說者，以張朱說尤通之處，且平允指出朱子未及處，不掩其失。

雖高揚朱子《詩集傳》「閎意眇指」、「卓然千載」，於朱子淫詩說，陳澧則坦白表明其不苟同，堅守毛傳美刺說。《賓之初筵》朱傳云：「毛氏序曰『衛武公刺幽王也』，韓氏序曰『衛武公飲酒自悔過也』。今按此詩意與《大雅·抑》戒相類，必武公自悔之之作，當從韓義。」陳澧認為，《賓之初筵》「此詩無自悔之語，與《抑》戒似不相類。且武公赫咺威儀，其所與飲酒之賓，亦未必至於號呶亂籩豆。朱子謂當從韓義，未免偏見，蓋有意於存韓義，遂不覺其偏耳。說經不可有成見如此。」陳澧之意有以下四點：其一，《賓之初筵》與《大雅·抑》似不相類，無自悔之語；其二，武公赫咺威儀，飲酒之賓未必至於醜態屢萌、「號呶亂籩豆」；其三，朱子從韓義，蓋有意存之，未免偏見；其四，說經不可有成見如此。對朱子《詩集傳》以淫詩說《東門之墠》，陳澧直云「誤之甚矣」。於《靜女》一篇，陳澧則存疑，云「《靜女》篇則真難解」，「此篇當如『食肉不食馬肝』耳」，雖堅守毛傳美刺說，並不一味牽強附會，仍堅持以紮實訓詁考據為基礎，作周詳謹嚴的考索和推斷，絕不隨意誣古人。

九、陳季立《讀詩拙言》

陳澧《東塾讀書記》《詩》卷末詳引陳季立《讀詩拙言》作結。

陳季立《讀詩拙言》云，「《詩》三百篇，牢籠天地，囊括古今，原本物情，諷切治體，總統理性，闡揚道真，廓乎廣大，靡不備矣！美乎精微，靡不

〔註70〕錢基博著：《古籍舉要 版本通義》，上海古籍出版社 2011 年版，第 30 頁。

貫矣！近也實遠，淺也實深，辭有盡而意無窮」，對《詩》給予高度評價；舉《衛風·伯兮》諸篇，云「後世風流文雅之士，言之能若此之典乎」；舉《唐風·蟋蟀》諸篇，云「後世清隱高邁之士，言之能若此之婉乎」；舉《大雅·文王》諸篇，謂「此盛世之風，隆之泰也，變雅所詠，尤可繹思」；舉《小雅·小旻》諸篇，謂「此周之衰也，亦漢、唐、宋之所以亡也，後世經綸康濟之士，言之能若是之詳乎」。陳澧引陳季立之言，肯定《詩》三百篇「合內外，貫始終，一天人道德性命之奧」，「《詩》也者，辭可歌，意可繹，可以平情，可以蓄德」，給予《詩經》無以復加的高度評價。

陳澧肯定「陳季立可謂善讀《詩》者」，且強調「凡說《詩》者，多解釋辯駁，然紬繹辭意之功，不可無也。平情蓄德，其為益深矣，其為用大矣」。陳澧指出，說《詩》者，既應「多解釋辯駁」，「紬繹辭意之功」亦「不可無」，重視訓詁之功以紬繹辭意，且強調《詩》可以「平情蓄德」，「其為益深」，「其為用大」，充分肯定治《詩》修身之用，可見其治《詩》之深旨，亦可窺其學術經世的治學精神。

除《東塾讀書記》《詩》卷，陳澧亦著《讀詩日錄》，於《詩》極表稱譽，其評亦極簡妙。如摘《鹿鳴》「視民不恌，君子是則是傚」，評曰「今之士大夫乃示民以恌，而則效者多矣，此風俗所以壞也」〔註71〕，即可見其以《詩》修身、以《詩》窺世風的經世情懷。

綜觀之，陳澧《東塾讀書記》論《詩》考索《詩》序，既證沈重大序子夏作、小序子夏、毛公合作之論，繼之以周詳細緻的考察，對《詩》序複雜情形進行了一定程度的還原。從傳例之體的角度，探論段玉裁《毛詩故訓傳定本》未盡善之處，堅守傳例之體，護衛自毛傳始從古至今二千餘年的經傳傳統。除此之外，陳澧考索毛傳，善從一字之訓體悟毛傳的精奧與簡妙；留意《韓詩外傳》，別內傳、外傳之體；考索鄭箋，肯定毛傳、鄭箋以美刺言詩的價值；於王肅《毛詩注》，分別是非以觀之；於陸機《草木鳥獸蟲魚疏》與毛、鄭之異，獨窺毛傳脫文；高揚朱子《詩集傳》「闊意眇指」、「卓然千載」，於朱子淫詩說則絕不苟同；詳引陳季立《讀詩拙言》，謂《詩》「可歌」、「可繹」，「平情蓄德」，予《詩》無以復加之高度評價。

陳澧論《詩》，既力擴門戶，亦分別是非；既堅守傳統，亦不囿成見，以

〔註71〕陳澧著，黃國聲主編，《陳澧集》（一），上海古籍出版社 2008 年版，第 682 頁。

堅實訓詁考據為依，不憚於獨斷；於考據不足徵之處，「食肉不食馬肝」，亦決然存疑，可見其一貫實事求是、客觀公允的治學精神，其以《詩》修身、以《詩》窺世風的經世情懷亦令人敬服。

第七節　《周禮》卷

《史記‧儒林列傳》、《漢書‧儒林傳》皆載武帝立五經博士事，其時《儀禮》入五經，《周禮》未入。至唐科舉明經科取士，《周禮》作為三禮之首，始入九經。唐賈公彥疏鄭玄《周禮注》，後入《十三經注疏》。

據《史記‧封禪書》，《周禮》原名《周官》。賈公彥《序〈周禮〉廢興》述《周禮》發現經過，秦燔書後，「《周官》孝武之時始出，秘而不傳。《周》禮後出者，以其始皇特惡之故也」，「是以隱藏百年，孝武帝始除挾書之律，開獻書之路。既出於山岩屋壁，復入於秘府，五家之儒，莫得見焉。至孝成皇帝，達才通人劉向、子歆校理秘書，始得列序，著於錄略。然亡其《冬官》一篇，以《考工記》足之。」〔註72〕賈公彥所述與《漢書‧景十三王傳》有異，以至後人對《周禮》一書眾說紛紜。《東塾讀書記》《周禮》卷可窺陳澧對《周禮》如下思考和認識。

一、西漢儒者對《周禮》的態度

有關《周禮》被發現的文獻記載，最早見於《漢書‧景十三王傳》。《河間獻王傳》載河間獻王得先秦古文舊書事，其傳云：「河間獻王德以孝景前二年立，修學好古，實事求是。從民得善書，必為好寫與之，留其真，加金帛賜以招之。繇是四方道術之人不遠千里，或有先祖舊書，多奉以奏獻王者。故得書多，與漢朝等」，「獻王所得書皆古文先秦舊書，《周官》、《尚書》、《禮》、《禮記》、《孟子》、《老子》之屬，皆經傳說記，七十子之徒所論。」〔註73〕

作為新發現的先秦古文舊書，漢時儒者對之持何種態度，這是個值得留意的問題。陳澧《東塾讀書記》《周禮》卷開篇著重探討之。賈公彥《序〈周禮〉廢興》有這樣一段描述：「林孝存以為武帝知《周官》末世瀆亂不驗之書，

〔註72〕鄭玄注，賈公彥疏：《周禮注疏》，阮元校刻：《十三經注疏》（清嘉慶刊本），中華書局 2009 年版，第 1369 頁。

〔註73〕班固撰，顏師古注：《漢書》，中華書局 1962 年版，第 2410 頁，卷五十三《景十三王傳》第二十三。

禮、公食大夫，是待聘客之法」。據賈疏可知，鄭注以《周禮》「大行人」、「掌客」職文、《儀禮》「聘禮」、「公食大夫」所述職官職文考《周禮‧天官》「宰夫」職文。陳澧引鄭注、賈疏，並闡而發微曰：「《周禮》有隱略而尚可考見者，後鄭則引證以明之。」陳澧指出，鄭注善從《周禮》和《儀禮》相關職官職文考《周禮》隱而未明之處。用今天的話說，此即互而見義。後學者多以貫通三《禮》之法進行禮學研究，亦即對鄭注引《儀禮》等相關職官職文考《周禮》方法的延續和發揚。

其二，「若無存而可見者」，鄭注亦善「約而知之」。如《春官》「大司樂」「王大食三宥」，鄭注云「大食，朔月月半，以樂宥食時」，賈疏云「案《玉藻》，天子諸侯，皆朔月加牲體之事。又知月半者，此無正文，約《士喪禮》月半不殷奠；則大夫以上有月半殷奠法，則知生人亦有月半大食法」。據賈疏可知，鄭注以《禮記‧玉藻》、《儀禮‧士喪禮》考《春官》「大司樂」「王大食三宥」事。考《禮記‧玉藻》，經文有曰「朔月少牢，五俎，四簋」，即賈疏云逢朔月加牲體，比平時豐盛。考《儀禮‧士喪禮》，經文有曰「月半不殷奠」，殷即盛，意為月半不盛奠。據賈疏，鄭玄以《士喪禮》云士月半不殷奠，以推大夫以上月半殷奠，又因《禮記‧中庸》「事死如事生」的原則，以喪禮推吉禮，鄭氏故知生人亦有月半大食之法。《夏官》「繕人」賈疏「凶時有文，吉時無文，約出吉禮」即明鄭注此意。

其三，推次之法。如《天官》「內司服」「緣衣」鄭注云「褖衣」，又云「男子之褖衣黑，則是亦黑也。以下退次其色」。陳澧指出，此鄭君白言推次者，以男子褖衣之黑，而推王后、命婦等女子褖衣亦黑。於《秋官》「掌客」款待上公、侯伯、子男諸等人羹器「鉶」數量之有別，鄭注以「衰差」推知經文有是有非，陳澧特為稱許，以之為鄭注退次之法運用尤為精妙者。陳澧強調，鄭注約與推次之法，「皆所以補經」，又以《春官》「巾車」、《天官》「大宰」賈疏為例，指出賈疏傚仿鄭注，能用鄭君推約之法以補經。

其四，鄭注《周禮》，以漢制況周制尤多。言及鄭注善以漢制況周制，陳澧特述及王應麟《漢制考》。王應麟《漢制考》取《周禮》、《儀禮》、《禮記》等注疏有關漢制者，彙集成編，雖名考證，實為漢制資料的摘錄，熔經學、小學與史學於一爐〔註75〕。正因鄭注善以漢制況周制，王應麟《漢制考》得以

〔註75〕傅璇琮等：《〈王應麟著作集成總序〉》，《清華大學學報（哲學社會科學版）》2011 年第 4 期。

採鄭注言漢制者以成編。陳澧特為強調,「以後代之官況古官,以後代之事況古事,其來遠矣」,杜子春、先鄭皆以此法注《周禮》,而後鄭因之,指出鄭注此法承杜子春和先鄭而來,賈疏亦因鄭氏此法,《地官》「鼓人」賈疏以「舉今以曉古」言之,進一步發明其意。陳澧特加案語云,「賈所謂『舉今以曉古』,即訓詁之法也」,「古語則以後世之語通之,古官古事則以後世之官後世之事況之,其義一也」,「古地理亦以今地名釋之,即是此法」,「此乃注經一定不易之法也」。陳澧先由杜子春、先鄭至後鄭以漢制況周制之法申而論之,將「舉今以曉古」視為訓詁注經「一定不易之法」,可謂以淺持博,一語中的;再從「舉今以曉古」擴而言之,強調讀《周禮》當遵循「漢、晉、唐儒者舉今以曉古之法」,當讀《大清會典》,舉國朝之制以況《周禮》,使《周禮》顯而易見,亦因之見「今制之遠有本原」,此則如杜佑《通典》之所以為通也」。

陳澧著《漢書地理志水道圖說》、《水經注西南諸水考》,其高弟桂文燦著《毛詩釋地》,皆善以今地名釋古地理,則可謂「舉今以曉古」述輿地的典型例子。及至今日,亦有人高揚「舉今以曉古」之旗述古史、古事和古禮,對傳統經典著述進行通俗化解讀。尤值得分辨的是,何謂秉嚴謹審慎的精神「舉今以曉古」,何謂「以今喻古以媚俗」。切不可肆意倚借杜子春、先鄭、後鄭直至陳澧由來有自之「訓詁之法」,以今喻古以媚俗,以污「舉今曉古」之名。

五、《周禮》的今用

正如陳澧所考,雖經後世刪改摻入,《周禮》仍主要記載周代典制。這樣一部載周代典制的經典著述,除了將其視為先秦時期的重要史料,還有無其他可取之用?陳澧一貫講求學術經世,於《周禮》的今用頗重視。《東塾讀書記》《周禮》卷從以下幾方面論《周禮》之用。

第一,尊用《周禮》正世風。

陳寅恪《隋唐制度淵源略論稿》論「職官」云,「自西漢以來,模仿《周禮》建設制度,則新莽、周文帝、宋神宗,而略傅會其名號者則武則天,四代而已。四者之中三為後人所譏笑,獨宇文之制甚為前代史家所稱道」〔註76〕。

陳澧《東塾讀書記》言及《周禮》之用,引清儒趙翼《廿二史劄記》述文宇泰開國尊用《周禮》之事云:「古來宮闈之亂,未有如北齊者。後周諸帝后,當隋革命後,俱無失節者。良由宇文泰開國時,早能尊用《周禮》,家庭之內,

---

〔註76〕陳寅恪:《隋唐制度淵源略論稿》,上海古籍出版社 1982 年版,第 90 頁。

不越檢閱，故雖亡國，而無遺玷」。趙翼《廿二史劄記》卷十五「北齊宮闈之
醜」〔註77〕，揭北齊神武、文襄至孝昭宮闈中嬪之醜，述後周宮闈無遺玷。
陳澧引趙翼之言，強調「此可為用《周禮》之效也」，肯定《周禮》正世風之
效。

　　第二，肯定《考工記》之用，從兩方面述之：其一，強調《考工記》所記
「皆有用之物，不可卑視之」，認為「卑視工事」、「一任賤工為之」之害尤大，
將「以致中國之物不如外國」。因見晚清西方奇巧淫技，陳澧讀《考工記》不
禁心生隱憂。其二，肯定《考工記》「匠人」「善溝者水漱之，善防者水淫之」
的治水之法。認為明黃河水利專家潘季馴以水刷沙之法即「漱」之法，西漢
賈讓治河三策所謂「左右遊波」即「淫」之法。昔人慫於肇慶鑿山、使西江分
流入海以殺水勢之法不可行，即不知《考工記》「匠人」所謂「逆地防，謂之
不行」。

　　除此之外，陳澧指出，《考工記》著述多誤，且有圖而佚之，肯定戴東原
復《考工記》圖的草創之功，稱述程瑤田治《考工記》之精。

第八節　《儀禮》卷

　　自古治學者以《儀禮》難讀。故《東塾讀書記》《儀禮》卷特重讀《儀禮》
之法。陳澧指出，讀《儀禮》之法，略有數端：一曰分節，二曰繪圖，三曰釋
例。認為得其法以讀之，通此經不難。第一，賈疏分節，概括節意。第二，《有
司徹》鄭注屢言「自某句至某句」，此賈疏分節之法所自出。第三，賈疏分節
有尤細密者，如《聘禮》、《特牲饋食禮》。《有司徹》疏分析細密，使讀者心目
俱朗徹。第四，賈疏分節偶有遺漏，如《大射》。

　　陳澧稱許朱子《儀禮經傳通解》。於朱子《儀禮經傳通解》，陳澧指出：
其一，《儀禮經傳通解》釐析經文，每一節截斷，後題云「右某事」，此法亦出
於鄭君，此朱子之大有功於《儀禮》者；其二，清馬驌《繹史》所載《儀禮》、
張爾岐《儀禮鄭注句讀》、吳廷華《儀禮章句》，皆用朱子之法；其三，江慎修
《禮書綱目》，因朱子《通解》而編定，遵用其法；其四，徐乾學《讀禮通考》、
秦蕙田《五禮通考》，亦皆分節，自朱子創此法，後來莫不由之。除此之外，
陳澧認為，朱子《儀禮經傳通解》將《禮記》與《儀禮》參通的治禮之法，本

〔註77〕趙翼撰，黃壽成校點：《廿二史劄記》，遼寧教育出版社2000年版，第256頁。

發端於呂祖謙。朱子《答潘恭叔書》云：「《禮記》須與《儀禮》參通，修作一書，乃可觀。中間伯恭欲令門人為之。」伯恭即指呂祖謙。

在研讀鄭注、賈疏的過程中，陳澧發現，鄭、賈作注作疏時，皆必先繪圖，如《士冠禮》、《燕禮》、《鄉飲酒禮》等皆如此，非有圖，不能知之。對宋楊復《儀禮圖》肯定其創始之功，「厥功甚偉」，亦肯定後來張惠言《儀禮圖》的詳密。對阮元為張惠言《儀禮圖》作序提及畫地肄禮之法，陳澧特為注意，且亦曾嘗試畫地習禮，事半功倍。於宮室器服之圖，陳澧則指出，當合三《禮》為之，此法自古有之，今存於世者惟聶崇義之圖。於始為《儀禮》作圖的宋宗室趙彥肅，陳澧特為留意，同時強調趙彥肅有志禮樂之事，作《鹿鳴》、《關雎》十二詩譜。據汪宗衍《東塾先生著述考略》，列《唐宋歌詞新譜》，《東塾集》亦載《唐宋歌詞新譜序》。其書雖未見，但略可見陳澧歌詞新譜的創作當受趙彥肅的影響。

《儀禮》一書無凡例。但陳澧注意從《禮記》、鄭注、賈疏中發現為《儀禮》發凡之處。這對於研讀《儀禮》實有裨益。陳澧認為，鄭注、賈疏能發凡《儀禮》，乃因熟於《禮經》之例，知常例變體之別，且經有不具者，亦可以例補之，於鄭、賈釋例之法，清凌次仲《禮經釋例》承之，大有助於讀《儀禮》者。

以上即陳澧對分節、繪圖、釋例三種讀《儀禮》之法的解釋。論及讀《儀禮》三法時，陳澧云：「嘗欲取《儀禮》經文，依吳中林《章句》，分節寫之。每一節後，寫張皋文之圖，又以凌次仲《釋例》分寫於經文各句下，名曰《儀禮三書合鈔》。如此，則《儀禮》真不難讀。惜乎為之而未成也！」這表明陳澧欲合分節、繪圖、釋例三法為一以治《儀禮》。且汪宗衍《東塾先生著述考略》和吳茂燊、黃國聲《〈東塾先生著述考略〉訂補》未及著錄《儀禮三書合鈔》，當將此書著錄為未成之書。

於韓愈《讀儀禮》所云「掇其大要，奇辭奧旨著於篇」〔註78〕，陳澧認為「掇其大要」即《進學解》所云「記事者，必提其要」，而賈疏分節概括大意之法即韓愈所云「掇其大要」，孔疏亦沿之，杜佑《通典》掇取《儀禮》有未能簡要或太簡處，可見「掇其大要」亦不易。

陳澧還指出，明禮文，尤當明禮意，肯定鄭注精細深微，使禮意畢見，亦肯定孔疏沉摯。如《士喪禮》「代哭」、《既夕禮》「三虞」之類，乃鄭注發明

〔註78〕韓愈著：《韓昌黎全集》，中國書店1991年版，第184頁。

《喪禮》之精意，又如《喪大記》孔疏言古之君臣情重，亦使人泣下。又引《尸子》云「曾子讀《喪禮》，泣下沾襟」，「讀鄭君之注，真欲泣下沾襟矣」。陳澧對禮意的強調，可窺對古禮價值的感同身受和從一定程度上恢復古禮的希冀。曾子讀《喪禮》泣下沾襟，陳澧讀鄭注真欲泣下沾襟，表明禮不僅是程式化的上下有別、尊卑有序，禮依然是人發自內心的情感體現，因此從一定程度上恢復古禮就有其必要性和迫切性。

於今文經《穀梁傳》，陳澧亦有肯定，謂《穀梁傳》釋禮意、問禮意，亦可謂善於禮矣，唐楊士勳疏能疏明《穀梁傳》，可謂心知其意。

因近儒多否定朱子，陳澧稱譽朱子《儀禮經傳通解》考敷精細，純是漢唐注疏之學。如朱子通解《士冠禮》一篇，「有補疏者，有駁疏者，有校勘者，有似繪圖者，與近儒經學考訂之書無異」，「近儒之經學考訂，正是朱子家法」。

陳澧又考《儀禮》向來之疑。如《士冠禮》「母拜」一說，《通典》先以為「瀆亂人倫」，又云「又按九拜之儀，肅拜，今揖也。尊屬欣其備禮，念其成人，以揖示敬，在禮非爽」，引盧文弨《龍城劄記》云「經云見於母，見於兄弟，見即是拜。母之拜，肅拜而已」。陳澧謂盧氏謂見即是拜，最確，指出下文「奠摯見於君，遂以摯見於鄉大夫、鄉先生」，皆所謂「見即是拜」。

於毛奇齡《四書改錯》的草率，陳澧客觀直呈其是非。毛奇齡謂喪服有齊衰，無斬衰，《儀禮》「造一斬衰在齊衰之上」，又云：同一「齊」名「實有兩制」，「重服斬，齊其下際而不緝。緝名齊，不緝亦名齊」。陳澧認為，一齊實有兩制不誤，但非造一斬衰在齊衰之上，「齊衰見於《論語》」，「《儀禮》、《禮記》所謂斬衰，即《論語》所謂齊衰，對平時之衣緝下邊者而言也」，「《儀禮》、《禮記》所謂齊衰，對斬衰不緝下邊者而言」，「毛氏所謂兩制，是也」。陳澧同時指出，毛氏與杜佑《通典》疑《儀禮》，「皆旋即自悟其非」，強調「可見經之不可妄議」。

對於清初散文三大家之一的汪琬《古今五服考異序》，陳澧提出異議，認為汪琬未細讀《喪服傳》及鄭注，未見《禮記‧大傳》孔疏、《朱子語類》相關論述，妄議齊衰降殺，主觀武斷，不能自悟其非，可見「文人不可輕談經學，尤不可輕談禮學」。陳澧對散文家汪琬輕談經學和禮學的嚴肅批評，更可見對待經學的嚴謹態度。在陳澧看來，經學是艱辛嚴肅的，需要全身心沉潛尋繹，容不得文人淺嘗輒止。

於元敖季公《儀禮集說》，陳澧提出批評。《儀禮集說》自序云鄭康成注

疵多醇少，刪其不合於經者，存其不謬者。陳澧以《士冠禮》「筮於廟門」敖氏《集說》為例，指出敖注不過刪鄭注而竊以為己說，又云敖氏自序對《儀禮》篇數的疑問不過顯示其「竟似未見《漢書‧藝文志》所云禮古經『多三十九篇』者」，亦未見賈疏對《儀禮》篇數的論述，「如是輕詆鄭注，多見其不知量」，批評敖氏輕詆鄭注。

清程瑤田《儀禮喪服文足徵記》多駁鄭注，語多峻厲。陳澧認為，《喪服》無高祖玄孫之服，程氏持之甚堅，是也，但程氏駁難鄭注至千餘言，則贅矣，此數語可了者，不必剌剌不休。程瑤田駁鄭注的得意態度，與陳澧所提倡對前賢博學知服的治學態度不甚相符，故陳澧以剌剌不休言之，批評程氏《儀禮喪服文足徵記》峻厲太過，偏離了學術探討本應秉持的冷靜平允、實事求是的精神。

雖對韓愈「掇其大要」一語大加贊同，對其《讀儀禮》所云「考於今誠無所用」〔註79〕，陳澧並不苟同。《抱朴子》《省煩篇》云：「冠婚飲射，何煩碎之甚耶？好古官長，時或修之，至乃講試累月，猶有過誤。而欲以此為生民之常事，至難行也。余以為可命精學洽聞之士，使刪定三《禮》，割棄不要，次其源流，總合其事，類集以相從，務令約儉，無令小碎，條牒各別，令易案用。」陳澧認為，東晉葛洪此語為「至當之論」，正因古禮有不甚煩碎者，欲以其為生民常事則難行，則可命精學洽聞之士，刪定三《禮》，割棄不要，次其源流，總合其事，以類相從，使其可用。又引朱子《跋三家禮範》云：「司馬氏書，讀者見其節文度數之詳，往往未見習行，而已有望風退怯之意。又或見其堂室之廣，給使之多，儀物之盛，而竊自病其力之不足，未有能舉而行之者也。殊不知禮書之文雖多，而身親試之，或不過於頃刻；其物雖博，而亦有所謂不若禮不足而敬有餘者。今乃逆憚其難，以小不備之故，而反就於大不備，豈不誤哉！」陳澧認為，朱子此說可破讀《儀禮》以為不可行、藉口於文之多、物之博者。對於《通典》所云「滯儒常情，非今是古，禮經章句，名數尤繁」，「方今不行之典，於時無用之儀，空事鑽研，競為封執」，陳澧則認為，唐中葉經學已亂，故杜佑《通典》多徇俗。同時強調，《儀禮》十七篇，《冠》、《婚》、《喪》、《祭》諸篇為要，蓋古今同有之禮，倍宜鑽研，於今所不行者，但「掇其大要」可矣，留待專治此經者沉潛研究則可。可見陳澧對《儀禮》之用，極為重視，亦極為通達。

〔註79〕韓愈著：《韓昌黎全集》，中國書店1991年版，第183頁。

第九節 《禮記》卷

一、《禮記》作記者之辭

陳澧《東塾讀書記》《禮記》卷特別留意《禮記》作記者之辭。如《文王世子》有「記曰」，孔疏云：「此作記之人，更言『記曰』，則是古有此記，作記引之耳。」陳澧案曰，凡《禮記》所言「記曰」，皆是古有此記，記之所從來遠矣。《燕義》有「古者周天子之官，有庶子官」，孔疏云：「作記之人在於周末，追述周初之事，故云『古者。』」《深衣》疏云：「作記之人，為記之時，深衣無複製度，故稱『古者深衣，蓋有制度』，言『蓋』者，疑辭也。」《少儀》云「聞始見君子者，辭曰」，疏云：「作記之人，心自謙退，不敢自專制其儀，而傳聞舊說」。陳澧指出，如此之類，作記者時代在後，如《漢書·藝文志》云，「七十子後學所記」，其述古事，述古制，述舊說，不敢自專，故為疑辭。

對《禮記》作記者之辭的尋繹，揭示出以下這樣一些事實：第一，在作記者之前，或已有其他相關文獻記載，故《文王世子》有「記曰」之辭；第二，作記者記載其他相關傳聞舊說，故《燕義》、《深衣》曰「古者」，作記者述古事、古制或舊說；第三，《禮記》作記者著書謹慎，不敢自專制其儀，故《少儀》云「聞始見君子者，辭曰」。

《禮記·檀弓》「大功廢業。或曰：大功誦可也」，意為遭大功之喪則應該廢棄學業，有人說口頭誦習則可。孔疏云「今檢《禮記》多有不定之辭」，並從以下三點闡明多有不定之辭的原因：其一，周公制禮後經幽、厲之亂，遇齊、晉之強，國異家殊，樂崩禮壞，諸侯奢僭，典法訛傳；其二，作記之人，隨後撰錄，善、惡兼載，得、失備書；其三，初制之時，文已不具，略其細事，舉其大綱。於孔疏的見解，陳澧認為，「此所論不盡然也」，「其言制禮之時，舉大略細，則是也」，「大綱既舉，天下遵行，其餘細事，則學士大夫各加講究。有不能較若畫一者，無足怪也，豈必由於亂離崩壞哉」。陳澧指出，《禮記》多有不定之辭，非必由於亂離崩壞，小因禮的細節本由學士大夫各加講究，不能較若畫一無足怪，意識到禮的細節本有差異。

二、虞、夏、殷、周異禮

陳澧指出，《禮記》記虞、夏、殷、周四代異禮，如《檀弓》、《王制》、《文王世子》、《郊特牲》等，而《明堂位》最多。如《檀弓》「有虞氏瓦棺」、

「夏后氏尚黑」，又「夏后氏殯於東階之上」，「殷人殯於兩楹之間」，「周人殯於西階之上」，又「夏后氏用明器」，「殷人用祭器」，「周人兼用之」等。《論語‧八佾》載子曰：「夏禮吾能言之，杞不足徵也；殷禮吾能言之，宋不足徵也。文獻不足故也。足，則吾能征之矣。」陳澧指出，孔子之言表明，夏商兩代之禮，於孔子時代已不可徵，「而《禮記》尚存此數十條，記者之功大矣」，強調《禮記》保存古禮之功。

陳澧還指出，郊祭之禮，惟見於《郊特牲》及《祭義》。社禮、大蜡之禮，亦惟見於《郊特牲》。天子諸侯至官師廟祧壇墠之制，惟見於《祭法》，「記禮者之功，斯為最大」。陳澧認為，《禮記》獨特的價值，在於記載了社禮、大蜡之禮、天子諸侯至官師廟祧壇墠之制這類不見於《周禮》、《儀禮》及其他典籍的古禮。社禮、大蜡之禮等直至清代仍在實行，可見《禮記》對中國傳統文化的記載之功和影響之大。

三、《禮記》與《大戴禮》

《禮記》四十九篇即戴聖選編《小戴禮》，《大戴禮》即戴德選編八十五篇本。陳澧注意到《禮記》與《大戴禮》在內容取捨上的差異。

第一，《大戴記》有《夏小正》，此最古之書，而《禮記》不取，蓋以其記禮之語少。第二，《禮記》不取《大戴禮》《曾子》十篇，蓋以為子書之類。第三，《禮記》不取《千乘》篇。陳澧認為，小戴《禮記》對《千乘》篇的捨棄「尤有識」，此篇所云「下無用，則國家富；立有神，則國家敬；兼而愛之，則民無怨心；以為無命，則民不偷」，「則墨氏之說」，「不知墨氏之說，何以竄入《孔子三朝記》內？小戴不取，宜矣」。據宋王應麟考證，《大戴禮》中《千乘》、《四代》、《虞戴德》、《誥志》、《小辨》、《用兵》、《少閒》七篇即隋唐之後亡佚的《孔子三朝記》〔註80〕。陳澧認為，《大戴禮》《千乘》為墨氏之說，不應竄入，《禮記》不取尤有識。

此外，陳澧指出《大戴禮》無一篇屬喪禮者，而小戴《禮記》《曾子問》、《喪服小記》、《雜記》上下、《喪大記》、《奔喪》、《問喪》、《服問》、《間傳》、《三年問》、《喪服四制》十一篇皆屬喪服，《檀弓》亦喪禮之類，強調古人最重喪禮。又謂讀《問喪》、《三年問》，當無不如曾子讀喪禮，「泣下沾襟」，使

〔註80〕朱贊贊：《〈孔子三朝記〉考述》，楊朝明指導，曲阜師範大學歷史文獻學專業博士學位論文，2011 年。

成篇，非著書也，尤非作文也。《論語》是也；其二，傳聞而記之，所記非一時之言，記之者則一人之筆，伸說引證而成篇，此著書也。《坊記》、《表記》、《緇衣》是也；其三，亦傳聞而記之，記之者一人之筆，所記者一時之言，敷衍潤色，駢偶用韻成篇，此作文者也。《禮運》、《儒行》、《哀公問》、《仲尼燕居》、《孔子閒居》是也。

陳澧以《緇衣》、《坊記》、《表記》為例，一一說明何處與《論語》略同，何處為記者伸說，何處為記者引證。如《表記》「與仁同過，然後其仁可知也」，此見於《論語》，為引用《論語》；「仁者安仁，知者利任，畏罪者強仁」，二句見於《論語》，一句不見於《論語》，蓋亦傳聞多一句；其下文「仁者右也」云云，則記者所伸說也。「子曰：『以德報德，則民有所勸；以怨報怨，則民有所懲』」，此「以怨報怨」一句，異於《論語》，則傳聞有誤。綜而論之，記者有伸說，有引證，且有傳聞之誤，非盡聖人之言，然於聖人之言，記錄之，伸說引證之，則有功於聖人矣。其中有不見於《論語》者，尤為有功矣。

對《坊記》「子云：『小人皆能養其親，君子不敬，何以辨』」的分析，則附帶解決了《論語》「犬馬皆能有養」歧解的問題。陳澧指出，《論語・為政》言「犬馬皆能」，《坊記》言「小人皆能」，語意正同，可證《論語》非謂人養犬馬也；「犬馬能養」，謂犬馬能勤人之事，勤事即謂之「養」；《孟子》云「同養公田」，亦以勤其事為「養」；。《孝經》「故親生之膝下，以養父母日嚴」，亦謂事父母。《坊記》所記孔子此言與《論語・為政》稍異，或傳聞不同，或孔子他日說法稍異。通過《坊記》、《論語》所記孔子此言異文的比較，《論語》「犬馬能養」這句歷來多歧解的句子之歧義得以化解。

陳澧又以《禮運》為例，說明敷衍潤色、駢偶用韻成篇，乃記者因聖人之言而作為文章。《禮運》「故祭帝於郊，所以定天位也。祖廟，所以本仁也。山川，所以儐鬼神也。五祀，所以本事也」云云，多駢偶用韻。《禮運》又云「與其越席，疏布以冪」，孔疏云：「若依《周禮》，越席疏布，是祭天之物，此經云君與夫人，則宗廟之禮也。此蓋記者雜陳夏殷諸侯之禮，故雖宗廟而用越席疏布。」陳澧對孔疏提出不同看法，謂此節用韻之文，「因敷辭而疏失，不必迴護以為夏殷諸侯之禮」，認為因致力敷衍潤色、駢偶用韻，以致內容疏失。可見於作文、著書二事，陳澧將著書視為較高，作文則較低。

關於《禮記》《表記》子曰「夏道遵命」、「殷人尊神」、「周人尊禮尚施」四代優劣之說，陳澧引姚鼐《九經說》云，《表記》所言「子曰」，本皆七十子

聞於孔子，轉授其徒而後記述，其詞氣抑揚之甚，屢屢失其本真，然不可謂全非聖人之旨。陳澧認為姚鼐「此說最善」。亦可見陳澧對桐城派並無門戶之見，並不因派廢言。

八、《儒行》篇

自宋疑經思潮興起，於《儒行》篇開始出現信古、疑古兩派。程頤譏議《儒行》「全無義理，如後世游說之士所為誇大之說」〔註83〕，張載肯定《儒行》「亦多善處」。陳澧認為，《文心雕龍》《徵聖》篇云「《儒行》縟說以繁辭，此博文以該情也」，未嘗有譏議之語，至唐詩人來鵠直加排斥云「《儒行》篇非仲尼之言」。陳澧不認同來鵠、程頤對《禮記》《儒行》篇的排斥和指責，肯定《儒行》正如張載所云多善處，肯定張載讀書審慎，勝於伊川。

陳澧又引《宋史·張洎傳》、《玉海》太宗曾令以《儒行》刻版，印賜近臣及新第舉人，御書《儒行》等文獻，說明宋時先是特重《儒行》；又據《宋史·高閌傳》，認為高閌奏《儒行》詞說不醇，譏議《儒行》之說乃上達人主。

自宋疑經思潮興起，於《儒行》篇開始出現信古、疑古兩派。程頤譏議《儒行》，張載肯定《儒行》。於《儒行》篇，陳澧則信古，強調《儒行》固多善處，其最善處，則如「博學以知服」。鄭注云：「不用己之知，勝於先世賢知之所言也。」孔疏云：「謂廣博學問，猶知服畏先代賢人言，不以己之博學，凌跨前賢也。」陳澧認為，後儒當以此書紳銘座。引范甯《穀梁傳》引何休及鄭君說云「此吾徒所以不及古人也。」又引朱子《呂氏家塾讀詩記後序》云：「一字之訓，一事之義，未嘗不謹其說之所自；及其斷以己意，雖或超然出於前人意慮之表，而謙讓退託，未嘗敢有輕議前人之心也。」認為此皆可謂博學知服者。而朱子《答呂子約書》所云「先橫著一個人我之見在胸中，於己說則只是尋是處，雖有不是，亦瞞過了。於人說則只尋不是處，吹毛求疵，多方駁難」，正言非知服者之狀。

在肯定《儒行》篇多善處的同時，對《儒行》未安處亦客觀道出。第一處為「其過失可微辨，而不可面數也」，陳澧認為，此語實未安，又云「或其意謂他人尊敬儒者當如是歟」。下文總結云儒者「其剛毅有如此者」，既言儒者的剛毅，則未必不能面數其過失，陳澧的疑問確有道理。第二處為「鷙蟲攫

〔註83〕程顥、程頤著：《河南程氏遺書》，王孝魚點校：《二程集》，中華書局1981年版，第177頁。

搏，不程勇者；引重鼎，不程其力」，鄭注云「搏猛引重，不量勇力堪之與否」，孔疏云此喻「儒者見艱難之事，遇則行之，不豫度量也」，陳澧謂注說未安，「竊疑此言鷙猛鳥獸之攫搏，不能比儒者之勇；引重鼎，不能比儒者之力」，又引宋衛湜《禮記集說》採盧陵胡氏曰「鷙蟲攫搏雖猛，引重鼎雖有力，然不敢與儒者較量勇力」，認為鷙蟲攫搏之猛和引重鼎之力遠不足以與儒者之勇相較，充分肯定儒者之勇。

論《儒行》篇的同時，陳澧亦考「儒」的來歷。據其所考，《周禮》「大宰以九兩系邦國之民」，「四曰儒以道得民」，「儒」字始見於此，此與「牧以地得民」、「長以貴得民」、「師以賢得民」之類並言之，非「儒」自為一家之學也；至魯哀公，乃問《儒服》、《儒行》，蓋儒以道得民，則非先王之法服不敢服，非先王之德行不敢行，而末世之人，衣服行事，皆變於古，遂若儒者自為一家之風氣；其後道、墨、名、法並起，各自稱一家之學，遂謂孟、荀之等為「儒家」耳。陳澧指出，儒最先與牧、長、師並列，非自為一家之學，至魯哀公問《儒服》、《儒行》，遂自為一家之風氣，再至諸子百家並起，各自稱一家之學，遂謂孟、荀等為儒家。陳澧還認為，《儒行》之篇於古之儒風，大可考據。

九、《學記》篇

自《朱熹》將《禮記》《大學》、《中庸》兩篇拈出分別作《章句》，與《論語集注》、《孟子集注》並列，合稱《四書章句集注》，再至元仁宗開制度之先，將《四書章句集注》欽定為科舉用書〔註84〕，《大學》、《中庸》跟隨四書傳播的過程被充分經典化。陳澧對《大學》、《中庸》二篇的過度經典化是有所反思的。本著細緻鑽研和探究，他特別留意未包括在四書之內的《禮記》《學記》篇。

第一，陳澧引司馬光《書儀》，指出「司馬溫公謂《學記》、《大學》、《中庸》、《樂記》，為《禮記》之精要」，且「以《學記》在《大學》之前」。這表明，在對《禮記》《大學》、《中庸》、《學記》的發現過程中，其實北宋司馬溫公早已發現《學記》的獨特價值。不過司馬光對《禮記》諸篇的挖掘和發現並未如後來南宋朱熹那般影響力大而深遠，故而學者們對《學記》的關注止步

〔註84〕李文波：《試論朱熹對〈中庸〉的「發現」與「重構」》，《華南師範大學學報（社會科學版）》2005年第4期。

不前。黃庭堅亦注意到司馬光此論，《劉道原墓誌銘》云「溫公論政，以學為源」。陳澧順著這一思路，強調《學記》所云「君子如欲化民成俗，其必由學乎」，「必由」者，言捨此別無他術也，即所謂「論政以學為源」。由此可見，陳澧學術經世思想的形成和對學風、世風的關注很可能受司馬光對《學記》重視的影響。

第二，陳澧注意到朱子亦重《學記》篇。朱子《儀禮經傳通解・目錄》云：「《學記》言古者學校教人傳道授業之序，與其得失興廢之所由，蓋兼大、小學而言之。舊注多失其指，今考橫渠張氏之說，並附己意，以補其注。」陳澧認為，此可見朱子亦甚重《學記》，今人但知朱子有《大學》、《中庸》章句，罕知朱子有《學記補注》者矣。

第三，陳澧特別強調《學記》所云「一年視離經辨志，三年視敬業樂群，五年視博習親師，七年視論學取友，謂之小成；九年知類通達，強立而不反，謂之大成。夫然後足以化民易俗。近者說服而遠者懷之。此大學之道也」。陳澧指出，《大學》篇首云「大學之道」，《學記》亦云「此大學之道也」，可見《學記》與《大學》相發明：「知類通達，物格知至也。強立不反，意誠心正，身修也。化民易俗，近者說服，遠者懷之，家齊國治天下平也。其離經辨志、敬業樂群、博習親師、論學取友，則格物致知之事也。分其年，定其課，使學者可以遵循，後世教士當以此為法」，且強調「若以此為法，學術由此而盛，人才由此而出矣」。陳澧《與胡伯薊書》談《學思錄》大旨云，「僕之書但論學術」，「以為政治由於人才，人才由於學術」，「庶幾讀書明理之人多，其出而從政者必有濟於天下」。可見其特重學術的人才觀與《學記》密切相關。

「離經辨志」鄭注云：「離經，斷句絕也，辨志，謂別其心意所趣鄉也。」陳澧強調，此二者為「切要之學」，「近人治經，每有浮躁之病。隨手翻閱，零碎解說。有號為經生而未讀一部注疏者，若限以斷句讀之，則不能浮躁，不獨有益於讀書，亦有益於治心矣。且浮躁者，其志非真欲治經，但欲為世俗所謂『名士』耳，故志不可不辨也」。陳澧手定《東塾集》有一篇《離經辨志記》，述學海堂新構書齋命名事，引《學記》鄭注，特將學海堂新構書齋命名為「離經辨志齋」，可見他對《學記》「一年視離經辨志」的重視，且身體力行將之付諸教育實踐。

除此之外，陳澧還從訓詁角度，考《學記》《朱子補注》「大學之教也，時教必有正業，退息必有居學」句解「時教居學」之誤。對「不興其藝，不能樂

學」鄭注所云「興之言喜也，歆也。藝謂禮、樂、射、御、書、數」特為留意，謂近儒皆尚名物、制度、六書、九數之學，即所謂興藝也，援引鄭注為清代考據訓詁之漢學正名。

十、《大學》、《中庸》篇與後世理學

陳澧雖為古文經師，但秉持通達的經學觀，亦重義理之學。《東塾讀書記》《禮記》卷論《中庸》、《大學》，認為後世理學即揭櫫於此。引《仲尼燕居》云「子曰：『禮也者，理也』」，《樂記》云「禮者，理之不可易者也」，陳澧稱「故理學即禮學也」。有學者認為，繼顧炎武提出「經學即禮學」，經阮元、凌廷堪「以禮代理」思想的推闡，又經曾國藩、陳澧會通漢宋、以禮為歸的努力，黃式三著《說禮》三篇，曰「禮者理也」，再至黃以周遂使「禮學即理學」思想成熟、定型，黃以周為「禮學即理學」這一學術形態的完成者和關鍵人物〔註85〕。黃式三比陳澧年長二十來年，未知陳澧是否見黃氏《說禮》篇，但可以肯定的一點是，陳澧亦明言「禮學即理學」。相較黃式三「禮者理也」，陳澧的措辭更為明白精確。下面分別析論陳澧對《大學》、《中庸》的闡微。

（一）《大學》篇

《大學》一篇，朱子分為「經一章，傳十章」，為後儒所訾議。《豳風·七月》首章，鄭箋云「此章陳人以衣食為急，餘章廣而成之」，陳澧指出，「古人之文，有以餘章廣成首章之意者」。陳澧認為，朱子若效《豳風·七月》鄭箋云「餘章廣而成之」，則後人不能訾議。

朱子《大學章句》云：「明德者，人之所得乎天而虛靈不昧。」《語類》則云：「光明正大者謂之明德。」陳澧認為，《語類》的說法勝於《大學章句》「虛靈不昧」之說。同時指出《章句》「明明德於天下者，使天下之人皆有以明其明德」「此亦似未安」，明明德於天下，即平天下也。朱子云：「傳之十章，釋治國平天下。此章之意，務在與民同好惡而不專其利。」何嘗云「此章之意，務在使天下之人，皆有以明其虛靈不昧之德」乎？與民同好惡，而不專其利，乃是明其光明正大之德於天下也。光明正大之解，不可易矣。

朱子解「格物」云「格，至也。物，猶事也」，陳澧認為朱子之解為「古訓」。朱子又云「窮至事物之理」。宋元人黃公紹字書《古今韻會》改「窮至」

〔註85〕林存陽：《黃式三、以周父子「禮學即理學」思想析論》，《浙江社會科學》2001年第 5 期。

為「窮究」，清陸隴其《大學問答》認為「迎合朱子之意」而「小變」，「非古義矣」，「朱子借古義『至』字而加『窮』字，後人取新意『窮』字而去『至』字」。陳澧認為陸隴其謂朱子為借，「剖析最精審」，且「格物」當恢復古義訓為「至事」。

基於對「格物」古義的把握，於「格物致知」四字，陳澧作如下剖析：至事者，猶言「親歷其事」也。天下之大、古今之遠，不能親歷，讀書無異親歷也；故「格物」者，兼讀書、閱歷言之也。「致知」者，猶言「增長見識」也。凡人慾增長見識，捨讀書、閱歷，更無他法，故曰致知在格物也。朱子《答黃直卿書》云：「天下事一一身親歷過，更就其中屢省而深察之，方是真實窮理。」朱子此說，乃「格物」、「致知」之確解也。身親歷過者，格物也，屢省深察者，致知也。格物致知，猶言實事求是。實事者，格物也；求是者，致知也。陳澧對「格物致知」含義的推進在於兩點：其一，強調「格物」兼讀書和閱歷，同時重視直接經驗和間接經驗；其二，將「格物致知」直解為「實事求是」，可謂深入淺出，使「格物致知」四字具有一目了然的現代意義。與此同時，陳澧解「格物致知」訓詁、義理兼重，亦肯定朱子《大學章句》重古訓。

對於王陽明《傳習錄》所謂「存心於一草一木」的格物論，陳澧引朱子《答趙民表書》所云「若捨此平易顯明之功，而必搜索於無形無跡之境，竊恐陷於思而不學之病」、《答陳齊仲書》所云「兀然存心於一草木、一器用之間，此是何學問？如此而望有所得，是炊沙而欲其成飯也」，認為朱子說「格物」遵守程子所謂「窮經應事」之說至精確，王陽明「存心於一草木、一器用之間」的格物論「早為朱子所嗤矣」。

（二）《中庸》篇

蘇轍自題所作《老子解》云：「僧道全與予談道，予曰：『予所談者，予於儒書已得之矣。』《中庸》曰：『喜怒哀樂之未發謂之中，發而皆中節謂之和。』此非佛法而何？六祖所謂『不思善，不思惡』，則喜怒哀樂之未發也。蓋中也者，佛性之異名，而和者六度萬行之總名也。」陳澧認為，蘇穎濱以中庸傅合禪家之語，此自古以來所未有。張九成《中庸解》云：「予嘗求聖人而不可得，今乃知在喜怒哀樂未發處爾。」張無垢之意與蘇穎濱同，但言聖人而不言佛，則改頭換面之法。陳澧認為宋人之講喜怒哀樂之未發，亦可謂咫尺禪門，引禪入儒。

對於「喜怒哀樂之未發」的歧解，陳澧認為始自程子與蘇季明之答問。《程氏遺書》云：「或曰『喜怒哀樂未發之前求中，可否？』曰：『不可。既思喜怒哀樂未發之前求之，又卻是思也。既思即是已發。』」元注云：「思與喜怒哀樂一般。」蘇季明問曰：「當中之時，耳無聞，目無見否？」曰：「雖耳無聞，目無見，然見聞之理，在始得。」陳澧注意到，程伊川之後，楊時、羅從彥、李侗皆以此相傳，朱子又從李侗學，故朱子論之尤詳。朱子又有《與羅參議書》云：「元來此事與禪學十分相似，所爭毫末耳。然此毫末卻甚佔地步。」陳澧指出，朱子所云「與禪學爭毫末卻甚佔地步」者，不知所佔地步何如，此書未明言，未敢測度也。拈出朱子「與禪學爭毫末卻甚佔地步」諸語，表明陳澧不贊同以禪學論儒學，認為朱子雖云爭毫末，亦意識到此毫末甚佔地步，即儒家與禪學畢竟並非僅毫末不相似。

陳澧又引朱子《答呂子約書》云「《程子遺書》中『才思即是已發』一句，能發明子思言外之意」，又云「強以已發之名，侵過未發之實，使人有生已後未死已前，更無一息未發時節。惟有爛熟睡者，可為未發，而又不可以立天下之大本」，又云「子思只說喜怒哀樂，今卻轉向見聞上去，所以說得越多，愈見支離紛冗。此乃程門請問、記錄者之罪。不若放下，只白直看子思說底。」陳澧指出，朱子認為程子『才思即是已發』一句，能發明子思「喜怒哀樂之未發謂之中，發而皆中節謂之和」諸語言外之意；而程門請問、記錄者之罪，又將程子引向支離紛冗的說辭，以已發之名，侵過未發之實，使人有生已後未死已前，更無一息未發時節，惟有爛熟睡者可為未發，而又不可以立天下之大本；因而不如放下程子所言，只看子思之言。可見朱子此說漸顯放下注疏讀原典的導向。

在程子「喜怒哀樂之未發」之解造成歧解以及朱子的解答策略的基礎之上，陳澧提出以下見解：《中庸》所謂「未發」，屬喜怒哀樂而言，文義甚明。若截去「喜怒哀樂」四字，但取「未發」二字，而辯論何者未發，則非《中庸》文義也。如程子之說，則是思之未發，如蘇季明之問，則是聞見之未發。朱子謂程子發明子思言外之意，說到盡頭而以轉向見聞歸罪於程門請問記錄者。因此，白直看子思說，則子思但說「喜怒哀樂之未發謂之中」，未嘗說「思未發」，未嘗說「聞見未發」也。而不喜不怒不哀不樂之時，凡人皆有之，不必說到言外盡頭。朱子《語類》云「喜怒哀樂未發」之中，未是論聖人，只是泛論眾人亦有此，與聖人都一般。此乃「白直看子思之說」矣。

　　陳澧對「喜怒哀樂之未發」闡釋的意義在於，將中庸之旨從一種特殊的高深境界還原至眾人通過努力能達到的一種平凡境界，這使得北宋以來雜入《中庸》之旨的玄妙虛幻的禪學成分得以剔除，使得「喜怒哀樂之未發」成為眾人可達之境，從而由消極轉向積極。與此同時，陳澧還強調「喜怒哀樂之未發」與「發而皆中節」的區別，強調「喜怒哀樂之未發，則常人有之，絕無玄妙也」，「發而皆中節，則非常人所能」。這樣的明確區分，肯定了中庸之旨中既有眾人皆能達的平凡境界，又強調了「發而皆中節」則為「非常人所能」的聖人境界，這種聖人境界則成為眾人道德理想的一種懸設。

十一、《樂記》篇

　　《禮記·樂記》云：「人生而靜，天之性也。感於物而動，性之欲也。物至知知，然後好惡形焉。好惡無節於內，知誘於外，不能反躬，天理滅矣」。南宋黃震《黃氏日鈔》「人生而靜，天之性也；感於物而動，性之欲也。好惡無節，於內知誘，於外不能反躬，天理滅矣。皆近世理學所據，以為淵源」諸語，顯源自《樂記》。陳澧據此指出，「夫宋儒理學，上接孔孟者也。而其淵源，出於《樂記》此數語。然則此數語，乃孔門之微言也，真精要也。」

　　陳澧還指出，「為君子為能知樂，今則去古太遠，古樂聲容之美，耳不得而聞，目不得而見，何由而知樂哉」，遺憾於去古太遠，不得聞見古樂聲容之美，遺憾於讀《樂記》僅能得其精理名言。

　　此外，除《樂本》一篇，陳澧亦發掘《禮記·樂記》其餘精要者。如《樂象》篇云：「以道制欲，則樂而不亂；以欲忘道，則惑而不樂」，認為尤足以警學者之身心。

十二、《禮記》似易實難者

　　陳澧指出，韓愈言「《儀禮》難讀」〔註86〕者，謂其文句繁碎參差，讀之難上口，然其儀節分明，又有鄭注為之發凡、起例，讀之不至於茫昧；《周禮》職事，尤粲然具備，其偶有未備者，鄭注為之推次，差約可以補苴罅漏；《禮記》則有單說義理，而不說其典制者，如《郊特牲》云：「禮之所尊，尊其義也。失其義，陳其數，祝史之事也，故其數可陳也，其義難知也。」夫所謂其數可陳者，作記之時則然耳。後世則其數反難知矣。其中有可以差次而知者，

〔註86〕韓愈著：《韓昌黎全集》，中國書店1991年版，第183頁，《讀儀禮》。

又有不可知者。對於《玉藻》熊氏說、《郊特牲》皇氏說這類若不可知而輒為之說，陳澧批評熊氏和皇氏自為說以補經，其病在無憑據，肯定孔疏得闕疑之義。

十三、《禮記》孔疏

陳澧從以下幾方面對孔疏加以肯定。

第一，肯定孔疏亦有補經者，且補之而無疑，不似熊氏、皇氏補經無憑據。如《奔喪》、《間傳》、《昏義》皆疏之補經。

第二，孔穎達於三《禮》惟疏《禮記》，而實貫串三《禮》及諸經。有因《禮記》一二語而作疏至數千言者，如《王制‧制三公一命》卷竟疏四千餘字，其一千餘字者尤多。《毛詩》、《左傳》疏亦有之。肯定孔疏「元元本本，殫見洽聞，非後儒所能及矣」，且「非好為繁博也」。陳澧對孔疏博而不繁的肯定，同時可見其對後儒注疏過分繁博冗長的批評。

第三，孔疏非但詳於考典制，其說性、理亦甚精。《中庸》疏云：「賀瑒云：『性之與情，猶波之與水。靜時是水，動則是波。靜時是性，動則是情』，「則性之與情，似金與環印。環印之用非金，亦因金而有環印。情之所用非性，亦因性而有情。則性者靜，情者動，故《樂記》云：『人生而靜，天之性也。感於物而動，性之欲也。』故《詩序》云『情動於中』，是也。但感五行，在人為五常，得其清氣，備者，則為聖人；得其濁氣，簡者，則為愚人。降聖以下，愚人以上，所稟或多或少，不可言一，故分為九等。孔子云：『唯上智與下愚不移。』二者之外，逐物移矣。故《論語》云：『性相近，習相遠也。』」孔疏博引諸如南朝梁人賀瑒以波、水喻情、性之說，述性、情之理。陳澧認為，觀此孔疏可見唐以前論性、理者已多，孔沖遠作疏，已遍覽之，而為折衷之說，故孔穎達非但深於《禮》學，其於理學亦不淺也，強調漢唐之儒亦重義理。

十四、《禮記集說》、《禮書綱目》

南宋衛湜《集說‧序》云「他人著書，惟恐不出於己。予之此書，惟恐不出於人」，又云：「博求諸家之說，零篇碎簡，收拾略遍」，又云「抵排孔、鄭，援據明白，則亦並錄，以俟觀者之折衷」。陳澧肯定衛湜《禮記集說》勤用力於博求諸家之說，又指出其貪多務得之弊，希望有為之削繁撮要者則善矣，且強調抵排孔、鄭之處則不可刪，即使有抵排未當者，宜過而存之。

對於宋末元初陳澔《禮記集說》，陳澧認為「可取者絕少」。雖肯定《三年問》「因以飾群，別親疏貴賤之節」陳氏「人不能無群，群不可無別。以群字對別字，得之矣」諸語，說之最精當。而《儒行》「今眾人之命儒也妄，常以儒相詬病」諸語，衛氏《集說》採嚴陵方氏說，已如此，陳氏乃不引之，且司馬溫公《機權論》「世之命機權也妄」仿《儒行》句法，陳氏尤不能引之也；《學記》「大學之教也，時教必有正業，退息必有居學」陳氏讀此三句不誤，然朱子《補注》已如此讀，陳氏亦不引之，「何其疏漏耶」，批評陳澔《禮記集說》常有疏漏，未引前人之說而自為之說與之同，在學術著述規範上，對陳澔《禮記集說》提出批評。

於清江永《禮書綱目》，陳澧給予充分肯定，認為此書可謂不愧自序所言「裒集經傳，欲其該備而無遺，釐析篇章，欲其有條而不紊」諸語。陳澧指出，自鄭君為三《禮》注，至朱子彙集為《儀禮經傳通解》而未成，至江氏乃成此書；治經考禮者，實賴有此；與之匹敵者，惟阮元《經籍籑詁》（秦蕙田《五禮通考》則兼史學，遂暫不論），充分肯定江永《禮書綱目》在禮學史上的地位和價值。

第十節　《春秋三傳》卷

一般認為，陳澧屬於經古文經派。從《東塾讀書記》《春秋三傳》一卷來看，亦可顯見。不過，公允通達是陳澧治學最顯著之一貫風格。因此，《東塾讀書記》《春秋三傳》卷並非一味抬高古文經《左傳》、貶低今文經《公羊傳》和《穀梁傳》。標目《春秋三傳》之名即可見，陳澧欲給予《左傳》、《公羊》和《穀梁》三傳公正平允評價。陳澧依據三傳著述的先後順序，依次對《春秋》經、《左傳》、《公羊》、《穀梁》展開論述。

一、《春秋》經

（一）《春秋》為何始於隱、桓

對於《春秋》為何始於隱、桓，《公羊傳》之說最早，哀公十四年傳云「《春秋》何以始乎隱？祖之所逮聞也」〔註87〕，認為隱公事祖輩逮聞，言下之意即隱公以前之事祖輩不及逮聞，故不能記。考《公羊傳》，可見惠公事，而惠

〔註87〕王維堤、唐書文撰：《春秋公羊傳譯注》，上海古籍出版社 2004 年，第 562 頁。

公早於隱公，可知此說不足取。東漢何休《公羊傳解詁》隱公元年解云，「《春秋》託新王受命於魯，故因以錄即位」，「託隱公以為始受命王」。何休此解主要目的在於，論證孔子作《春秋》是「為漢製法」，強把隱公當作「始受命王」。何休的解釋不過是懷著政治目的對《春秋》本義的曲解。西晉杜預《春秋經傳集解序》云：「《春秋》何以始於魯隱公？答曰：周平王，東周之始王也。隱公，讓國之賢君也。考乎其時則相接，言乎其位則列國，本乎其始則周公之祚胤也。」杜預此解謂隱公與東周之始的平王時代相接，而實際上魯惠王與周平王時代更為相近，且魯王皆為周公祚胤，可見杜解不可靠。隋王通、唐啖助均反對杜說，然均不足以言之成理。清初顧炎武《日知錄》云：「自隱公以下，世道衰微，史失其官，於是孔子懼而修之。自惠公以上之文，無所改焉，所謂『述而不作』者也。自隱公以下，則孔子以己意修之，所謂『作《春秋》』也。然則自惠公以上之《春秋》，固夫子所善而從之者也，惜乎其書之不存也。」顧炎武拋棄了漢唐諸儒之說而自作獨斷之解，但仍不免為主觀臆斷和偏見〔註88〕。

　　《東塾讀書記》《春秋三傳》卷開篇即解《春秋》始於隱、桓之疑。陳澧認為，春秋之前，魯幽公之弟魏公，弒幽公而自立，懿公之兄子伯御，弒懿公而自立，《春秋》不始於彼者，周宣王伐魯，殺伯御而立孝公，「是時天子尚能治亂賊也」；至隱公為桓公所弒，天子不能治之，「此則孔子所以懼而作《春秋》也」。陳澧將魏公弒幽公自立、伯御弒懿公自立與桓公弒隱公此三例看似相似的弒君事件加以區別視之，認為前兩次弒君事件發生之時，周天子尚能治亂賊，表明禮尚在，世道尚未徹底衰微。桓公弒隱公之時，天子竟不能治之，可見禮義徹底崩塌，世道徹底衰微，孔子懼，因而以隱、桓為始作《春秋》，以微言大義挽狂瀾於既倒。陳澧概言之曰：「《春秋》始於隱、桓，為惡桓弒隱，而孔子以王法治之，大義昭然也。」

　　陳澧《春秋三傳》開篇對《春秋》何以始於隱、桓的解釋，既扣住了「孔子懼而作《春秋》」的寫作背景，又釐清了不始於桓公弒隱公之前幾次弒君事件的原因。與歷代學者相比，陳澧對這個問題的探究和分析，既以充分史事為依據，在義理推斷上又極為合理與嚴謹。應該說，陳澧的解釋可稱得上「最得其義」。

在述已見的同時，陳澧還對晉范甯、唐啖助、趙匡、陸淳、清王昶對《春秋》始於隱、桓之解進行了簡要的考索。范甯《穀梁序》所云「平王以微弱東遷，於時則接乎隱公，故因茲以託始」，未知始於隱公之故。啖助、趙匡於《春秋集傳纂例》隱公下注「惠公二年，平王東遷」，顛倒《史記》年表所記平王東遷二年、惠公即位，仍不可解始隱之義。陸淳《春秋集傳辨疑》凡例云「『託始焉爾』，既始於隱公，則從始者書之，何云託乎」，真不必謂之託。王昶《隱公不書即位辨》云「《春秋》為亂臣賊子而作，實因魯而作，所以十二公以隱舉首」，此解最得其義。

（二）微而不隱的《春秋》筆法

陳澧對微而不隱的《春秋》筆法的發現，源於對董狐、齊太史的秉筆直書與《春秋》以「公薨」書桓公弒隱公的對照。晉董狐書「趙盾弒其君」，齊太史書「崔杼弒其君」，自古以來被人們贊為秉筆直書、公正不阿。魯桓公弒隱公，《春秋》但曰「公薨」，而孟子顧以為「亂臣賊子懼」，何也？陳澧作出如下分析：董狐非趙氏臣，齊太史非崔氏臣，可以直書；孔子為魯臣，於其先君之篡弒，不可直書。若如此，何以彰顯史實？孔子削去弒君者之名，但書薨而不書地，則與正終者異，又隱公不書葬，桓公書即位，隱公為桓公弒不待言而明。陳澧認為，此種紆曲之筆，是南、董之筆所不能到的。

孔穎達疏謂魯舊史不書君弒為愛君，董狐秉筆直書則志在疾惡。陳澧認為此為謬說，「《春秋》不疾惡，亂臣賊子何以懼？」《史通》云：「董狐、南史，各懷直筆。孟子言『孔子成《春秋》』而亂臣賊子懼，無乃烏有之談。」陳澧認為，劉知幾未能體會《春秋》曲筆之妙，此為劉知幾的粗疏。桓二年《春秋》經「公會齊侯、陳侯、鄭伯於稷，以成宋亂。」「以成宋亂」四字，表面意為平宋亂，實暗刺桓公因受華父督大鼎之賂而立之，而華父督先殺孔父、又弒宋殤公，為亂臣賊子。東晉徐邈曰：「《春秋》雖為親尊者諱，然亦不沒其實。」陳澧認為，《春秋》不直書桓公弒隱公，已為尊者諱，徐邈「亦不沒其實」所言為是。

二、《左傳》

（一）敘事精善

《左傳》記事詳贍，以事明義，向來被視作敘事體的典範。陳澧從細微處著手，挖掘《左傳》隱公十一年桓公弒隱陰謀的蛛絲馬蹟。陳澧指出，隱公

十一年《左傳》云「羽父請殺桓公」，則桓公有不臣之跡，可知也；云「反譖公於桓公，而請弒之」，則桓公許之，可知也；云「討寪氏，有死者」，言其冤也；云「不書葬，不成喪也」，言桓不以人君之禮葬隱也。隱公被桓公弒殺一事的來龍去脈，實為曲折。據《左傳》隱公十一年傳文：羽父原本向隱公請求殺桓公，以此謀求太宰官職。隱公非但不同意，反打算隱退，將國政交付桓公。羽父懼，反譖隱公於桓公而請弒之。趁隱公祭鍾巫，館於寪氏家，羽父使賊弒隱公，立桓公，又討伐寪氏，寪氏家有人被枉殺。從隱公十一年《左傳》這段記載中，陳澧挖掘出桓公弒殺隱公陰謀的蛛絲馬跡。《春秋》隱公十一年經文關於隱公之死僅九字，「冬十有一月壬辰，公薨」，看似平常。左氏如何曲折傳達平常歷史敘述背後的驚心動魄和陰謀詭計？陳澧認為，「左氏為魯史官，亦不可以直書者，而能曲曲傳之，其敘事之精善，非後世史家所及也」，充分肯定左氏敘事的精善絕妙。西晉杜預《春秋左氏經傳集解》看法不同，其注云：「欲以弒君之罪加寪氏，而復不能正法誅之。傳言進退無據。」杜注隨意揣測，把「討寪氏」理解為「欲以弒君之罪加寪氏」，顯然不成立。若作此解，「有死者」三字則解釋不通。陳澧批評杜注乃誣《左傳》，「《傳》曷嘗有此言」。

（二）義深於君父

《後漢書·賈逵傳》云：「《左氏》義深於君父，《公羊》多任於權變。」陳澧認為，最能體現《左氏》「義深於君父」之處，即在《左傳》開卷所記潁考叔、石碏事，「潁考叔、石碏二人事最詳，此有大意也」。

《左傳》隱公元年開篇重點原在述鄭莊公和鄭伯克段於鄢，述及莊公置姜氏於城潁，誓「不及黃泉，無相見」又悔後，突然筆鋒一轉，插入潁考叔事，傳云：「潁考叔為潁谷封人，聞之，有獻於公。公賜之食，食舍肉。公問之，對曰：『小人有母，皆嘗小人之食矣，未嘗君之羹，請以遺之。』公曰：『爾有母遺，繄我獨無！』潁考叔曰：『敢問何謂也？』公語之故，且告之悔。對曰：『君何患焉？若闕地及泉，隧而相見，其誰曰不然？』公從之。公入而賦：『大隧之中，其樂也融融！』姜出而賦：『大隧之外，其樂也泄泄！』遂為母子如初。」

莊公因寤生，被母姜氏惡。待莊公即位，姜氏為莊公弟共叔段請求制地作封邑。莊公不許，共叔段襲鄭敗，出奔。莊公與姜氏、弟共叔段的矛盾由此激化。潁考叔於此時有獻於莊公，應該是有意為之，其目的不是獻，而是觸

動莊公使其與母、弟和解。穎考叔的目的達到了。莊公對姜氏生悔意，掘地與母相見，其樂融融，和好如初。傳語引君子曰：「穎考叔，純孝也，愛其母，施及莊公。《詩》曰：『孝子不匱，永錫爾類。』其是之謂乎！」陳澧認為，《左傳》詳述穎考叔事，目的是強調孝之大義。

《左傳》隱公四年記衛州吁弒其君自立，宋殤公即位，公子馮出奔鄭，鄭人慾送其回國為君。州吁欲求寵於諸侯，聯合宋、陳、蔡國伐鄭，以除宋公子馮，但未能和其民。石厚向父親石碏請教穩定州吁國君地位的辦法。石碏用計，使子石厚跟隨州吁去陳國，又使人告訴陳國，此二人即弒君者，請殺之。州吁和石厚均被殺。弒衛君者實為州吁，為設計殺州吁，石碏不得已殺死追隨州吁的親子石厚。傳語引君子曰：「石碏，純臣也，惡州吁而厚與焉。『大義滅親』，其是之謂乎！」陳澧認為，《左傳》詳述石碏大義滅親事，目的在強調忠之大義。

與此同時，陳澧又引元理學家趙汸《春秋師說》記黃澤之言，「所謂虛辭者，謂如尊君卑臣，貴王賤霸，崇周室、抑諸侯。若此之類，其義雖正，然人人所知。今有人能誦此說，似乎通曉；及至以一部《春秋》付與之，使之著筆，則莫知所措」。陳澧認為，黃氏此說最為醇正，不應不考事實而好為大言，應虛心以求《春秋》精微義理至當之歸，此尤為卓識。

（三）存故實文獻、經學德行名言之功

陳澧還先後引東晉袁宏《後漢紀》、唐劉知幾《史通》、南宋王應麟《漢制考》、清顧震滄《左傳引據詩書易三經表》、阮元《詁經精舍策問》相關五說，強調讀《左傳》者不可不知，所謂道德仁義、憲章墳典、故實文獻、經學德行名言，皆出於孔子之前，賴有左丘明著《左傳》和《國語》述之，至今得以考見，此左氏之功之大也。《三國志·王肅傳》裴注引《魏略》魄僖答魚豢曰：「《左氏》直相斫書耳，不足精意也。」陳澧認為，若不知左氏存道德仁義、憲章墳典、故實文獻、經學德行名言之功，則有謂其為「相斫書」矣，將《左傳》看作殺伐之書，而不能識其精意。

（四）駁「左氏不傳《春秋》」

《漢書·劉歆傳》載劉歆《移讓太常博士書》述漢博士言，云「左氏不傳春秋」。西晉王接謂「《左氏》自是一家書，不主為經發」。清儒劉逢祿專治《公羊傳》，著《左氏春秋考證》，以證左氏不傳《春秋》，純屬劉歆篡改，云「《左

氏春秋》,猶《晏子春秋》、《呂氏春秋》也,冒曰《春秋左氏傳》,則東漢以後之以訛傳訛者矣」。陳澧力駁劉逢祿之說,引《漢書・翟方進傳》云:「方進雖受《穀梁》,然好《左氏傳》。」翟方進是西漢人,其傳云「雖受《穀梁》,然好《左氏傳》」,可證西漢時《左氏傳》書及其名均真實存在,非劉逢祿所言東漢以後以訛傳訛。又引《公羊傳》定元年「主人習其讀而問其傳」何注「讀謂經,傳謂訓詁」,可見漢人所謂傳,即訓詁解經。在漢時博士看來,解經才可謂之傳。而《左傳》記事多,解經少。這意味著,劉歆《移讓太常博士書》漢博士所謂「左氏不傳《春秋》」,意思並非左氏非經傳,而是指《左傳》解經不多。陳澧反駁了劉逢祿質疑《左氏春秋》之名起於東漢後,澄清了漢時「左氏不傳《春秋》」的本義,從而對起於西晉王接「《左氏》自是一家書」的觀點進行了有力的辯駁。

(五)附益之說

《左傳》文公十三年云「其處者為劉氏」,述晉大夫范武子家族留秦者以劉為氏,從而成為劉姓祖先。孔疏認為,漢室初興之時,《左氏春秋》不顯於世,先儒無以自申,插注此辭,以媚當世。陳澧指出,《左傳》附益之說實昉於此。劉逢祿《左氏春秋考證》凡書「曰」之文,則謂劉歆增益,陳澧認為,謂劉歆所增益則未確。

孔穎達在杜預《春秋左傳集解》序云,《春秋》諸事,皆不以日月為例,惟卿卒、日食二事以日月為例。陳澧指出,孔氏此說可疑,日食不書日,為官失之,其說通,大夫卒,公不與小斂,不書日,則不可通。孔廣森《公羊通義》亦駁孔氏此說。陳澧認為,《左傳》本無日月例,後人因《公羊傳》、《穀梁傳》有,從而仿傚附益而為卿卒、日食二條。

又《左傳》解《春秋》書法不通者,必為後人附益。如宣元年「春王正月,公子遂如齊逆女」,傳云「尊君命也」。「三月,遂以夫人婦姜至自齊」,傳云「尊夫人也」。此二處意為公子遂去齊國迎親,《春秋》稱「公子遂」,是由於尊君命,遂和夫人姜氏從齊國到來,《春秋》稱「遂」,是由於尊重夫人,細揣之,可知傳實不可通。《公羊傳》則云「一事而再見者,卒名也」,認為第二處省略「公子」的稱謂,是因為一事再見。陳澧指出,此《公羊》之勝《左傳》者,又指出左氏必當知文法如此,由此可推斷「尊君命也」、「尊夫人也」二句必為後人附益。

（六）《左傳》之語，有不可執以為例者

對於散於經傳注疏中的凡例，陳澧特別留意，同時發現，《左傳》之語，有不可執以為例者，必須明辨。如宣公九年「陳殺其大夫洩冶」，杜注云：「洩冶直諫於淫亂之朝以取死，故不為《春秋》所貴而書名。」杜注認為經文書「洩冶」名的原因是，洩冶直諫於淫亂之朝，死不可貴。孔疏云：「洩冶安昏亂之朝，慕匹夫之直。死而無益。」孔疏延杜注之意，批評洩冶之死無益。陳澧指出，「此以文七年傳為例，遂誣忠臣以罪狀，誣《春秋》以罪賤忠臣，深可怪駭」。文七年「宋人殺其大夫」，傳云「不稱名，非其罪也」。宣公九年杜注據此為例，以為《春秋》書「洩冶」名，則認為洩冶有罪。陳澧則以為，文七年傳語不可執以為例，以致誣忠臣，誣《春秋》以罪賤忠臣。又如孔疏明知凡例不合，歸之於來告者。如隱公十一年傳云「凡諸侯有命，告則書，不然則否」，凡是諸侯有大事，來報告則記載，不來報告就不記載。陳澧質疑，如果因其來告而書其事，是非僅憑其告辭為褒貶？如果這樣，則有罪、無罪、罪及民、不及民，但憑告者之辭，而國史承之，夫子即從而書之，以為褒貶，孔子何以用《春秋》載微言大義？又何以示虛實？批評杜注、孔疏「傳謬而注曲從之，注謬而疏曲從之，而以為孔子之意」，並由此強調附益之語不可不辨。

（七）從赴之說

陳澧對杜注、孔疏的批評，還在於杜注、孔疏對經傳大事日期不符處強為解。如隱公三年「三月，庚戌，天王崩」，《左傳》云「壬戌，平王崩，赴以庚戌，故書之」。《春秋》經記載平王崩的時間為庚戌，《左傳》則云「壬戌」，訃告書「庚戌」，故《春秋》從訃告書「庚戌」。陳澧認為，天王崩乃最大之事，魯史自當從赴，孔子自當因之，雖有異說，不可輕改舊史；杜注云「實以壬戌崩，欲諸侯之速至，故遠日以赴」，杜注不通，孔疏亦延之而未解通；「魯之舊史，未必憒憒至此，即魯史憒憒，孔子亦遂因之耶？如此類者，但當闕疑」。

三、《公羊傳》

（一）《公羊》亦甚重記事

一般的看法認為，《左傳》長於敘事。陳澧則指出，《公羊》亦甚重記事，但所知事少，又有不確者。如《公羊》記伯姬事，存其賢。若《公羊》不詳記

此事，後人只知伯姬死於火，而不知其賢。《公羊》於春秋時人，多不知者。如文公十二年《公羊傳》誤以康公為繆公。昭公二十年《公羊傳》直言未知，則是其篤實。

（二）何休《公羊解詁》

陳澧從以下幾方面評何休《公羊解詁》：

其一，批評何休墨守《公羊》。

何休墨守《公羊》，惡《左傳》，故《公羊解詁》故意異於《左傳》，不從其說。如昭公三十一年《公羊》有謬，何休亦墨守之。徐彥疏則繼續偏徇師說，以至於傷教害義而不顧。

其二，肯定何注有「薈萃古書而貫串」者，可稱「學海」。

如《公羊》宣十五年，傳云「什一行而頌聲作」，何注從「聖人制井田之法」言及「出兵車」、「選父老里正」、「女功緝績」、「求詩造士」，凡六七百言。陳澧認為此即何注「薈萃古書而貫串」者，所謂「學海」，於此可見一斑。

《公羊》宣公八年、文公二年、襄公三十二年等多處傳注言禮制，何休習而熟之，亦可見其為「學海」。

其三，何注用緯書。

何注多用見於緯書的禮制注《公羊》。如昭公二十五年傳注云「東夷之樂曰株離，南夷之樂曰任，西夷之樂曰禁，北夷之樂曰昧」，文公五年傳注云「含，口實，天子以珠，諸侯以玉，大夫以碧，士以貝。《春秋》之制也」。何注用緯書注經，與漢代讖緯之盛有關。從其客觀影響來看，則對先秦、秦漢各類古籍文獻和民間觀念起到了一定的存留作用。

其四，何注多本於《春秋繁露》。

陳澧指出，何注多本於《春秋繁露》，並將《公羊》與《春秋繁露》比而較之。《春秋繁露》云：「王魯，紬夏，新周，故宋。」而《公羊》無此說。《公羊》云：「王者無敵，莫敢當也。」既以周為王者無敵，必無黜周王魯之說。宣公十六年《公羊》云「外災不書，此何以書？新周也」，惟有新周二字。何注取《繁露》之說以解之。由此可見何注受董仲舒影響，闡發《公羊》義理有與《公羊》本來面目不相符者。陳澧還指出，劉逢祿《公羊議禮制爵篇》，乃守何氏之說而更甚，又言「黜周王魯」非真，有自相矛盾之處，可見劉逢祿將何休的公羊義理發揮得愈益遠離《公羊》的真實義理。依此邏輯推而導之，可揣後來康有為承何休《公羊經傳解詁》而來的《公羊》義理，實際上亦遠離

《公羊》義理。

陳澧還指出，晉王接、北宋蘇軾《論春秋變周之文》、南宋陳振孫《直齋書錄題解》皆能為《公羊》辯誣。然「新周」二字未得其解。至清儒孔廣森《公羊通義》之說出，其意乃大明。孔廣森《通義》云：「周之東遷，本在王城，及敬王遷成周，作傳者號為新周，猶晉徙於新田，謂之新絳；鄭居郭鄶之地，謂之新鄭，實非如注解。」孔廣森的解釋，表明《公羊》「新周」一「新」字，僅僅表示地理位置上都城的遷徙，與晉都城徙於新田、鄭都城徙於郭鄶無異，並無政治改革的深意。陳澧認為，孔廣森的解釋，廓清了自董仲舒以來從政治角度理解「新周」產生的訛誤，近二千年至此，《公羊》「新周」乃得其解。

何休謂《春秋》「變周之文，從殷之質」，亦本於《春秋繁露》「先質後文」之語。陳澧認為，何休對《春秋繁露》「先質後文」的理解有謬誤。據《春秋繁露·三代改制質文》篇，質與文是指立嗣之法的區別，而非何休所謂親厚之別。此可見何休對董仲舒《春秋繁露》接受上的舛誤。

其五，批評何注穿鑿附會。

陳澧指出，《春秋》所書災異，惟僖十五年「震夷伯之廟」。《公羊》云「天戒之」。其餘或云「何以書？記異也」，「記災也」。何注則或取後事而言，或取前事而言，皆《公羊》所無之說。陳澧認為，此乃漢儒好言災異風氣，「自古國家治亂，每有凶吉先見，此必然之理，儒者陳說以為鑒，其意甚善，然其所說，必使人可信，乃為有益，若隨意所指，則人將輕視之」。此種附會其尤謬者，如定元年經云「冬十月，霣霜殺菽」。「霣」即「隕」，經文意為降霜凍死了大豆。何注云：「示以當早誅季氏，菽者少類為稼強，季氏象也。」何注將降霜凍死大豆的自然天氣災害與誅殺季氏之事穿鑿附會，完全不能使人信服。而徐彥疏說災異，有更謬者。陳澧認為孔疏之通與徐疏之不通，相去天淵。

「西狩獲麟」一事，《公羊》但云「記異也」。何注則穿鑿附會曰「赤帝將代周居其位」，「言漢姓卯金刀，以兵得天下」云云。陳澧認為，何注對「西狩獲麟」一事的穿鑿，使其可稱《公羊》之罪人。同時指出，《春秋繁露·符瑞》篇已云「西狩獲麟，受命之符」，可見漢人多以獲麟頌揚漢代，何休囿於風氣，遂以注經。

除此之外，何注以時月日為褒貶，遂強坐人罪。如宣公十六年「郯伯姬來歸」，但以不書月，強坐以有罪，成公十五年「宋公固卒」，以不書日而求其

罪。又舉徐疏最通者云：「去一冬字，何傷之有。」陳澧認為，凡時月日之字，宜有而無者，皆當如是解之。

何注還穿鑿曲解經文語助。如隱公五年「考仲子之宮」，何注云：「加『之』者，宮廟尊卑共名，非配號稱之辭，故加『之』以絕」。如此之類，殊可怪笑。

其五，何氏《左氏膏肓》有是有非。

陳澧指出，何氏《左氏膏肓》非左氏所記當時之人、言與事者，皆非。陳澧指出，左氏但客觀述其事，並未信然，不可以左氏所記人事之非難左氏。

其六，何氏亦有用《左傳》、《穀梁傳》者。

孔廣森《公羊通義》序云：「七十子沒而微言絕，三傳作而大義睽，《春秋》之不幸耳。幸其猶有相通者。而三家之師，必故各異之。使其愈久而愈歧。何氏屢蹈斯失。」孔廣森指出，幸《春秋》三傳猶有相通者，使大義不至乖離，然三傳故各異之，使其愈久而愈歧，何氏屢蹈斯失。

陳澧則指出，何氏雖惡二傳，而仍不能不取之。如襄公十一年「秦人伐晉」，何注「為楚救鄭」，即出自《左傳》，定公八年「盜竊寶玉大弓」，何注「此皆魯始封之錫」，《左氏》定公四年有其文，莊公元年何注義取《穀梁》之文。

除此之外，陳澧指出，孔廣森《公羊通義》之於何休《公羊解詁》，可謂好《公羊》而知其惡者。

四、《穀梁傳》

（一）《穀梁》述事尤少

陳澧指出，《穀梁》述事尤少。清儒鍾文烝著《春秋穀梁經傳補注》，於隱公十一年傳下，舉全傳述事者，只二十七條，謂「穀梁子好從簡略」。

於此同時，陳澧注意到，《穀梁》非盡好簡略者。如僖公二年傳，述晉獻公伐虢事，傳文三四百餘言，詳述荀息諫晉公以良馬、玉璧為禮借道虞國之事，又詳述宮之奇諫虞公不可受晉之幣以終至被晉破之事〔註89〕。其中宮之奇「唇亡則齒寒」的諫語流傳至今，成為成語。又如僖公十年傳，述殺太子申生事，傳文三百餘言，詳述麗姬三次陷害太子申生，以致申生刎脰而死。

陳澧認為，實因所知之事少，故《穀梁》從簡略，而專尋究經文經義。晉獻公伐虢、麗姬讒言陷申生二事，因知詳情，故詳述其事、其語。

〔註89〕承載撰：《春秋穀梁傳譯注》，上海古籍出版社 2004 年版，第 208 頁。

（二）《穀梁》獨得惠公仲子為惠公之母

隱公元年經文云「秋，七月，天王使宰咺來歸惠公仲子之賵」。《公羊》傳云：「惠公者何？隱之考也。仲子者何？桓之母也。」《公羊》將「惠公仲子」理解為惠公與仲子二人。依《公羊》之解，則惠公為隱公先父，仲子為桓公之母，桓公又為隱公之弟，即仲子即隱公之母。那麼，《公羊》傳「仲子者何」時，當云「隱公之母」，而非桓之母。陳澧認為《公羊》解之不通，《穀梁》乃易其說，云「仲子者何？惠公之母，孝公之妾也」。陳澧還指出，左氏為魯史官，必無不知魯君惠公之母的道理，蓋此經左氏原本無傳，附益者襲取《公羊》之說為之傳；附益者必在《穀梁》之前，故不知有《穀梁》之說。

（三）《穀梁》時月日之例，多不可通

如隱公元年，「公子益師卒」，《穀梁》傳云「大夫日卒，正也；不日卒，惡也」，認為《春秋》經文在是否記載大夫卒之日期中蘊含褒貶，大夫之死記載日期，則是正常情況的通例，不記載日期，則是因為他有罪過。陳澧認為，《公羊》之解最通，云「何以不日，遠也」，事件久遠，故日期不可知而已，不當設「不日惡也」之例。

（四）傳拘泥經文，解傳者又拘泥傳文

《穀梁》之病，更有在拘泥文例者。如僖公十八年，「春王正月，宋公、曹伯、衛人、邾人伐齊」，「五月戊寅，宋師及齊師戰於甗，齊師敗績」。《穀梁》傳云「戰不言伐，客不言及；言及，惡宋也」，認為「戰」不能說成討伐，主動進攻別國，不能說「及」，《春秋》經用「及」的說法，是表示對宋國的厭惡。楊士勳疏云：「《春秋》之例，戰伐不並舉。此上有伐文，今又言戰，是違常例也；又伐人者為客，受伐者為主，此言及齊師，是亦違常例也。」楊疏認為，《春秋》戰伐不並舉，「宋公、曹伯、衛人、邾人伐齊」用「伐」的說法，「宋師及齊師戰於甗」又用「戰」的說法，違背了常例；宋師作為伐人者為客，齊師作為受伐者為主，用「宋師及齊師」的說法，也違背了「客不言及」的常例。

陳澧從史實具體情況加以分析，指出：四國伐齊，曹、衛、邾不與齊戰，獨宋與齊戰，因此「伐」與「戰」分言之；若言齊及宋戰，則會引起歧義，以為齊不與曹、衛、邾戰；此文義自當如此，不能以常例束縛之，事百變而不

同，文則不能一成不易，執其同者以為常例，而不可不顧史實具體情況，以其異者為違常例。

以上所述為傳拘泥經文的情況。陳澧指出，解傳者又拘泥傳文。如文王元年、五年「王使來會葬」，經文明是互言，舊解因傳異辭，生造其意，說《春秋》者，多有妄造其事之病。

（五）范注不曲從《穀梁》之短

陳澧肯定晉范甯《春秋穀梁傳集解》之善，即不曲從《穀梁》之短。范注多稱「寧不達此意」、「寧所未詳」。如隱公九年「天王使南季來聘」，范注因《穀梁》傳文與《周禮》不合，不敢輕易定其是非，故云「寧所未詳」。定公六年「仲孫何忌如晉」，范注「仲孫忌而曰仲孫何忌，寧所未詳」，不信《公羊》之說「譏二名」而不駁之。亦有因何休之說不通，范氏但云「未詳」者。即使最尊鄭君，仍猶云「未詳」。范注嚴謹審慎，未詳處不輕信他人言。

五、《左傳》、《公羊》、《穀梁》三傳的關係

（一）《公羊》、《穀梁》孰先孰後

鄭玄《釋廢疾》云：「穀梁近孔子，公羊正當六國之亡。」鄭玄認為《穀梁傳》在先，《公羊傳》後出。《釋文·序錄》則云，公羊高受於子夏，穀梁赤乃後代傳聞，認為《公羊》在先，《穀梁傳》後出，與鄭玄意見相反。陳澧的看法與《釋文·序錄》同，與鄭玄異。宣公十五年《公羊傳》云「多乎什一，大桀小桀。寡乎什一，大貉小貉」，《孟子·告子下》云：「欲輕之於堯舜之道者，大貉小貉也；欲重之於堯舜之道者，大桀小桀也。」陳澧指出，《公羊傳》用《孟子》語，可證公羊當六國之亡，僖二十二年《穀梁傳》用《孟子》語，則不得先於公羊，又如《釋文·序錄》之言，公羊高受於子夏，穀梁赤乃後代傳聞，則《穀梁》不但不在《公羊》之先，實在《公羊》之後。

除此之外，陳澧還從以下幾方面證《穀梁》晚於《公羊》：其一，北宋劉敞《權衡》云《穀梁》有晚見《公羊》之說而附益者，此更有可證《穀梁》晚於《公羊》；其二，文十二年《穀梁》云「其一傳曰」，即指《公羊傳》；其三，宣十五年《穀梁》有駁公羊之說，其在公羊之後，更無疑；其四，《公羊》皆無傳處，《穀梁》亦無傳，《公羊》傳一條處，《穀梁》亦然，尤可見《穀梁》因於《公羊》。

對於《公羊》、《穀梁》二傳同者，陳澧比而較之，指出正因《穀梁》在

《公羊》之後，研究《公羊》之說，或取之，或不取，或駁之，或與己說兼存之，亦使得《穀梁》較《公羊》更為平正，清儒許桂林《穀梁時月日例》云「《穀梁》之義多正」即此意。

（二）三傳不可偏廢

普遍認為陳澧傾向於古文經，從《東塾讀書記》《春秋三傳》卷具體內容來看，可見陳澧雖尚《左傳》，於《公羊》、《穀梁》之善亦平允論之，多次強調三傳不可偏廢。鄭玄著《箴膏肓》、《發墨守》、《起廢疾》，即此意。陳澧認為，師法固當重，但不可盡以為是，應持平允、公正、通達的態度，取三傳之長。

言及北宋劉敞《春秋權衡》，認為即中唐啖、趙、陸之法，刪改三傳而合一，其書所刪改，多有不當，失之粗疏。又以孫復《春秋尊王發微》最荒謬，務與三傳相反，虛造古事，抄襲范注謬語為己說。歐陽修《春秋論》「趙盾弒其君」等說皆謬。可見北宋疑經之風盛，學者膽大妄為，甚為粗疏。

（三）肯定三傳的價值

不信三傳，始於唐人。韓愈詩《寄盧仝詩》云「《春秋》三傳束高閣，獨抱遺經究終始。」〔註90〕可見經學風氣，自唐而變。遠溯其源，董仲舒《春秋繁露》已有「無傳而著」之語。方苞《春秋直解序》云：「聖人作經，豈豫知後之必有傳哉？使去傳而經之義遂不可求，則作經之志荒矣。」〔註91〕陳澧認為，方苞此說雖似足以惑人，而實不通，「聖人作經，所以必待傳而著者，聖人雖異人者，神明而朽沒之期亦等」，「使古之三傳可去，何不並去其自著之書」，「傳之與經，一體相須而成也」，強調三傳的價值。

〔註90〕韓愈著：《韓昌黎全集》，中國書店1991年版，第79頁。
〔註91〕方苞著，劉季高校點：《方苞集》，上海古籍出版社1983年版，第85頁。